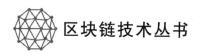

区块链技术丛书

揭秘区块链

陈晓华 刘 彬 主 编
王向军 李 斌 副主编

北京邮电大学出版社
www.buptpress.com

内 容 简 介

想真正了解区块链,需要先从了解区块链家族开始。本书讲解了区块链的思想起源、去中心化以及在去中心化思想下发展起来的一系列技术。了解了去中心化及其相关技术,才能对区块链的演变、发展及其特性有更深刻的理解。区块链源自金融,本书讲解了跟金融相关的知识——借贷、众筹、ICO,这为读者深入了解比特币奠定了基础;同时本书给大家讲解了区块链的第一个产品比特币的发展经历、思想起源。本书对区块链的本质、核心技术、应用场景以及其对未来的影响进行了简要介绍,目的是希望读者能对区块链技术有一个整体上的认识。但比特币本身只是一套货币系统,无法满足更为复杂的业务需求,于是以太坊应运而生,以太坊解决了比特币扩展性不足等问题。在本书中我们将深入学习以太坊的概念和运行原理。本书适合于对区块链技术感兴趣的读者阅读,也可作为与区块链技术相关的培训教材。

图书在版编目(CIP)数据

揭秘区块链 / 陈晓华,刘彬主编. -- 北京:北京邮电大学出版社,2020.2
ISBN 978-7-5635-5960-2

Ⅰ.①揭… Ⅱ.①陈…②刘… Ⅲ.①电子商务—支付方式—基本知识 Ⅳ.①F713.361.3

中国版本图书馆 CIP 数据核字(2019)第 297679 号

策划编辑:姚 顺 刘纳新　　责任编辑:孙宏颖　　封面设计:柏拉图

出版发行:北京邮电大学出版社
社　　址:北京市海淀区西土城路 10 号
邮政编码:100876
发 行 部:电话:010-62282185　　传真:010-62283578
E-mail:publish@bupt.edu.cn
经　　销:各地新华书店
印　　刷:北京玺诚印务有限公司
开　　本:720 mm×1 000 mm　1/16
印　　张:16.5
字　　数:329 千字
版　　次:2020 年 2 月第 1 版
印　　次:2020 年 2 月第 1 次印刷

ISBN 978-7-5635-5960-2　　　　　　　　　　　　　　定价:48.00 元

·如有印装质量问题,请与北京邮电大学出版社发行部联系·

区块链技术丛书

顾问委员会

谢钟毓　安起雷　刘　权　吴　震　朱幼平　邓　迪

学术委员会

马兆丰　胡继晔　庞　严　梁　伟　张小军　马晓莉

编　委　会

总 主 编	陈晓华　吴家富
副总主编	魏翼飞　吕　艳　邹发安
编　　委	刘　彬　李　军　姜景锋　杨耀东
	周　期　高泽龙　杜　挺　相里朋
	吕　艳　王宇辉　谢　锐　张锦南
	李　屹　胡建树　陈志刚
总 策 划	姚　顺
秘 书 长	刘纳新

本书编委会

主　　编　陈晓华　刘　彬
副 主 编　王向军　李　斌
编委成员　于　斌　吕　艳　李　斌　孔德薇
　　　　　　　羊　菘　孙振瀚　叶姝伶　穆进川
　　　　　　　惠先举　申小波　罗　涛　尧　川
　　　　　　　张俊强（新加坡）　林嘉鑫（新加坡）
　　　　　　　蔡伟良（新加坡）

前　言

区块链是分布式数据存储、点对点传输、共识机制、加密算法等计算机技术在互联网时代的创新应用模式。它被认为是继大型机、个人计算机、互联网之后计算模式的颠覆式创新，很可能在全球范围内引起一场新的技术革新和产业变革。联合国、国际货币基金组织，以及美国、英国、日本等对区块链的发展给予了高度关注，积极探索并推动区块链的应用。

在我国区块链技术及其应用也得到了国家和各个部委的高度重视，并引起了多个行业的广泛关注，其在供应链金融、征信、产品溯源、版权交易、数字身份、电子证据等领域的应用在快速发展。2019年10月25日，国家领导人主持中央政治局集体学习会议，将区块链列为自主创新技术重要突破口，此后的19天内，各地方政府共出台了44条鼓励区块链发展的相关政策，涉及20个省份。政务、医疗、金融和智慧城市都成了地方政府最为看重的区块链落地领域。在积极推进区块链落地的过程中，各地政府也在试图结合自身优势和地方特色。国务院印发的《"十三五"国家信息化规划》把区块链作为一项重点前沿技术，明确提出需加强区块链等新技术的创新、试验和应用，以实现抢占新一代信息技术的主导权。为促进区块链技术在我们国家的发展，推动技术进步与区块链技术的持续创新，需要大量区块链方面的技术人才。

作者深感有责任为推动我国区块链技术和产业的发展尽一份薄力，故编撰了本书。本书介绍了区块链的技术基础、密码学原理、共识算法、系统架构等内容，并详细地分析了比特币和以太坊的相关技术，给出了适当的案例。希望通过本书，读者能系统地学习区块链技术，提高技术底蕴，了解区块链的技术底层架构，并能学以致用，进一步驱动区块链技术的应用发展。

本书不仅适用于有志于区块链行业研发的工程技术人员及开发者，也适合区块链技术相关企业家、投资家、创业家以及政府负责人。本书对于零基础，或者已经具备计算机相关知识，或者具备一定程度的软件开发经验的学员会有很大的帮助。

由于编者水平有限，本书错漏之处请广大读者批评指正！

在此感谢中移联合（北京）教育科技有限公司、中关村创新研修学院对于本书的大力支持。

目　　录
CONTENTS

第1章　区块链入门基础 …………………………………………………………… 1

 1.1　初识比特币与区块链 …………………………………………………… 1
  1.1.1　比特币发展简史 ………………………………………………… 1
  1.1.2　比特币的定义 …………………………………………………… 4
  1.1.3　比特币的发行 …………………………………………………… 5
  1.1.4　比特币与区块链的关系 ………………………………………… 7
 1.2　区块链的起源思想 ……………………………………………………… 7
  1.2.1　去中心化 ………………………………………………………… 7
  1.2.2　区块链雏形 ……………………………………………………… 8
  1.2.3　区块链家族 ……………………………………………………… 9
 1.3　区块链的本质及特性 …………………………………………………… 10
  1.3.1　区块与区块链 …………………………………………………… 10
  1.3.2　区块链的本质 …………………………………………………… 11
  1.3.3　区块链中的核心技术 …………………………………………… 13
  1.3.4　区块链模型 ……………………………………………………… 13
  1.3.5　目前区块链几大知名产品的编程语言 ………………………… 14
  1.3.6　区块链分类 ……………………………………………………… 15
 1.4　区块链技术的发展脉络及其对未来的影响 …………………………… 16
  1.4.1　区块链技术的发展脉络 ………………………………………… 16
  1.4.2　区块链技术对未来的影响 ……………………………………… 16

1.5 区块链的应用场景 ·· 17
    1.5.1 全球最有代表性的区块链技术平台 ························· 17
    1.5.2 区块链的应用领域 ··· 17
    1.5.3 国外区块链的知名项目 ····································· 18
    1.5.4 国内企业在区块链技术上的进展 ·························· 18
    1.5.5 区块链的相关应用及公司 ··································· 20
1.6 区块链的不足 ··· 21
1.7 参考资料 ··· 22

第 2 章 区块链常见问题集 23

2.1 比特币挖矿相关问题 ··· 23
    2.1.1 比特币节点 ··· 23
    2.1.2 挖矿、矿工、矿机、矿场、矿池 ·························· 24
    2.1.3 挖矿设备 ·· 25
    2.1.4 算力 ··· 26
    2.1.5 难度、难度目标、难度重定 ································ 26
    2.1.6 区块结构 ·· 27
    2.1.7 默克尔树及默克尔根 ······································· 28
    2.1.8 挖矿原理 ·· 28
2.2 比特币交易相关问题 ··· 30
    2.2.1 比特币交易 ··· 30
    2.2.2 比特币钱包 ··· 30
    2.2.3 冷钱包和热钱包 ··· 31
    2.2.4 全节点钱包、轻钱包 ······································· 31
    2.2.5 HD 钱包 ·· 31
    2.2.6 比特币钱包随机生成私钥的安全性 ······················ 32
    2.2.7 私钥的格式 ··· 33
    2.2.8 比特币地址 ··· 34
    2.2.9 私钥、公钥、比特币地址之间的关系 ··················· 35
    2.2.10 UTXO ··· 35
    2.2.11 比特币交易的找零机制 ···································· 35
    2.2.12 发出交易到矿工打包的步骤 ······························ 36

2.2.13 比特币交易验证过程 ……………………………… 36
2.2.14 双重支付 …………………………………………… 36
2.2.15 最长链及六次交易确认 …………………………… 37
2.3 区块链其他相关问题 …………………………………………… 37
2.3.1 中本聪 ……………………………………………… 37
2.3.2 图灵完备 …………………………………………… 38
2.3.3 比特币与图灵完备性 ……………………………… 38
2.3.4 P2P 网络 …………………………………………… 38
2.3.5 LevelDB …………………………………………… 39
2.3.6 共识机制 …………………………………………… 39
2.3.7 比特币扩容 ………………………………………… 40
2.3.8 隔离见证 …………………………………………… 40
2.3.9 区块链分叉 ………………………………………… 40
2.3.10 BIP ………………………………………………… 41
2.3.11 IPFS ………………………………………………… 41
2.3.12 Token 与积分的区别 ……………………………… 41
2.3.13 对区块链存在的误解 ……………………………… 42
2.3.14 区块链生态系 ……………………………………… 42
2.3.15 区块链与编程语言的关系 ………………………… 43
2.4 参考资料 ………………………………………………………… 43

第3章 区块链骨骼——密码学算法 …………………………………… 44

3.1 密码学家族 ……………………………………………………… 44
3.2 哈希算法 ………………………………………………………… 45
3.2.1 Hash 的定义 ………………………………………… 45
3.2.2 流行的 Hash 算法 …………………………………… 46
3.2.3 Hash 与加密解密的区别 …………………………… 48
3.3 对称加密算法 …………………………………………………… 50
3.3.1 概述 ………………………………………………… 50
3.3.2 DES 和 3DES 算法 ………………………………… 51
3.3.3 AES 算法 …………………………………………… 52

3.4 非对称加密算法 ········· 52
3.4.1 非对称加密算法发展史 ········· 52
3.4.2 非对称加密的概念 ········· 53
3.4.3 非对称加密与对称加密的区别 ········· 53
3.4.4 RSA 加密算法 ········· 54
3.4.5 椭圆曲线加密算法 ········· 54
3.4.6 数字签名的概念 ········· 55
3.4.7 数字签名应该满足的要求 ········· 57
3.4.8 比特币系统中的数字签名 ········· 57

3.5 字符编码与解码 ········· 58
3.5.1 Base64 编码与解码 ········· 58
3.5.2 Base64 编码的步骤 ········· 58
3.5.3 Base58 编码与解码 ········· 59
3.5.4 Base58 编码的步骤 ········· 60

3.6 比特币地址的生成算法 ········· 61
3.6.1 生成比特币地址的理论概述 ········· 61
3.6.2 Base58Check ········· 62
3.6.3 比特币地址的生成步骤 ········· 63

3.7 生成 WIF 和 WIF-compressed 格式私钥的步骤 ········· 64

3.8 ECDSA 实现交易签名及签名验证 ········· 66
3.8.1 初步认识比特币交易 ········· 66
3.8.2 交易链 ········· 67

3.9 签名序列化 ········· 68

3.10 参考资料 ········· 70

第 4 章 区块链灵魂——共识算法 ········· 71

4.1 共识算法概述 ········· 71
4.1.1 分布式系统 ········· 71
4.1.2 分布式系统的一致性问题 ········· 73
4.1.3 FLP 定理与 CAP 定理 ········· 73
4.1.4 拜占庭将军问题 ········· 74
4.1.5 共识算法的概念 ········· 78

4.2 共识算法的目的和价值 79
4.2.1 共识算法的目的 79
4.2.2 共识算法的假设条件 80
4.3 常用的共识算法 80
4.3.1 PoW 算法 80
4.3.2 PoS 算法 81
4.3.3 DPoS 算法 83
4.3.4 PBFT 算法 84
4.3.5 Paxos 算法 85
4.3.6 Raft 算法 85
4.3.7 共识算法总结 86
4.4 比特币挖矿原理 88
4.5 计算难度目标 88
4.6 验证挖矿结果 89
4.7 难度目标 Hash 值的快速算法 90
4.7.1 比特币区块 bits 值变化趋势 90
4.7.2 bits 值与目标 Hash 值的规律 90
4.7.3 计算难度目标的步骤 91
4.7.4 计算挖矿难度 difficulty 91
4.8 参考资料 91

第 5 章 比特币系统架构 93

5.1 比特币系统的整体架构 93
5.1.1 早期的比特币系统架构 93
5.1.2 目前的比特币系统架构 94
5.2 比特币系统的前端模块 95
5.2.1 钱包服务 95
5.2.2 HTTP JSON-RPC 接口服务 96
5.2.3 bitcoin-cli 命令行接口服务 96
5.2.4 GUI 图形开发工具 96
5.3 比特币系统的后端模块 97
5.3.1 区块链管理 97

5.3.2 交易验证 ·············· 98
5.3.3 共识管理 ·············· 98
5.3.4 密码及数字签名 ·············· 98
5.3.5 脚本引擎 ·············· 98
5.3.6 P2P 网络管理 ·············· 99
5.3.7 数据库管理 ·············· 99
5.3.8 挖矿模块 ·············· 99
5.3.9 其他管理模块 ·············· 100

5.4 区块链节点 ·············· 101
5.4.1 节点类型 ·············· 101
5.4.2 维护区块链需要优质节点 ·············· 101
5.4.3 节点相关问题 ·············· 102

5.5 区块链钱包 ·············· 103
5.5.1 钱包的含义 ·············· 103
5.5.2 钱包的类型 ·············· 103

5.6 比特币核心钱包 ·············· 105
5.6.1 Bitcoin Core 的安装 ·············· 105
5.6.2 Bitcoin Core 客户端目录结构 ·············· 107

5.7 bitcoin-cli 命令 ·············· 110
5.7.1 进入 Bitcoin Core 的 RPC 控制台 ·············· 110
5.7.2 执行 bitcoin-cli 命令 ·············· 110

5.8 bitcoind 的定义 ·············· 114
5.9 bitcoin-cli 高级命令 ·············· 115
5.10 参考资料 ·············· 117

第 6 章 比特币交易及交易脚本 ·············· 118

6.1 比特币交易的流程 ·············· 118
6.1.1 比特币交易的本质 ·············· 118
6.1.2 比特币交易的生命周期 ·············· 119
6.1.3 比特币交易的规则 ·············· 122
6.1.4 交易验证的过程 ·············· 122
6.1.5 比特币交易的优先级 ·············· 123

6.2 比特币交易脚本 ··· 123
6.2.1 比特币交易脚本概述 ·· 123
6.2.2 比特币交易脚本中常用的指令 ·· 124
6.2.3 简单数学运算的脚本执行过程 ·· 124
6.2.4 比特币交易的脚本执行过程 ·· 125
6.2.5 比特币交易类型（交易脚本的类型） ······························ 129
6.3 比特币交易的数据结构 ··· 130
6.3.1 比特币区块的结构 ·· 130
6.3.2 比特币交易的数据结构 ··· 131
6.4 P2PKH 交易的数据解析案例 ·· 132
6.4.1 P2PKH 交易的原始数据 ··· 132
6.4.2 P2PKH 交易数据结构解析 ··· 134
6.4.3 P2PKH 交易记录的 JSON 格式 ··· 137
6.5 P2PK 交易的数据结构解析 ·· 140
6.5.1 P2PK 交易的原始数据 ·· 140
6.5.2 P2PK 交易数据结构解析 ··· 141
6.5.3 P2PK 交易记录的 JSON 格式 ··· 143
6.6 比特币交易构造过程 ·· 145
6.6.1 在 regtest 模式下搭建测试私链 ·· 145
6.6.2 比特币交易流程 ·· 146
6.6.3 bitcoin-cli 实现比特币交易 ··· 146
6.7 参考资料 ··· 152

第 7 章 以太坊原理及核心概念 ··· 153
7.1 以太坊的定义 ··· 153
7.1.1 以太坊产生的项目背景 ··· 153
7.1.2 以太坊的概念 ··· 154
7.1.3 比特币和以太坊挖矿算法的优势和劣势 ························· 154
7.1.4 以太坊出块速度快的原因 ··· 156
7.1.5 以太坊的发展历程 ··· 156
7.1.6 以太币的通货膨胀问题 ··· 157

7.2 以太坊的架构组成 ·················· 158
　7.2.1 以太坊的架构图 ················ 158
　7.2.2 以太坊中的软件组成 ············· 159
　7.2.3 学习以太坊的网站资源 ············ 160
7.3 以太坊中的核心概念 ················ 160
　7.3.1 状态 ······················ 160
　7.3.2 账户 ······················ 161
　7.3.3 交易 ······················ 164
　7.3.4 收据 ······················ 165
　7.3.5 区块头 ····················· 166
　7.3.6 燃料 ······················ 167
　7.3.7 以太坊挖矿 Ethash 算法的原理 ······· 171
　7.3.8 Keccak-256 Hash：以太坊中的 Hash 算法 ·· 173
　7.3.9 GHOST 协议 ·················· 174
　7.3.10 孤块和叔块 ·················· 177
　7.3.11 以太币 ····················· 178
7.4 参考资料 ······················ 179

第 8 章 以太坊数据存储 ················ 180

8.1 以太坊数据存储基础 ················ 180
　8.1.1 以太坊数据存储概述 ·············· 180
　8.1.2 以太坊 LevelDB 中的数据格式 ········ 181
8.2 RLP ························· 182
8.3 Trie 和 Patricia Trie ················ 183
　8.3.1 Trie 的基本概念 ················ 183
　8.3.2 传统 Trie 的局限 ··············· 184
　8.3.3 Patricia Trie ················· 185
8.4 MPT ························ 186
　8.4.1 基本概念 ···················· 186
　8.4.2 以太坊中的 MPT 对 Trie 的改进 ······· 186
　8.4.3 MPT 中的 4 种节点 ·············· 187
　8.4.4 16 进制前缀 ·················· 189
　8.4.5 MPT 存储的 3 种编码格式 ·········· 189

8.5 状态的存储 ... 190
8.5.1 StateDB ... 190
8.5.2 结构体源码分析 ... 191
8.5.3 状态数据的三级存储机制 ... 192
8.5.4 状态存储设置两层缓存的原因 ... 192
8.5.5 状态信息三层存储的完整流程 ... 193

8.6 交易的存储 ... 196
8.6.1 交易存储的图示 ... 196
8.6.2 交易信息在 LevelDB 中的存储 ... 196

8.7 收据的存储 ... 197
8.7.1 收据存储的图示 ... 197
8.7.2 收据信息在 LevelDB 中的存储 ... 198

8.8 参考资料 ... 198

第 9 章 以太坊开发前准备 ... 199

9.1 使用 Mist 钱包 ... 199
9.1.1 Mist 钱包介绍 ... 199
9.1.2 下载钱包 ... 199
9.1.3 安装并进入钱包 ... 200
9.1.4 转账 ... 200
9.1.5 备份钱包 ... 201
9.1.6 数据存储路径 ... 202

9.2 主网络与测试网络 ... 204
9.2.1 以太坊的主网络 ... 204
9.2.2 以太坊的测试网络 ... 205

9.3 使用 MetaMask ... 206

9.4 搭建以太坊私链 ... 213
9.4.1 安装客户端 ... 213
9.4.2 新建创世区块的配置文件 ... 213
9.4.3 配置初始状态 ... 215
9.4.4 启动私链客户端 ... 215
9.4.5 以太坊常用对象及其用法 ... 216
9.4.6 调用以太坊对象的方法来查看数据 ... 216

9.5 参考资料 ... 219

第 10 章　以太坊开发智能合约 · 220

10.1　智能合约 · 221
10.1.1　智能合约的基本定义 · 221
10.1.2　智能合约的特点及优势 · 222
10.1.3　智能合约与区块链的关系 · 223
10.1.4　基于区块链的智能合约构建及执行步骤 · 223
10.1.5　智能合约应用场景 · 224

10.2　DApp · 225
10.2.1　DApp 的概念 · 225
10.2.2　DApp 的应用领域 · 225

10.3　使用 remix-ide 开发智能合约 · 226
10.3.1　remix-ide 简介 · 226
10.3.2　安装 remix-ide · 226
10.3.3　创建合约 · 227
10.3.4　选择运行环境 · 228
10.3.5　部署智能合约 · 229
10.3.6　执行合约 · 231

10.4　Solidity 基本语法 · 233
10.4.1　Solidity 的定义 · 233
10.4.2　Solidity 的数据类型 · 233
10.4.3　Solidity 的基本构成 · 233
10.4.4　Solidity 合约文件的存储位置 · 234

10.5　发布 ERC20 标准代币 · 236
10.5.1　ERC20 介绍 · 236
10.5.2　ERC20 Token 协议的实现 · 236
10.5.3　Token 合约的发布 · 238

10.6　web3.js 的定义 · 243
10.6.1　web3.js 简介 · 243
10.6.2　web3.js 环境搭建 · 244

10.7　Truffle 概述 · 244

10.8　参考资料 · 245

第 1 章
区块链入门基础

本章讲解了区块链的第一个产品比特币的发展经历、起源思想,对区块链的本质、核心技术、应用场景及其对未来的影响进行了简要的介绍。目的是希望读者能对区块链技术有一个整体上的认识。本章能帮助读者快速了解区块链,起到区块链扫盲的作用。

本章重点为大家介绍如下内容:
- 初识比特币与区块链;
- 区块链的起源思想;
- 区块链的本质及特性;
- 区块链技术的发展脉络及其对未来的影响;
- 区块链的应用场景;
- 区块链的不足。

1.1 初识比特币与区块链

1.1.1 比特币发展简史

早在 20 世纪 80 年代,就有了加密货币的最初设想。加密货币的难点在于如何建立分布式共识,也就是解决 Lamport(兰伯特)于 1982 年提出的拜占庭将军问题;如何建立具有容错性的分布式系统,即使部分节点失效仍可确保系统正常运行。换一句话说,就是让多个基于零信任基础的节点达成共识,确保信息传递的一致性。

1990年，David Chaum（大卫·乔姆）提出了注重隐私安全的密码学网络支付系统，该系统具有不可追踪的特性，就是后来的电子货币ECash，不过ECash并非是去中心化系统。

1992年，Tim May（蒂莫西·梅）成立密码朋克（cypherpunk）。蒂莫西·梅曾是Intel的高级科学家和电子工程师，他同时还是科技和政治的专栏作家。1992年他在加州的家里，发起了"密码朋克邮件名单"组织，共同发起人包括Eric Hughes（埃里克·休斯）与John Gilmore（约翰·吉尔摩）。这个伟大的组织中最知名的几个名字：Tim May、Eric Hughes、John Gilmore、Jim Bell、David Chaum、Phil Zimmerman（PGP）、Wiki创始人Julian Assange（朱利安·阿桑奇）、Adam Back（亚当·贝克）、Wei-Dai（戴伟）、Hal Finney（哈尔·芬尼，中本聪的最大支持者，2014年8月因渐冻症离世）、万维网发明者TimBerners-Lee（蒂姆·伯纳斯·李）爵士、John Perry Barlow（赛博自由主义政治活动家）、Nick Szabo（尼克·萨博，BitGold发明人，智能合约的发明人）、BT下载作者布拉奇·科恩、Facebook创始人Sea Parker（肖恩·帕克）。Tim May作为密码朋克的发起人，享有巨大声誉。

中本聪是密码朋克组织的成员，强调匿名和隐私，不重视物质。密码朋克的成员约1400人，讨论话题为数学、加密、计算机、政治、哲学。密码朋克的成员中包括很多IT精英。

在Tim和Eric创建了"密码朋克邮件名单"后的1993年，Eric Hughes在*A Cypherpunk's Manifesto*（《密码朋克宣言》）中正式提出了密码朋克的概念。密码朋克宣扬电脑化空间下的个体精神，使用强加密（密文）保护个人隐私。密码朋克提倡使用强加密算法，宣扬个体保持安全的私人性，他们反对任何政府规则的密码系统。他们宁愿容许罪犯和恐怖分子来开发和使用强加密系统，并认为这是为保证个人隐私必须承担的风险。

1998年，密码朋克成员戴伟提出了匿名的、分布式的电子加密货币系统——B-money。在比特币官网上，B-money被认为是比特币的精神先导。B-money的设计在很多关键的技术上与比特币相似，但是B-money不切实际，最大的现实困难在于货币的创造环节。在B-money系统中，所有的账户持有者共同决定计算量的成本并需要就此达成一致，这很难实现，因而B-money很难成为现实。

2005年，尼克·萨博提出了比特金（BitGold）的设想，即用户通过竞争解决数学难题，再将解答的结果用加密算法串联在一起公开发布。该系统类似比特币的理念。但是萨博究竟不是中本聪，他擅长理论研究而不是编程实现，他一直寻找能将比特金变成现实的开发者，但是没有人响应。

从乔姆的ECash，到戴伟的B-money，再到尼克·萨博的比特金，这些研究成果加速了比特币面世的进程。

2008年，以美国为首的货币超发引起了全球金融危机，这也是比特币产生的原因和动机。金融危机期间,美国政府无限增发货币(因为有记账权)。

2008年10月,中本聪发表比特币论文"Bitcoin:A Peer-to-Peer Electronic Cash System",描述了一种被他称为"比特币"的电子货币及其算法。中本聪的整体思想是开创性的,其中的技术是已经存在的,如P2P、分布式存储、Hash算法、非对称加密等。他将这些技术集成化、系统化,实现了一个可供实践的解决方案。

2009年1月3日,中本聪开发出首个实现了比特币算法的客户端程序并进行了首次"挖矿"(mining)。北京时间2009年1月4日2:15:05 AM(英国时间约2009年1月3日18:15:05 PM)比特币的第一个创世区块产生。中本聪获得了第一批50个比特币。挖矿奖励比特币数并不是固定的,每产生21万个区块,奖励就减半。按照比特币每10分钟诞生一个区块的速度来算,那么基本上是每四年挖矿奖励减半。截止到2019年,每挖到一个区块奖励12.5个比特币。在第一个区块中,没有交易记录,而是将《泰晤士报》2009年1月3日的头版文章标题永远地记录,即"*The Times* 03/Jan/2009 Chancellor on brink of second bailout for banks",意思是财政大臣即将对银行进行第二次救助,如图1.1所示。

图1.1 《泰晤士报》2009年1月3日的一条新闻

每个区块都有一个固定的编号,这个编号叫作区块的高度,每个区块后续区块的个数为区块的深度,如图1.2所示。创世区块的编号为0。

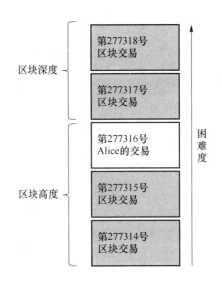

图 1.2　区块深度及高度

从第 0 号到第 209999 号区块的奖励都是 50BTC，从第 210000 号到第 419999 号区块的奖励都是 25BTC，从第 420000 号开始区块的奖励都是 12.5BTC。比特币区块的产生大约是 10 min，每产生 21 万个区块大约就需要 4 年，因此每四年挖矿奖励减半。比特币总量为 2 100 万。

2010 年，中本聪销声匿迹，将项目移交给比特币社区的核心成员加文·安德烈森。据说中本聪持有约 100 万个比特币。2010 年 5 月 22 日，美国程序员拉斯勒用 10 000 个比特币购买 25 美元的 Pizza（披萨），这是比特币第一次有了价值，引起轰动。从此以后每年的 5 月 22 日被比特币爱好者称为比特币披萨日。

备注

　　有影响力的区块链浏览器网址：
　　https://www.blockchain.com/explorer
　　https://btc.com
　　https://www.etherchain.org/
　　加密数字货币投资网址：
　　https://cn.investing.com/crypto/bitcoin/btc-usd-converter

1.1.2　比特币的定义

① 比特币是加密数字货币，没有现钞，没有比特币实物货币，也没有银行网点。

② 所有账目公开透明、可查询。

③ 比特币是基于 P2P 网络的一种分布式系统。
④ 比特币是基于非对称加密技术(公开密钥算法)的交易。
⑤ 法币是通过央行来发行的,而比特币是通过挖矿产生的。
⑥ 比特币的特性如下。

☆ 硬通货。比特币是加密数字货币中的黄金。比特币市场价格定位:1 比特币＞1 盎司黄金(1 盎司黄金等于 31.103 476 8 克黄金)。目前全球部分国家可以交易。

☆ 易携带。只需要携带一个私钥即可。

☆ 隐秘性。只暴露钱包地址,无须任何其他个人信息。

☆ 无货币超发。通货紧缩。

比特币的最小单位是聪,1 聪 = 一亿分之一比特币。

1.1.3 比特币的发行

比特币不是任何银行或金融机构发行的,使用比特币不需要绑定银行卡,不需要任何身份证明,不需要手机短信认证。只要能上网,并且安装了比特币客户端软件(钱包),就可以转账、收款。比特币靠挖矿而产生。

1. 挖矿

挖矿是重复计算区块头的 Hash 值,不断修改随机数 nonce,直到与难度目标值匹配。

挖矿就是在争取记账权,是对一段时间内比特币网络中的交易进行确认,并记录在区块链上的过程。挖矿的人是矿工,挖矿过程就是争取记账的过程;矿工是记账员,区块链是账本,每个区块就是整个账本中的一个账页。

挖矿成功,比特币系统会新产生一笔比特币,目前是 12.5BTC,并会奖励给挖矿成功的矿工。挖矿成功,矿工争取到了区块的记账权,这 10 min 内被打包的所有未确认的交易手续费都会奖励给该矿工。

2. 比特币钱包

"钱包"一词在比特币中有多重含义。

广义上,钱包是一个应用程序,为用户提供交互界面。钱包控制用户的访问权限、管理比特币地址及其密钥、跟踪余额、创建交易和签名交易。

狭义上,即从程序员的角度来看,"钱包"是指用于存储和管理用户密钥的数据结构。钱包是私钥的容器,一般通过结构化文件或简单数据库来实现。

一个常见的误解是,比特币钱包里含有比特币。事实上,钱包里只含有密钥。

"钱币"被记录在比特币网络的区块链中。用户通过钱包中的密钥签名交易,从而来控制网络上的钱币。在某种意义上,比特币钱包是密钥链。

3. 比特币节点

运行区块链软件的计算机就是一个节点。每个比特币钱包都是一个节点。

(1) 全节点

☆ 拥有完整区块链账本的节点叫作全节点,全节点负责比特币转账交易的广播和验证。

☆ 同步整个区块链并对交易做验证,同时中继区块在网络上的传播。

(2) 轻节点

不保存所有区块,依赖全节点做交易验证。

(3) 挖矿节点

☆ 带挖矿功能的全节点。

☆ 转账交易发生后由所有节点共同广播至全网,挖矿节点验证该交易正确后会记录至区块链账本。

因为不需要全节点也可以进行比特币转账,所以比特币全节点个数只占全部节点数的一小部分。Node Counter 是一个分析型的网站,跟踪整个比特币节点。网址是:https://bitnodes.earn.com。比特币全球节点分布情况如图 1.3 所示。

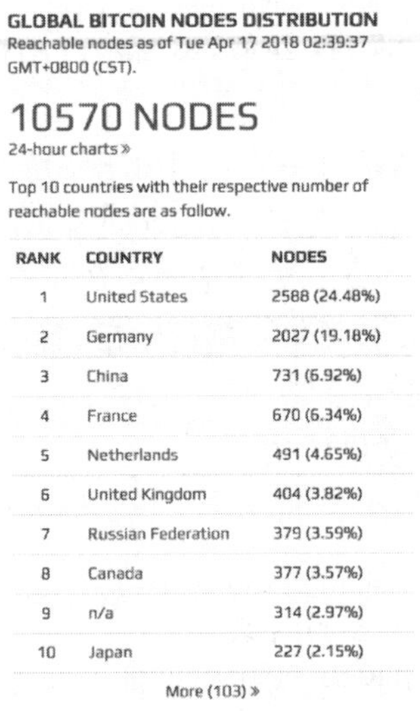
GLOBAL BITCOIN NODES DISTRIBUTION
Reachable nodes as of Tue Apr 17 2018 02:39:37 GMT+0800 (CST).

10570 NODES
24-hour charts »

Top 10 countries with their respective number of reachable nodes are as follow.

RANK	COUNTRY	NODES
1	United States	2588 (24.48%)
2	Germany	2027 (19.18%)
3	China	731 (6.92%)
4	France	670 (6.34%)
5	Netherlands	491 (4.65%)
6	United Kingdom	404 (3.82%)
7	Russian Federation	379 (3.59%)
8	Canada	377 (3.57%)
9	n/a	314 (2.97%)
10	Japan	227 (2.15%)

More (103) »

图 1.3　比特币全球节点分布情况

1.1.4　比特币与区块链的关系

比特币系统是一种去中心化的电子现金系统,解决了在没有中心机构的情况下,总量恒定的数字资产的发行和流通问题。比特币系统是个开源软件,通过 P2P 网络节点来承载一个由区块组成的链条,每个区块中记录一些有效的交易信息。

区块链是比特币的底层技术,比特币是区块链的第一个应用。比特币是钱的话,区块链就是账本,用于记录比特币转账记录。但是区块链不单单是比特币独有的,除了数字货币外,区块链将在其他应用领域有更多用武之地。

中本聪在其比特币白皮书里面其实并没有提到过"区块链"(blockchain)这个名词,但是提到了两个概念 block 和 chain。直到 2014 年,金融机构开始重视比特币的底层支撑技术,区块链这个概念才被正式确认。而 2015 年可以算是世界区块链元年。

区块链并不是新技术,而是一系列技术的集成,包括非对称加密技术、时间戳、共识机制等。几乎所有的技术在比特币出现之前就已经存在了,但是在比特币出现之前,这些技术都没有产生如此巨大的影响力,所以说比特币是区块链技术第一个成功的应用。要想学习区块链技术,必须了解比特币,然而区块链却并不仅仅是比特币。

比特币是世界公认的第一条区块链,也是目前世界上最强壮、最安全的区块链。比特币被称为第一代区块链的代表,主要的应用方向是加密数字货币;以太坊被称之为第二代区块链,以太坊不仅有自己的加密数字货币(以太币),更主要的是它还是一个区块链开发平台,主要的应用方向是开发智能合约和 DApp;超级账本是第三代区块链,跟加密数字货币没有关系,是面向企业的分布式账本平台,引入了权限管理。

1.2　区块链的起源思想

1.2.1　去中心化

中心化,是中心决定节点,节点必须依赖中心,节点离开了中心就无法生存;在去中心化系统中,任何人都是一个节点,任何人也都可以成为一个中心。任何中心都不是永久的,而是阶段性的,任何中心对节点都不具有强制性。

去中心化,并非不要中心,所以将 decentralization 翻译成"去中心化"不够准确,确切地说应该是"弱中心化"。比如在金融活动中,简单地去中心会被误读为既想从事金融活动,又不愿意接受金融监督。目前业界已经慎重使用 decentralization,更多地使用 P2P。

1.2.2 区块链雏形

下面从账本与记账说去中心化。

① 专人记账。村民干活,账房先生记账,账本由账房先生保管,他也因此得到记账补偿。但是某一天查账,发现账目不对,支出、收入、余额不平衡。专人记账模式如图1.4所示。

图1.4 专人记账模式

② 轮流记账。大家轮流记账,防止账本被一个人拿在手里;但是某人想挪用公款,销毁了部分账目,大家也没有证据证明他是故意的,没有办法。轮流记账模式如图1.5所示。

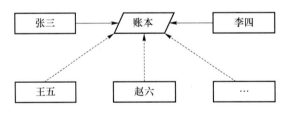

图1.5 轮流记账模式

③ 共同记账。每人拥有一个自己的账本,任何人改动账本都必须要告知其他所有人,其他人会在自己的账本上做同样的记录,如果发现新改动的账目不对,可以拒绝修改。最后,以大多数人都一致的账目表示为准。

④ 掷骰子记账。共同记账比较麻烦、效率低。有人偷懒,不愿意如此麻烦地记账,希望别人记好账目,自己审核,没有问题就抄录一遍。于是出现掷骰子决定记账人的方法,记账的人能获得报酬,从当笔记账总额中划出一定比例的奖励。掷骰子记账模式如图1.6所示,这就是区块链的雏形。

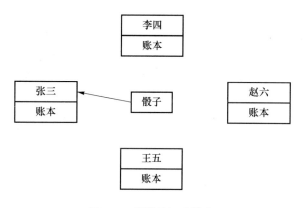

图 1.6　掷骰子记账模式

1.2.3　区块链家族

想真正了解区块链,需要从了解区块链家族开始。区块链的思想起源于去中心化,在去中心化思想下发展起来的一系列技术构成了区块链家族。了解了去中心化及其相关技术,才能对区块链的演变、发展及其特性有更深刻的理解。区块链源自金融,所以区块链家族中有很多跟金融相关的知识——借贷、众筹、ICO。区块链的父亲是去中心化,母亲是互联网,接下来依次是区块链的兄弟姐妹们。大哥是 P2P 下载,二哥是 P-CDN,三哥是分布式计算,四姐是社交媒体,五哥是 P2P 借贷,六哥是众筹(众筹的儿子是 ICO),老七就是区块链,区块链的长子是比特币,区块链的八弟是自组织。

对于区块链的前四位哥哥姐姐,我们不做赘述。我们主要来介绍一下 IT 同行们不太熟悉的跟金融相关的一些知识。

P2P 借贷是去中心化与网络结合后,在金融领域诞生的第一个孩子。P2P 借贷是什么意思呢?就是今天我需要钱,我不去银行,而是直接去找有钱人借。一般需要借助电子商务专业网络平台帮助借贷双方确立借贷关系并完成相关交易手续。借款者可自行发布借款信息,包括金额、利息、还款方式和时间,实现自助式借款;借出者根据借款人发布的信息,自行决定借出金额,实现自助式借贷。

举例说明:A 有借款的需求,却找不到合适的人来借,便在平台上发布了这个需求。B 有多余的闲钱,想通过平台进行投资。平台所做的就是通过 A 的需求和 B 的需求,最终把俩人匹配起来,由 B 借给 A,平台做担保。A 要承担一定的借款利息,B 可以获得一定的借款利息。这就是 P2P 借贷。

在金融领域诞生 P2P 借贷之后,很快又诞生了众筹。

众筹(crowdfunding)即大众筹资或群众筹资,由发起人、跟投人、平台构成,具有低门槛、多样性、依靠大众力量、注重创意的特征,是一种向群众募资,以支持发起的个人或组织的行为。一般而言众筹是通过网络上的平台联结起赞助者与提案者。群众筹资被用来支持各种活动,包含灾害重建、民间集资、竞选活动、创业募资、艺术创作、自由软件、设计发明、科学研究以及公共专案等。

众筹有个儿子,叫作ICO。众筹的太太叫代币,代币是比特币的原型,具有比特币的逻辑。

ICO(Initial Coin Offering,首次币发行)是区块链行业术语,是一种金融行为,源自股票市场的首次公开发行概念。

IPO(Initial Public Offering,首次公开发行)指股份公司首次向社会公众公开招股的发行方式。与ICO相比,它们有共同点也有区别。两者的共同点是都通过出售股份来筹措资金,都有潜在投资者为了潜在的巨大收益而冒险参与。不同点在于,ICO的大部分支持者是项目爱好者或不专业的投资者;ICO不需要注册经营牌照;ICO平台是第三方中立平台,投资者自担风险。

ICO是一种为加密数字货币筹措资金的常用方式。早期参与者可以从中获得初始产生的加密数字货币作为回报。代币具有市场价值,可以兑换成法币,从而支持项目的开发成本。ICO所发行的代币可以基于不同的区块链。ICO参与者对于一个项目的成功非常重要,他们会在社区里为该区块链项目进行宣传,使它产生的代币在开始交易前就获得流动性。但ICO的参与者最看重的依然是由项目发展或代币发行后价格升值带来的潜在收益。

ICO给全世界和区块链家族造成了特别大的困扰,这是因为ICO在没有任何的实际项目执行的情况下很快就能融到一大笔比特币、以太币或者其他代币,所以ICO缺乏监管体系,缺乏风险管理。

区块链的弟弟叫DAO(Decentralized Autonomous Organizations),就是去中心化的组织,或者叫作分布式自治组织。

过去人类的组织形态都有管理者的层级组织。比如一个公司有CEO,再往下是高层、中层,一直到员工。这个组织形态其实很好用,但是也有问题,就是它的沟通效率低。DAO设想让每个组织里面不再有一个所谓的管理层,而是自我沟通,通过高效的直接连接,提高全人类的组织效率。

1.3 区块链的本质及特性

1.3.1 区块与区块链

区块链是一组使用密码学算法产生的区块连接而成的数据结构。每个区块之间依据密码学原理,按时间顺序依次相连,形成链状结构,因此得名区块链。

甲骨文产品开发总裁 Thomas Kurian 这么描述区块链:区块链本质上是一个电子表格,通过互联网定时在成千上万台计算机上进行复制和更新。该数据结构消除了单个实体(如云计算提供商)集中掌握数据信息带来的风险。

每一个区块都写满了交易记录,区块按顺序相连,形成链状结构。

以比特币为例。矿工在生成新区块时需要根据前一个区块的 Hash 值、交易信息、随机数等来计算新的 Hash 值,也就是说每一个区块都是在前一个区块数据的基础上生成的,该机制保证了区块链数据的唯一性。

矿工在算力竞争时无法作弊,每个矿工都必须等前一个区块生成之后,才能根据前一个区块的数据开始计算符合条件的随机数,这样就保证了挖矿的公平性。

区块链模拟结构如图 1.7 所示,区块结构如图 1.8 所示。

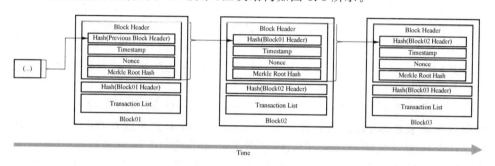

图 1.7　区块链模拟结构

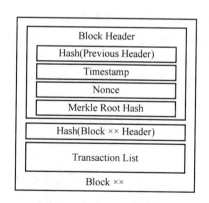

图 1.8　区块结构

1.3.2　区块链的本质

区块链其实就是一个去中心化的数据库,全民集体在维护这个可靠的数据库。在传统应用中,无论应用系统是大还是小,其背后都有一个数据库。谁维护系统谁就管理数据库,其他使用者无权参与。区块链则颠覆传统,让系统中每个用户参与其中。通俗来说,区块链技术是一种全民参与记账的方式。区块链就是一个分布式的公共账本,每一个节点都可以在上面记账。

传统的记账系统,记账权只掌握在中心服务器手中。比如 QQ、微信上的信息,只能由腾讯的服务器来记账;淘宝、天猫的信息,只能由阿里的服务器来记账。但在区块链系统中,每台计算机都是一个节点,任何一个节点都可以记账,中间无须第三方服务器。

当任意两个账号的资金互转时,这笔加密的交易会广播到其他所有节点,也就是说会通知到其他所有用户。举例说明,在一个 100 人的村子,张三买了李四家一头牛,向他支付 1 万元。普通的做法是,他可以找到中间人村会计王五(总记账人),将自己账下 1 万元转到李四账下。但在区块链系统里,张三无须再通过总记账人王五,而是直接将自己账本的 1 万元记到李四账本,同时将这笔交易信息广播给全村听到(即整个区块链系统)。当村里其他人知道并确认了这笔交易,交易才算最终完成。因为这笔交易被加密处理了,只有李四才能收到这 1 万元,而其他 98 人只能在账户内看到有这笔交易信息,但无法看到这笔交易信息是转给谁的。此外系统可以完整地记录交易过程,整个交易可以溯源。

区块链防止了交易双方篡改交易信息,这使得区块链彻底透明。区块链中没有中心总账本,而是通过所有参与者的独立账本分布式记账,每个人都持有完整的账本。这些节点分布在互联网的任意角落,让具有足够多节点的区块链很难被攻击或篡改。所以区块链被认为是世界上有史以来最安全的数据管理方式。

接下来我们总结一下区块链的定义和本质。

区块链是一组使用密码学算法产生的区块,每个区块按时间顺序依次相连,形成链状结构,得名区块链。区块链可以理解成是一个类似电子表格的数据结构,通过互联网定时在成千上万台节点计算机上进行复制和更新。这种数据结构消除了单个实体集中掌握数据带来的风险。

区块链本质上是一个应用了密码学技术、多方参与、共同维护、持续增长的分布式数据库系统,也称为分布式共享账本。共享账本中的每一个账页就是一个区块,每一个区块都写满了交易记录,区块首尾衔接,紧密相连,形成链状结构。区块链数据由所有节点共同维护,每个参与维护的节点都能获得一份完整的数据拷贝。所有节点共同维护一条不断增长的链,只能添加记录,不可删除、篡改记录。区块链是制作信任的技术。

区块链具有匿名性、去中心化、公开透明、不可篡改等特点,区块链被誉为制造信用的机器。区块链本质上解决了信任和价值传递,区块链信任传递如图 1.9 所示。在这种强信任背书的情况下,任何人没有能力,也没有必要质疑数据的质量和真实性。区块链技术代表了未来"信息数据存储和交互"的技术发展方向。

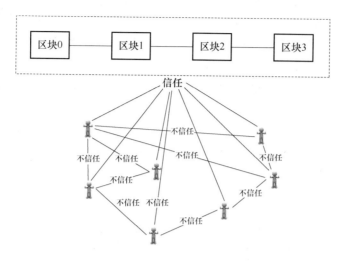

图 1.9　区块链信任传递

1.3.3　区块链中的核心技术

① P2P 网络。点对点交易,没有中间方。

② 分布式存储。所有节点信息统一,交易不可篡改,修改一个节点信息,需要其他节点共同修改。

③ 加密算法。确保交易不可篡改,无法抵赖和破坏,并且保护了用户隐私和交易记录的信息安全。交易可追溯。

④ 共识算法(共识机制)。实现自动网络共识。

⑤ 智能合约。通过自动化脚本操作数据。

1.3.4　区块链模型

一般来说,区块链系统由数据层、网络层、共识层、激励层、合约层和应用层 6 层组成,如图 1.10 所示。

☆ 数据层封装了底层数据区块以及相关的数据加密和时间戳等基础数据和基本算法。

☆ 网络层则包括分布式组网机制、数据传播机制和数据验证机制等。

☆ 共识层主要封装网络节点的各类共识算法。

☆ 激励层将经济因素集成到区块链技术体系中,主要包括经济激励的发行机制和分配机制等。

☆ 合约层主要封装各类脚本、算法和智能合约,是区块链可编程特性的基础。

☆ 应用层则封装了区块链的各种应用场景和案例。

该模型中,基于时间戳的链式区块结构、分布式节点的共识机制,基于共识算力的经济激励和灵活可编程的智能合约是区块链技术最具代表性的创新点。

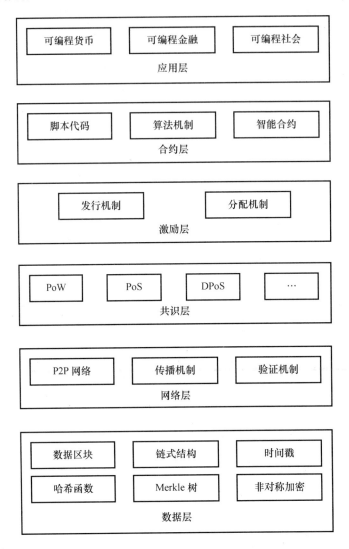

图 1.10　区块链六层模型

1.3.5　目前区块链几大知名产品的编程语言

① 比特币:C++。

② 以太坊:提供了多语言接口(C++、Go、Python、Java)。

③ 超级账本的 Fabric：Go。

④ DragonChain：Python。

⑤ Wanchain：C++。

1.3.6 区块链分类

（1）区块链按准入机制分 3 类：公有链、联盟链、私有链。

① 公有链。公开透明、开放生态的交易网络。世界上任何个体或团队都可以在公有链发送交易，并且交易能获得该区块链的有效确认。每个人都可以竞争记账权。公有链可以为联盟链和私有链提供全球交易网络。典型代表：比特币、以太坊。

② 联盟链。半封闭生态的交易网络，存在对等的不信任节点，是某个群里或组织内部使用的区块链，需要预先指定几个节点为记账人。每个区块的生成由所有预选记账人共同决定，其他节点可以交易，但是没有记账权。如房地产行业 A、B、C、D 公司。

③ 私有链。完全封闭生态的存储网络，仅仅采用区块链技术进行记账，但是所有节点都是可信任的。记账权并不公开，并且只记录内部的交易，由公司或个人独享。如某大型集团内部多数公司。

（2）如何引入及引入哪种区块链，存在很多权衡决策方面的障碍。

① 主流金融机构难以接纳公有链。对于这些金融机构来说，需要的是一个自主可控的系统，而公有链显然做不到这一点。

② 私有链与公有链架构差异大。

☆ 以太坊和超级账本这两个典型区块链的模块结构差异巨大。公有链的核心模块，如挖矿、PoW 共识、代币等，在私有链环境中是完全不必要的，甚至是有害的。

☆ 公有链缺失诸如身份认证、权限管理等在私有链中必要的模块。

☆ 以太坊创始人 Vitalik 坦言，只有 5% 的以太坊程序可被金融领域使用。

③ 私有链和联盟链还很不成熟。

☆ 目前以比特币和以太坊为代表的公有链相对成熟，而私有链和联盟链还远远不够成熟。

☆ 目前全球影响力最大的开源联盟链是 Linux 基金会下的超级账本（Hyperledger）项目，其旗下的 Fabric 子项目是其中走在最前列的。

☆ 研发一个成熟稳定、适合金融领域的联盟链底层系统任重道远。

1.4 区块链技术的发展脉络及其对未来的影响

1.4.1 区块链技术的发展脉络

(1) 2014 年金融机构开始重视比特币的底层支撑技术——区块链。10 月,金融机构在大英图书馆召开技术讨论会。

(2) 2015 年算是世界区块链元年。

① 《华尔街日报》报道区块链是近 500 年来金融领域最重要的突破。

② 建立满足经济活动赖以发展的信任生态体系。

③ 世界经济论坛预测:2025 年,世界 GDP 的 10% 都来源于或应用了区块链技术。

(3) 区块链技术发展大脉络。

① 区块链 1.0 阶段。比特币。

② 区块链 2.0 阶段。除了资产数字化,更关注智能合约。智能合约实际上是通过编程语言把现实世界的业务逻辑用区块链技术加以实现。事实上区块链可以用来描述众多现实生活中的业务场景。

☆ 摩根对金融行业的路线展望,认为 2.0 阶段将持续到 2025 年。

☆ 2015—2016 年,评估阶段。

☆ 2016—2018 年,概念原型验证测试。

☆ 2018 年,区块链应用元年。

☆ 2018—2020 年,基于区块链的共享结构出现。

☆ 2021—2025 年,在证明有效性后,将有更多金融资产转向区块链技术。

③ 区块链 3.0 阶段。把区块链的应用范围扩展到各行各业,支持广义的资产交互和登记,进入万物互联、设备民主的"区块链+"时代。

1.4.2 区块链技术对未来的影响

① 互联网二十多年,已到十字路口。

古典互联网时代→后互联网时代。

② 2017 年 9 月,中国政府发表文章《我国区块链产业有望走在世界前列》,支持区块链技术的发展,并向 14 亿中国人民普及了区块链技术。

区块链在金融、保险、公证、零售等实体经济领域的应用已经加速落地。未来区块链技术在中国将大有作为。

③ 区块链与其说是一门技术,不如说是一种思想或价值观。它彻底地颠覆了现有生产关系,将解构、变革和重塑互联网,乃至整个社会。

☆ 区块链源于金融,也将会与金融深度结合。

☆ 去中心化自治组织(DAO)和去中心化自治公司(DAC)是个大胆的设想,是对现有生产关系一个大的颠覆。

1.5 区块链的应用场景

1.5.1 全球最有代表性的区块链技术平台

① 比特币(Bitcoin)—— 区块链1.0。

比特币提供了区块链技术应用的原型。

② 以太坊(Ethereum)—— 区块链2.0。

以太坊平台延伸了区块链技术的功能,实现了智能合约,并且已经不仅是加密数字货币平台,更是区块链开发平台。

③ 超级账本(Hyperledger)—— 区块链3.0。

超级账本的出现宣布了区块链技术不仅局限于公有链模式下,而且已经正式被主流企业认可并在实践中采用。它首次将区块链技术引入到了分布式联盟链应用场景中,这就为未来基于区块链技术打造高效率的商业网络打下了坚实的基础。

④ EOS。

⑤ 瑞波(Ripple)。

1.5.2 区块链的应用领域

① 加密数字货币。

② 智能合约。

③ 证券、资产管理。

④ 公证防伪。

⑤ 知识版权保护。

⑥ 医疗记录。

⑦ 产品供应链溯源。

⑧ 星际文件系统(IPFS)。

1.5.3 国外区块链的知名项目

1. Everledger

Everledger 成立于 2015 年,总部位于伦敦,致力于将区块链与机器视觉、物联网、人工智能等技术结合起来,为珠宝提供一站式的追踪及鉴定平台。

世上没有两颗钻石是完全一样的,所以 Everledger 的软件通过瑞士的一种特殊设备,测量成钻上 40 个点的数据来生成一个钻石的"数字指纹",再将信息上链。所有的钻石都有真实的流通记录,以保证所有钻石都有自己的来源信息。目前,已有 200 多万颗钻石在 Everledger 的区块链平台上通过认证。

2. Monegraph

区块链——知识产权保护的利器。

Monegraph 使艺术家们从菜单中选择出售、授权、转售以及合成音乐的权利,并允许他们自己确定价格。对于买家,平台允许他们不通过经纪人就能放心地了解到艺术品的信息及艺术家归属,并且这些信息都可以通过区块链技术得到证实。

3. GemHealth

GemHealth 用区块链存储医疗记录和数据。

1.5.4 国内企业在区块链技术上的进展

1. 腾讯与区块链

2018 年 8 月 10 日,全国首张区块链电子发票用微信开出,并在深圳亮相。此次推出的区块链电子发票由深圳市税务局主导,腾讯提供底层技术,是全国范围内首个"区块链+发票"生态体系应用研究成果,得到国家税务总局的批准与认可。首期试点应用中,深圳市税务局携手腾讯,打造"微信支付—发票开具—报销报账"的全流程、全方位发票管理应用场景。

2017 年 4 月腾讯发布《腾讯区块链方案白皮书》。

2018 年 3 月腾讯和中国物流与采购联合会签署战略合作协议。

2018 年 4 月腾讯区块链和广西柳州合作,实现电子处方不被篡改。

2018 年 4 月代号为 Z 的区块链游戏发布。

2018 年 4 月腾讯微黄金在区块链上已经累计超过 4 000 万条交易记录,公益寻人平台累计超过300个寻人案例。

2. 阿里巴巴与区块链

2017年11月蚂蚁金服用区块链技术来做奶粉正品保障。

2018年1月雄安建成区块链租房应用平台,蚂蚁区块链上线。

2018年2月菜鸟与天猫国际启用区块链技术追踪跨境进口商品的物流全链路信息。

2018年8月3日阿里云发布企业级区块链服务,支持一键快速部署区块链环境。

3. 京东与区块链

2018年2月京东物流正式加入全球区块链货运联盟(BiTA)。

2018年3月京东推出"AI Catapult Accelerator(AICA)"项目。

2018年3月京东发布《京东区块链技术实践白皮书》。

2018年3月京东金融与近30家商业银行共同发起成立"商业银行零售信贷联盟"。

2018年4月京东金融联合工信部发布《区块链金融应用白皮书》。

2018年5月京东联合各政府部门和行业机构成立国内首个"物流＋区块链技术应用联盟"。

4. 百度与区块链

2017年5月16日,百度金融与佰仟租赁、华能信托等在内的合作方联合发行国内首单区块链技术支持的ABS项目,这个ABS已经得到上海证券交易所批复,发行总规模4亿元。

2017年7月21日,百度金融推出区块链开放平台"BaaS",目前已经支撑了超过500亿元资产的真实性问题。

2017年9月19日,"百度-长安新生-天风2017年第一期资产支持专项计划"在上海证券交易所发行,这是我国首单基于区块链技术的交易所ABS。

2017年10月17日,百度金融正式加入超级账本,成为其核心董事会成员。

2018年2月,莱茨狗上线发布。

2018年4月,百度图腾计划推出。

2018年5月,百度百科将内容上链。

2018年6月,百度绿洲、度宇宙上线;百度发布超级链(XuperChain)。

5. 网易与区块链

网易宠物游戏与区块链结合,推出游戏《招财猫》。借助区块链的不可篡改特性,网易招财猫限量发售"招财猫",目前 5 000 金币/只,每个人限购 2 只。在游戏中培养宠物猫,而且每只宠物猫绝对唯一,不可复制、不可伪造,这就保证了其价值。

6. 苏宁易购与区块链

苏宁基于区块链加密存储技术,推出虚拟资产价值共创平台——星际家园(APPOLLO)。

1.5.5 区块链的相关应用及公司

① 公证防伪:公证通(factom)、Monegraph、Stampery、Bitproof、Uproov、Chronicled、Blockai。

② 智能合约:彩色币(coloredcoin)、闪电网络(lightning-network)、侧链(sidechain)、Tendermint、Chronicled、SuperNET、Blocknet、Tezos、Openchain、Crypti、Rubix、MultiChain、超级账本、The DAO(the-dao)、WAVES、Synereo、WINGS、cyber miles。

③ 物联网:ADEPT、Filament、Tilepay、Slock.it(slock-it)。

④ 身份验证:BlockScore、Shocard、LaunchKey、BitNation。

⑤ 预测市场:Augur、Truthcoin、Futarchy。

⑥ 资产交易:比原链(bytom)、量子链(qtum)、Medici、SETL、Symbiont、DAH、SETL、小蚁(antshares)、SWARM、Koinify、Lighthouse、Safe Cash(safe-cash)、t0、Linq、Colu、元界(metaverse)、瑞资链金融(reitschain)、公信宝(gxb)、OpenLedger。

⑦ 电子商务:OpenBazaar、Eris、BitXBay、Bitmarkets、Skuchain、Purse。

⑧ 社交通信:Gems、Codius、比特信(bitmessage)、Twister、Clucker、Diaspora。

⑨ 文件存储:MaidSafe、Enigma、Filecoin、公证通(factom)、Storj、Tau、Dfinity、Bit Cloud、IPFS、Mediachain。

⑩ 数据 API:Coinalytics、Blocktrail、BlockCypher、TradeBlock、Scorechain、Gem。

⑪ 其他:Tierion、Safe Cash(safe-cash)、bitwage、Crypti、IPFS、DECENT、亿书(ebookchain)、好扑区块链(hoopox)、Energo、天算(delphy)。

⑫ 银行结算:R3CEV、Corda。

⑬ 区块链金融:iCube。

⑭ 操作系统:亦来云(elastos)。

以太坊本身是小帆板,不能起降飞机;EOS 是蒸汽轮船,速度快些,体量大些,但战斗力还是不够强大;而亦来云则相当于航空母舰。

1.6 区块链的不足

实际上区块链作为一种新兴技术,价值固然存在,但也显现出了一些劣势。

1. 效率低

数据写入区块链需要执行时间,所有节点都同步数据,则需要更多的时间。以比特币为例,当前产生的交易有效性受网络传输的影响,比特币交易每次的时间大约为 10 min,确认 6 次的话需要一个小时。因此区块链的交易数据是有延迟性的。

2. 存储数据量少

每个区块只有 1~8 MB,保存数据量有限,如果扩容,则需要同步数据,太费劲。

3. 能耗

区块的生成需要矿工进行无数无意义的计算,这是非常耗费能源的。英国一家电力信息网 POWER-COMPARE 提供的预测数据显示,按照目前比特币挖矿、交易耗电量的增长速度,至 2020 年比特币的耗电量将会与目前全球用电量持平。尽管这一数据备受质疑,但是那些藏在深山老林的"矿场"则实实在在地展现了这门生意的耗能景象。

4. 区块链去中心、自治化的特点淡化了国家监管的概念

在监管无法触达的情况下,一些市场的逐利等特性会导致区块链技术应用于非法领域,为黑色产业提供庇护所。

5. 数字货币丢失

区块链技术实现了第一次将资产的所有权、控制权完全交给我们每个人自己手上,但完整的权利对应了保管资产安全的完整责任。以太坊钱包客户端 Geth 因运行不安全,出现过以太币被盗的情况;除人为盗币风险外,用户自身钱包使用不当造成的损失也常有发生。

① 备份遗失。区块链钱包与传统银行不同,不会因为提供了手机号、身份证等证明自己个人身份的资料而找回资产。如果丢失了助记词备份,则任何人也无法保证找回资产。

② 不恰当地传输助记词备份。通过截图保存助记词，然后放到网盘、邮箱，或者通过微信或 QQ 发送，这些都是大忌，这些操作常常会导致助记词泄露而丢失资产。

6. 去中心化应用 DApp 存在缺点

① 更新或者修改 bug 困难，网络中的每个节点都需要更新其节点软件。

② 验证用户身份变得困难，没有中心化的机构来验证用户身份 KYC。

③ 创建去中心化应用困难，不能仅仅实现一个想法，然后不断添加功能，使其规模扩大；而必须从最开始就自行创建并扩大规模，否则分布式记账存储、多节点安全性（51％攻击）就无从谈起。

④ DApp 不能依赖中心化应用 API，但是可以依赖其他 DApp。而目前 DApp 生态圈太小，所以创建起来困难。

⑤ DApp 无法做到完全去中心化。

1.7 参考资料

➢ https://en.bitcoin.it/wiki/Genesis_block

➢ https://baike.baidu.com/item/%E6%AF%94%E7%89%B9%E5%B8%81/4143690?fr=aladdin

➢ https://blockexplorer.com/

➢ https://cn.investing.com/crypto/bitcoin/btc-usd-converter

➢ https://bitnodes.earn.com

➢ https://baike.baidu.com/item/%E7%99%BD%E8%AF%9D%E5%8C%BA%E5%9D%97%E9%93%BE/22235035?fr=aladdin

第 2 章 区块链常见问题集

学习区块链的过程中，阅读区块链相关文章时，常常会看到很多新的概念或者名词。常见的概念或名词我们都会在后续内容中详细地讲解。但是倘若没有一个整体上的认知，那么学习的过程总是磕磕绊绊，所以本章将区块链，尤其是比特币中最常见的问题进行了整理，目的是让大家快速地了解区块链核心的理论，为后续抽丝剥茧地对这些概念和问题进行详细讲解打下基础。

本章重点为大家介绍如下内容：
- 比特币挖矿相关问题；
- 比特币交易相关问题；
- 区块链其他相关问题。

2.1 比特币挖矿相关问题

2.1.1 比特币节点

运行区块链软件的计算机就是一个节点。每个比特币钱包都是一个节点。
（1）全节点
☆ 拥有完整区块链账本的节点叫作全节点，负责比特币转账交易的广播和验证。
☆ 同步整个区块链并对交易做验证，同时中继区块在网络上的传播。
（2）轻节点
轻节点不挖矿，是只进行比特币交易的普通节点。

(3) 挖矿节点

☆ 带挖矿功能的全节点。

☆ 转账交易发生后由所有节点共同广播至全网,挖矿节点验证该交易正确后会记录至区块链账本。

☆ 挖矿节点一般就是记账节点。

因为不需要安装全节点也可以进行比特币转账,所以比特币全节点个数只占全部节点数的一小部分。目前比特币网络中大约有500万节点,其中全节点有1万多。

2.1.2 挖矿、矿工、矿机、矿场、矿池

(1) 挖矿。挖矿是在争取记账权,是将一段时间内比特币系统中发生的交易进行确认,并记录在区块链上的过程。

① 挖矿实际上就是矿工之间比拼算力,拥有较大算力的矿工挖到比特币的概率较大。

② 挖矿需要矿机、比特币地址、挖矿软件。

③ 安装好挖矿软件,分配好每台矿机的任务,就可以挖矿了。

④ 每种代币的算法不同,故所需的矿机各不相同。

(2) 矿工。从事虚拟货币挖掘的人就是比特币矿工。

① 矿工的主要工作是交易确认和数据打包。

② 挖矿不需要矿工实际动手,由计算机执行特定运算,只要保证电力供应和网络连接就可以了。

(3) 矿机。矿机就是通过大量计算来争夺记账权的专业设备,矿工通过争夺记账权获得比特币奖励。

① 矿机由挖矿芯片、散热片、风扇组成。

② 只执行单一的计算程序,耗电量很大。

(4) 矿场。矿机集中起来形成矿场和矿池。矿场只负责计算,矿场设备如图2.1所示。

(5) 矿池。参与挖矿的人数越来越多,全网算力上涨,挖矿难度持续上涨,单个设备或少量算力都是很难挖到比特币的,这时矿池诞生了。很多矿工加入矿池一起挖矿。

① 矿池突破地理位置的限制,将分散在全球的矿工及矿场的算力连接到一起挖矿。

② 矿池负责信息打包,接入矿池的矿场负责计算,竞争记账权。

③ 挖到比特币后,矿池根据矿场的算力占比分配收益,以此保证更稳定的投

入产出。

④ 矿池算力越大,挖到比特币的概率就越高。

⑤ 全球算力较大的矿池:

☆ 鱼池 F2Pool;

☆ 蚁池 AntPool;

☆ 国池 btcc.com;

☆ 币网 bw.com;

☆ BitFury。

前 4 名全在中国。

图 2.1　矿场设备

2.1.3　挖矿设备

① CPU 挖矿。

② GPU 挖矿。2010 年 9 月 18 日,第一个显卡挖矿软件发布,一张显卡等于几十张 CPU。GPU 改造的挖矿设备如图 2.2 所示。

图 2.2　GPU 改造的挖矿设备

③ 专业矿机挖矿。蚂蚁矿机＝30 000 张 GPU。专业矿机如图 2.3 所示。
④ 矿场挖矿。
⑤ 矿池挖矿。

图 2.3　专业矿机

2.1.4　算力

算力即计算能力,也就是执行哈希碰撞的次数。目前主流的矿机为 14T 左右的计算量级,即一台矿机每秒执行哈希碰撞的次数至少为 $1.4×10^{13}$。一台 14T 的矿机就有 14T 的算力。

2.1.5　难度、难度目标、难度重定

1. 难度(difficulty)

① 整个网络会通过调整"难度"这个变量来控制生成工作量,以证明所需要的

计算力。

② 随着难度的增加,矿工通常在循环遍历 42 亿次随机数值后仍未找到区块,则会启用超额随机数。

2. 难度目标 bits

① 使整个网络的计算力大致每 10 分钟产生一个区块所需要的难度数值即难度目标。

② bits 是用来存储难度目标的 16 进制数值。

③ bits 值越小,难度越大,越难挖矿。

3. 难度重定

① 全网中每新增 2 016 个区块,全网难度将重新计算,该新难度值将依据前 2 016 个区块的哈希算力而定。

② 按每 10 分钟产生一个区块的速度计算,每产生 2 016 个区块大约需要 14 天,也就是两周。

2.1.6 区块结构

(1) 区块包括区块头、区块体。
(2) 区块体记载了交易详情、交易计数器、区块大小。
(3) 区块头是每个区块的前 80 字节(640 bit),包含 6 部分信息,如图 2.4 所示。

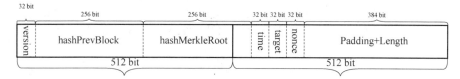

注:Padding+Length 表示填充补位及补位的长度。

图 2.4 比特币区块头结构解析

① version(版本号),占 4 字节。
② 前一个区块的 Hash 值(hashPrevBlock),占 32 字节。
③ 本区块所有交易的默克尔根(hashMerkleRoot),占 32 字节。
④ 时间戳(time),占 4 字节。
⑤ 难度目标(target),占 4 字节。
⑥ 随机数(nonce),占 4 字节。

☆ nonce 是全网矿工计算当前区块 Hash 值的核心参数。

☆ nonce 的取值范围是 $0 \sim 2^{32}$(4 294 967 296)。

2.1.7 默克尔树及默克尔根

Merkle Tree(默克尔树)通常也被称作 Hash Tree,顾名思义,就是存储 Hash 值的一棵树。

每条交易信息都具有 Hash 值,将所有交易按照手续费高低排序,第一笔交易是挖矿所得的 coinbase 交易,也叫作铸币交易或挖矿奖励交易。

挖矿系统将该区块能容纳下的所有交易信息打包后两两进行哈希计算。如果出现奇数,则复制自身然后再进行哈希计算。如果该区块中只有一笔 coinbase 交易,那么该区块的默克尔根就是该 coinbase 交易的 Hash 值。

生成一棵完整的 Merkle 树需要递归地对哈希节点进行哈希计算,并将新生成的哈希节点插入 Merkle 树中,直到只剩一个哈希节点,该节点就是 Merkle 树的根。

区块链的区块头必须包含区块中所有交易哈希计算得到的有效默克尔根,而该值也是挖矿非常重要的参数。默克尔根结构示意如图 2.5 所示。

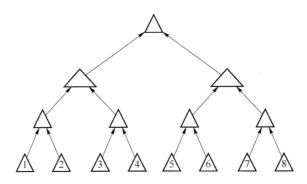

图 2.5　默克尔根结构示意图

2.1.8 挖矿原理

挖矿的过程就是重复计算区块头的 Hash 值,不断修改随机数,直到它小于难度目标 bits 计算出来的 Hash 值。挖矿原理如图 2.6 所示。

以 125552 区块为例,下面模拟验证挖矿的过程。

○将区块头中的 6 个参数以 16 进制的小头位序排列方式连接在一起。
○版本号:00000001。
version = "01000000"

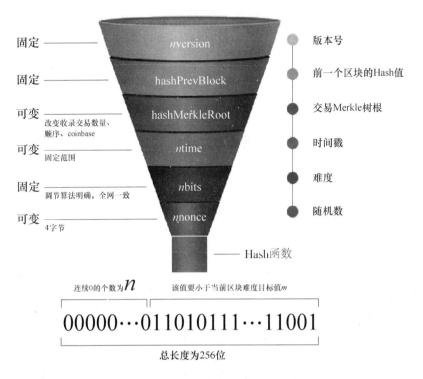

图 2.6　挖矿原理示意图

○上一区块的 Hash 值：00000000000008a3a41b85b8b29ad444def299fee21793cd8b9e567eab02cd81。

pre_hash = "81cd02ab7e569e8bcd9317e2fe99f2de44d49ab2b8851ba4a308000000000000"

○Merkle 根：2b12fcf1b09288fcaff797d71e950e71ae42b91e8bdb2304758dfcffc2b620e3。

merkle_root = "e320b6c2fffc8d750423db8b1eb942ae710e951ed797f7affc8892b0f1fc122b"

○时间戳：1305998791（May 22，2011 1：26：31 AM，转成 16 进制为：4dd7f5c7）

timeStamp = "c7f5d74d"

○难度目标 bits：1a44b9f2。

bits = "f2b9441a"

○nonce：2504433986。10 进制转成 16 进制为：9546a142。

nonce = "42a14695"

○header_hex = version + pre_hash + merkle_root + timeStamp + bits + nonce。

○ 经过两次 Hash256 算法,能得出以下结果:
1dbd981fe6985776b644b173a4d0385ddc1aa2a829688d1e0000000000000000
○ 将 16 进制数转成大头位序排列,得出以下结果:
00000000000000001e8d6829a8a21adc5d38d0a473b144b6765798e61f98bd1d
○ 高度为 125552 的区块目标 Hash 值为:
00000000000044b9f1ffffffffeb42e33d248e71469a7653bb7d6800000000000
○ 比对大小:实际计算的 Hash 值小于目标 Hash 值,所以验证成功。

2.2 比特币交易相关问题

2.2.1 比特币交易

简单地说,交易就是把比特币从一个地址转到另一个地址。更准确地说,一笔"交易"指一个经过签名运算的、表达价值转移的数据结构。比特币交易(比特币转账)本质上是在传递比特币所有权,就是价值传递。

每一笔"交易"都经过比特币网络传输,由矿工节点收集并打包进区块中,永久保存在区块链中。比特币转账交易通过比特币交易平台、比特币地址、比特币客户端操作。

2.2.2 比特币钱包

比特币钱包指保存比特币地址和私钥的软件,可以用它来接收、发送、储存比特币。换句话说钱包就是私钥、比特币地址和区块链数据的管理工具。比特币钱包的核心功能就是保护私钥。如果私钥丢失,将永远失去这笔比特币。

比特币地址如同银行卡卡号,私钥类似于银行卡密码,钱包里可以存放多张银行卡。比特币钱包里可以存储多个比特币地址以及每个比特币地址所对应的唯一的私钥。

大多数比特币钱包为了方便,将私钥、公钥以密钥对的形式储存在一起。公钥可以由私钥计算出,所以只储存私钥也是可以的。

比特币钱包有多种形态:PC 钱包、手机钱包、在线网页钱包、纸钱包、脑钱包等。采用多种方式分散存储是降低风险的有效方式。

☆ 纸钱包。人们通常使用该术语来表达以物理文件形式离线存储比特币私钥的方式。

☆ 硬件钱包。硬件钱包是一种特殊的比特币钱包,硬件钱包可以将用户的私钥存储在安全的硬件设备中,类似于银行加密狗。
☆ 脑钱包。脑钱包顾名思义,即存在于脑海中的比特币钱包。它其实是一种比特币私钥的生成方式,通过对用户的输入进行计算生成相应的比特币地址。让用户只需要记住一个密码,便可以用这个密码在脑钱包程序中恢复比特币地址和私钥。

2.2.3 冷钱包和热钱包

按私钥存储方式分,可将钱包分为冷钱包和热钱包。

① 冷钱包指网络不能访问到私钥的钱包。冷钱包往往依靠冷设备确保比特币私钥的安全。比如不联网的计算机、手机,写着私钥的本子等。冷钱包避免了被黑客盗取私钥的风险,但是可能面临物理安全风险,比如计算机丢失、损坏或数据损坏。另外冷钱包无法直接发送交易,便利性差。

② 热钱包是互联网能访问到私钥的钱包,往往是在线钱包的形式。使用热钱包最好在不同的平台设备上设置不同密码,并且开启二次认证,以确保资产安全。

无论是冷钱包还是热钱包,只要被知道私钥,就能被转走比特币。所以谁手握私钥谁才是比特币真正的主人。

2.2.4 全节点钱包、轻钱包

根据区块链数据的维护方式,可将钱包分为全节点钱包、轻钱包及中心化钱包。

① 全节点钱包。全节点钱包即核心钱包,需要同步所有区块链数据,占用很大的存储空间,但是可以完全实现去中心化。

② 轻钱包。轻钱包依赖 P2P 网络上其他全节点,仅仅同步与自己相关的数据,基本可以实现去中心化。

③ 中心化钱包。中心化钱包不依赖 P2P 网络,所有的数据均从用户自己注册的第三方中心化服务器中获得。交易效率很高,可以实时到账。用户在交易平台注册的账号就是中心化钱包。该钱包不是 P2P 交易,实际上是在与注册的第三方交易平台做交易。

2.2.5 HD 钱包

根据密钥的关联性,钱包可分为非确定性钱包和确定性钱包两种,区别在于它们包含的多个密钥是否相互关联。

(1) 第一种类型是非确定性钱包(nondeterministic wallet),其中每个密钥都是从随机数独立生成的,密钥彼此无关。这种钱包也被称为"Just a Bunch of Keys(一堆密钥)",简称 JBOK 钱包。

① 在最早的一批比特币客户端(bitcoin core,现在称作比特币核心客户端)中,钱包只是随机生成的私钥集合。这种类型的钱包被称作零型非确定钱包。现在零型钱包不建议使用。

② 非确定性钱包现在正在被确定性钱包替换,因为它们难以管理、备份以及导入。随机密钥的缺点就是如果用户生成很多私钥,用户必须保存它们所有的副本。这就意味着这个钱包必须被经常性备份。每一个密钥都必须备份,否则一旦钱包不可访问,钱包所控制的资金就付之东流。

③ 非确定性钱包除了简单的测试之外,不要使用。现在推荐使用基于行业标准的 HD 钱包(Hierarchy Deterministic Wallet,层级确定性钱包),可以用种子助记词进行备份。

(2) 第二种类型是确定性钱包(deterministic wallet),其中所有的密钥都是从一个主密钥派生出来的,这个主密钥即种子(seed)。

① 该类型钱包中所有密钥都相互关联,如果有原始种子,则可以再次生成全部密钥。确定性钱包中使用了许多不同的密钥推导方法。最常用的推导方法是使用树状结构,称为层级确定性钱包或 HD 钱包。

② 确定性钱包由种子衍生创造。为了便于使用,种子被编码为英文单词,也称为助记词。

③ HD 钱包种子或根种子是一个用于为 HD 钱包生成主私钥和主链码所需种子的潜在简短数值。

2.2.6 比特币钱包随机生成私钥的安全性

每个用户的私钥都是由比特币钱包随机生成的。可能有人会有疑问,这样随机生成的私钥安不安全,会不会我的随机生成的私钥跟别人的私钥恰好重复了?这个不用过于担心,因为比特币私钥是一串很长的文本,理论上比特币私钥的总数是 1461501637330902918203684832716283019655932542976(约等于 1.46×10^{48} 或 2^{160})。

这是个什么概念?地球上的沙子是 7.5×10^{18} 粒,然后想象一下,每粒沙子又是一个地球,这时的沙子总数是 56.25×10^{36},仍然远小于比特币私钥的总数,如图 2.7 所示。所以在这样一个庞大的地址空间下,私钥重复的概率微乎其微。

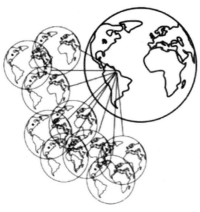

图2.7 比特币随机私钥总数极其巨大

2.2.7 私钥的格式

① 原始私钥是32字节,也就是256位二进制数字,换算成16进制数字就是64位的长度。

② 私钥还有16进制(Hex)格式、WIF格式(Wallet Import Format,钱包导入格式)、WIF-compressed格式(压缩的钱包导入格式)。

③ WIF格式为经过Base58Check编码并以5作为前缀的51位数字和字母,例如5J76sF8L5jTtzE96r66Sf8cka9y44wdpJjMwCxR3tzLh3ibVPxh。

④ WIF-compressed格式同样经过Base58Check编码并以K或L字母为前缀。私钥常常以WIF-compressed格式来展示,展示为以K或L开始的52位长度的数字和字母。

私钥的多种格式见表2.1。不同私钥的格式示例说明见表2.2。

表2.1 私钥的多种格式

格式	前缀	描述
原始格式(Raw)	无	32字节长度
16进制格式(Hex)	无	64位16进制数字
WIF格式	5	经过Base58Check编码,形成以5作为前缀的51位数字和字母
WIF-compressed格式	K或者L	经过Base58Check编码,以K或L作为前缀,形成以K或L开头的52位长度的数字和字母

表 2.2　不同私钥的格式示例说明

格　式	私钥示例
16 进制格式	1e99423a4ed27608a15a2616a2b0e9e52ced330ac530edcc32ceffc6a526aedd
WIF 格式	5J3mBbAH58CpQ3Y5RNJpUKPE625SQ5tfcvU2JpbnkeyhfsYB1Jcn
WIF-compressed 格式	KxFC1jmwwCoACiCAWZ3eXa96mBM6tb3TYzGmf6YwgdGWZgawvrtJ

2.2.8　比特币地址

可以通过 https://www.bitaddress.org/ 网站生成比特币地址。

比特币地址(例如:1DSrfJdB2AnWaFNgSbv3MZC2m74996JafV)是 26～34 位数字和字母组成的字符串。

比特币地址相当于银行卡的卡号,可以理解为个人的比特币账户。在这里需要强调的是,比特币系统里没有账户这个概念,这跟以太坊系统不同。每个比特币地址都是独一无二的,有地址就可以进行比特币转账。就像别人向你的 E-mail 地址发送电子邮件一样,可以通过你的比特币地址给你发送比特币。

比特币地址其实是对 160 位二进制公钥哈希值进行 Base58Check 编码后得到的数据,比特币地址生成过程如图 2.8 所示。

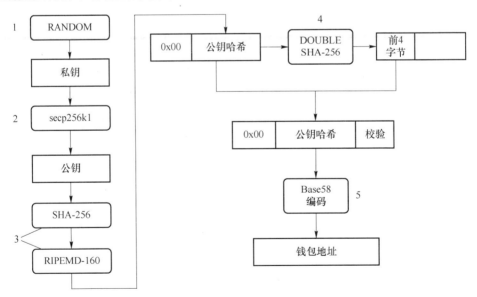

图 2.8　比特币地址生成过程

☆ 公钥先经过 SHA-256 计算,再经过 RIPEMD-160 算法。
☆ 再进行 Base58Check 编码。

☆ 由公钥生成的比特币地址以"1"开头。

2.2.9 私钥、公钥、比特币地址之间的关系

私钥生成公钥,公钥生成比特币地址,都是不可逆过程。私钥、公钥、比特币地址之间的关系如图2.9所示。

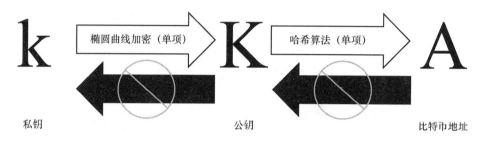

图2.9 私钥、公钥、比特币地址之间的关系示意图

2.2.10 UTXO

UTXO(Unspent Transaction Outputs,直译是未花费的交易输出)就是指所有还没有花出去的钱。用户的比特币余额是用户钱包中的UTXO的总和。它们可能分布在数百个交易和区块中。这些UTXO由用户所有的密钥来控制其花费行为。

UTXO的面值为聪,是不可分割的价值单元,一个UTXO只能在一次交易中作为整体被消耗。也就是说每个比特币地址对应的UTXO,在交易过程中如同一张纸币一样,面额就是该比特币地址上的金额,不可以分开使用,必须作为一个整体来交易。

2.2.11 比特币交易的找零机制

比特币系统中具有找零机制,没有花完的比特币可以返还到指定的比特币地址。

比特币转账可以一次把多个比特币地址的余额转出,也可以一次转入到多个比特币地址。

余额转回原地址,说明这是找零地址,当然也可以是新的找零地址,也就是存放余额的地址。如果不指定余额地址,在以前表示余额全部给矿工当手续费,后来这种不合理的规定被更改了。

2.2.12 发出交易到矿工打包的步骤

① 发起比特币转账,将交易广播到全网。

② 挖矿节点接到交易后先将其放入本地内存池,进行一些基本验证,判断其是否属于 UTXO。如果通过验证,则将该笔交易放入未确认交易池,等待被打包;如果未通过验证,则被认为是无效交易,直接废弃,不会被打包。未确认交易池是所有交易数据的集合,这些交易数据已经被比特币节点验证,但未被确认。

③ 挖矿节点在比拼算力的同时还需要及时验证每笔交易,更新自己的"未确认交易池"。矿工挖矿前,将从"未确认交易池"中抽取"未确认交易"进行打包。有时交易不能被及时打包,是因为"未确认交易池"中交易太多,每个区块能记录的交易数有限,所以就造成了区块拥堵。

2.2.13 比特币交易验证过程

一笔交易就是一个地址的比特币转移到另一个地址。由于比特币的交易记录全部都是公开的,哪个地址拥有多少比特币,都是可以查到的。因此,支付方是否拥有足够的比特币完成这笔交易,这是可以轻易验证的。问题出在怎么防止其他人冒用你的名义申报交易。

(1) 比特币协议规定,申报交易的时候,除了交易金额,转出比特币的一方还必须提供以下数据。

① 上一笔交易的 Hash 值(从哪里得到这些比特币)。

② 本次交易双方的地址。

③ 支付方的公钥。

④ 支付方的私钥生成的数字签名。

(2) 验证这笔交易是否属实,需要 3 步。

① 第一步,找到上一笔交易,确认支付方的比特币来源。

② 第二步,算出支付方公钥的指纹,确认与支付方的地址一致,从而保证公钥属实。

③ 第三步,使用公钥去解开数字签名,保证签名属实、私钥属实。

经过上面 3 步,就可以认定这笔交易是真实的。

2.2.14 双重支付

双重支付(double spending,双花)是成功支付了一次以上的情况。比特币通过对添加到区块中的每笔交易进行验证来防止双重支付,确保交易的输入没有被支付过。

2.2.15 最长链及六次交易确认

在某些特殊的情况下区块链可能分叉,这些情况可能是恶意的双重支付攻击;也有可能是碰巧在同一时点,地球上两个矿工节点同时计算出了小于目标值的Hash值,并同时发起了组包记账(这种情况发生的概率极低,但确实曾经发生过)。

在分叉时,比特币系统会自动选择最长的链条,抛弃短的链条。在这种机制下,越新生成的区块越有可能被抛弃,越早生成的区块越稳定、安全。

在比特币网络上,有一条不成文的约定,就是只有用户的交易达成并被装入区块,后面又生成了5个新区块后(加上交易的区块总共6个区块,因此叫作六次交易确认),用户的交易才是基本安全的。以每10分钟生成一个区块来计算,也就是用户在交易被确认后1个小时左右才能真正确认其交易是可靠的。比特币六次交易确认示意如图2.10所示。

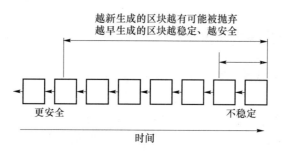

图2.10 比特币六次交易确认示意图

2.3 区块链其他相关问题

2.3.1 中本聪

中本聪有可能是一个人或一群人的名字。中本聪是比特币的设计者,同时也创建了比特币的最初实现——比特币核心。作为实现的一部分,他(们)还发明了第一个区块链数据库。在这个过程中,他(们)是第一个为数字货币解决了双花问题的人或组织。但他(们)的真实身份仍然未知。

2.3.2 图灵完备

图灵完备是对计算能力的描述。图灵完全性通常指具有无限存储能力的通用物理机器或编程语言。

一个语言是图灵完备的,意味着该语言的计算能力与一个通用图灵机(universal turing machine)相当,换句话说,图灵完备意味着这种编程语言可以做到用图灵机能做到的所有事情。

一台计算机也是一个图灵机,一个图灵完备的语言能够发挥计算机的所有能力。反之,一个图灵不完备的语言,就意味着不能发挥计算机的所有能力。这个概念也就是图灵等价。

图灵完备的语言有循环执行语句、判断分支语句等,理论上能解决所有的可计算问题,但有可能进入死循环而程序崩溃。

图灵不完备,不允许或限制循环,可以保证每段程序都不会出现死循环,都有运行完的时候。

2.3.3 比特币与图灵完备性

比特币的脚本系统是图灵不完备的,而其他代币的智能合约系统是图灵完备的。

比特币脚本语言包含许多操作,但都故意限定为一种重要的方式——没有循环或者复杂流控制功能。这样就保证了脚本语言的图灵非完备性,这意味着脚本的复杂性有限,交易可执行的次数也可预见。脚本并不是一种通用语言,施加的这些限制确保该语言不被用于创造无限循环或其他类型的逻辑"炸弹",这样的"炸弹"可以植入在一笔交易中,通过引起拒绝服务的方式攻击比特币网络。受限制的语言能防止交易激活机制被人当作薄弱环节而加以利用。

它们各有优缺点,图灵不完备会更安全些,图灵完备会更智能些。

2.3.4 P2P 网络

P2P(Peer to Peer)网络各节点地位对等,无主从之分,去中心化,用户越多速度越快,抗攻击。

传统的中心化服务器为 CS、BS 架构,客户端完全信任服务器。但是中心化服务器应用会受到 DDOS(Distributed Denial of Service,分布式拒绝服务)攻击。

2.3.5 LevelDB

LevelDB 是 Google 提供的一个开源的键值对数据库。LevelDB 是一个用于持久性绑定多个平台的轻量级、单用途的库。钱包的信息就可以通过 LevelDB 进行保存。

此外，mongoDB、SQLite 也都是很好的轻量级数据库存储方式。

2.3.6 共识机制

共识机制是区块链技术的灵魂。

区块链共识机制的目标是使所有的诚实节点保存一致的区块链数据，同时满足两个性质：一致性和有效性。

区块链的自信任主要体现在区块链中的用户无须信任交易的另一方，也无须信任一个中心化的机构，只需要信任区块链协议下的软件系统即可实现交易。这种自信任的前提是区块链的共识机制（consensus），即在一个互不信任的市场中，要想使各节点达成一致的充分必要条件是每个节点出于对自身利益最大化的考虑，都会自发、诚实地遵守协议中预先设定的规则，判断每一笔记录的真实性，最终将判断为真的记录记入区块链之中。

换句话说，如果各节点具有各自独立的利益并互相竞争，则这些节点几乎不可能合谋欺骗你，而当节点们在网络中拥有公共信誉时，这一点体现得尤为明显。区块链技术正是运用一套基于共识的数学算法，在机器之间建立"信任"网络，从而通过技术背书而非中心化信用机构来进行全新的信用创造。

区块链支持不同的共识机制。常用的共识机制有工作量证明（PoW）机制、权益证明（PoS）机制、股份授权证明（DPoS）机制等。

☆ PoW 机制。可以叫它"范进中举"，范进用大半辈子的时间学习无用的八股文，如同比特币矿工用算力算题，算的题毫无意义，目的就是为了碰运气，可以有权记录他所打包的交易信息。

☆ PoS 机制。用户要预先放入一些利益，很像现实世界的股份制。大家用财富兑换股份，谁的股份多，谁的话语权就大。

☆ DPoS 机制。像董事会选举出代表来代表股东的利益。被选出的代表成熟老练、阅历丰富，能快速地处理日常事务，也能很好地保护股东利益。

Paxos、Raft、PBFT 很像生活中的操练队列，通过互相间的消息口令来达成一致。每排的排头作为 Leader，而每排的其余人都以排头为目标。

2.3.7 比特币扩容

目前比特币区块的大小是 1 MB,每秒只能处理 7 笔交易(每笔约 250 字节,1 MB 空间最多处理 4 200 笔交易,每 10 分钟产出一个区块,则每秒最多处理 7 笔交易)。

比特币交易量不断增长,比特币网络已经难以迅速进行转账交易确认。比特币网络出现拥堵,最严重时有上万笔交易积压,比特币转账交易费也水涨船高,高达几十美元。拥堵严重时,比特币交易设置需要花费几天的时间才能被打包,所以人们提出扩容:①提高区块大小上限;②拿出区块内无用信息。

2017 年 8 月,隔离见证激活,比特币单个区块信息处理能力提高至以前的 1.7 倍。

2.3.8 隔离见证

用于支出资金的数字签名称为见证(witness),这是密码学中的术语。比特币交易中的见证数据证明了资金真正归谁所有。隔离见证是区块链扩容的一种方法,已经在比特币、莱特币中成功实施。

目前区块链上的每个区块内不仅记录了每笔转账交易的具体信息,包括时间、转出方地址、收入方地址、转账金额,还包含每笔交易的数字签名,用来验证该交易的合法性。矿工打包区块时需要用数字签名一一验证每笔交易,确认没有问题才将该交易记录在区块里。

对于普通用户来说,他们只关心每个账户有多少资产,并不需要一一验证每笔交易,所以对普通用户来说数字签名就是可有可无的。隔离见证就是把区块内的数字签名信息拿出去,让每个区块可以承载更多笔交易,从而达到扩容的目的。

2.3.9 区块链分叉

中心化系统升级软件十分简单,而区块链去中心化系统升级则不简单,甚至会造成区块链分叉。简单说分叉是指区块链进行升级时,发生了意见分歧,从而导致区块链分叉。

因为没有中心化机构,比特币每次代码升级都需要获得比特币社区的一致认可。如果比特币社区无法达成一致,区块链很可能形成分叉。

2017 年 7 月,为解决比特币区块链拥堵问题,一些比特币爱好者提出了

bitcoin cash 分叉方案,导致比特币区块链一分为二。根据分叉后的区块链是否能兼容旧的区块链,区块链分叉又分为硬分叉和软分叉。

☆ 硬分叉指比特币代码发生改变后,旧的节点拒绝接受由新节点创造的区块,不符合原来规则的区块将被忽略。矿工会按照原来的规则在他们验证合格的区块之后创建新的区块。

☆ 软分叉则指旧的节点并不会意识到比特币代码发生改变,并继续接受由新节点创造的区块,矿工们可能会在他们没有完全理解的区块上进行工作。

☆ 软分叉和硬分叉都是向后兼容的,这样才能保证新节点可以从头验证区块链。向后兼容指新软件接受由旧的软件所产生的数据或代码。

☆ 软分叉还可以向前兼容。向前兼容指旧的软件可以接受由新软件所产生的数据以及代码。

2.3.10 BIP

BIP(Bitcoin Improvement Proposal,比特币改进建议)是用于引入特征信息的比特币设计文档。由于比特币没有正式的结构,所以 BIP 成为传达想法的标准方式。BIP 向比特币社区提供信息的设计文档,简单来说 BIP 就像是一个提案。

2.3.11 IPFS

IPFS(星际文件系统)由 Juan Benet 在 2014 年 5 月发起。

IPFS 本质上是一种内容可寻址、版本化、点对点超媒体的分布式存储、传输协议,目标是补充甚至取代过去 20 年里使用的超文本媒体传输协议(HTTP),希望构建更快、更安全、更自由的互联网时代。

IPFS 想打造一个点对点的网络拓扑,相当于颠覆 HTTP 所代表的分布关系,它具有内容可寻址的特点,通过文件内容生成唯一的哈希标识,在一定程度上节约了空间开销的成本。

2.3.12 Token 与积分的区别

Token 也就是代币,或者叫通证。Token 可交易、可流转,有议价空间。Token 高便携、安全防伪。积分是一家公司为鼓励用户消费所自行决定的奖励和记录行为。积分不具备交易性和流转性。积分保存在各个公司自行购买或租赁的中心化数据库服务器上,所以可以篡改或删除,缺乏安全性。

2.3.13 对区块链存在的误解

1. 区块链是一种颠覆性的新技术

① 区块链不是新技术,而是一系列技术的组合。其核心技术:P2P 网络、密码学、共识机制、智能合约等。中本聪将这些技术巧妙地组合在一起,在此基础上引入了完善的激励机制,用经济学原理解决了传统技术无法解决的问题。

② 这些技术组合虽然有独到的创新之处,但是并非是颠覆性技术,而是现有技术的有力补充。

③ 这些技术组合并非颠覆了现有业务,而是引入了新的思想,去改善和改造现有业务模式,从而为大众提供更好的普惠服务。

2. 区块链就是去中心化

① 很多人认为 decentralized 是区块链的核心特征,并将其翻译为"去中心化",而对于这个词国内币圈翻译得不够准确。软件系统的网络架构一般有 3 种模式:单中心、多中心、分布式。所以 decentralized 确切地说是弱中心或分散式的,而不是去中心化的。

② 中本聪在整篇论文中并没有提到 decentralized,而只有 peer-to-peer(P2P)。

③ 完全去中心化是不可行的。The DAO 这个基于以太坊公有链的史上最大的众筹项目,由于其智能合约漏洞,被黑客转移走价值 6 000 万美元的数字货币。最后其不得不通过集中式的方式,强制以太坊硬分叉并完成交易回滚,这导致以太坊社区产生了 ETH 和 ETC 这两种同源却不同价格的数字货币。

3. 区块链交易存在很大的延迟

① 比特币每 10 分钟才能完成一次支付确认,并且通常需要 6 个区块的确认,这样就至少需要一个小时的确认时间。通常网银支付和第三方支付秒级完成。与此相比,区块链的比特币支付速度太慢。

② 使用网银支付和第三方支付进行跨境支付,通常需要 3~5 个工作日,对方才能收到相应的款项。而使用比特币进行跨境汇款,仅需要一个小时对方就能收到汇款,如此比较,比特币支付非常快。

2.3.14 区块链生态系

① 目前区块链生态系主要分为 3 类:一是比特币生态系;二是以太坊生态系;

三是石墨烯生态系。

② 比特币生态系包括 BTC 以及其数量众多的分叉币，BTC 是加密数字货币的开山鼻祖，拥有最为广泛的共识。

③ 以太坊生态系又叫作 ERC20 Token，CoinMarketCap 上绝大多数的 Token 都是基于以太坊 ERC20 的。以太坊生态系提供的智能合约可以极为简便地发行 Token，项目再利用 ICO 的方式进行快速融资。

④ 石墨烯生态系的代表有 BTS、Steem 和 EOS。石墨烯采用的是 DPoS 的共识机制，出块速度大约为 1.5 s，石墨烯技术使得区块链拥有更高的交易吞吐量，BTS 可以处理十万级别的 TPS，而 EOS 则宣称可以处理百万级别的 TPS。同时石墨烯技术的高并发处理能力也是比特币和 ETH 无法做到的。

2.3.15　区块链与编程语言的关系

① 区块链是一种编程思想，使用任何一种编程语言都可以实现，比如：C++、Java、JavaScript、Python、Go 都可以实现开发区块链。

② 比特币系统使用 C++ 开发。学习比特币系统仅用于学习区块链原理，因为很难在比特币系统上继续进行开发。学习比特币原理时可以使用 Java、JavaScript、Python、Go 中任何一种语言。

③ 对于以太坊系统，官方推出了 C++ 开发版本和 Go 开发版本。要在以太坊平台上开发智能合约，官方建议使用 Solidity 语言，该语言类似于 JavaScript。如果开发 DApp，可以采用 C++、Go、Python、Java。

④ 超级账本中的 Fabric 系统是用 Go 语言开发的。

2.4　参 考 资 料

- http://www.8btc.com/blockchain
- https://dbarobin.com/2018/01/31/blockchain-graphene
- http://zhibimo.com/read/wang-miao/mastering-bitcoin/index.html
- http://book.8btc.com/books/6/masterbitcoin2cn/_book/
- https://bitshuo.com/topic/583405978bf98a143753b86a
- https://github.com/maiiz/Blockchain_RD_Checklist
- https://learnblockchain.cn/

第 3 章
区块链骨骼——密码学算法

为了保证区块链数据保存的安全性,区块链中必须使用完善的加密技术。尤其是在比特币系统中,中本聪利用已有的密码学算法,设计了一套非常巧妙的密码算法。本章将带领大家初探让人叹为观止的密码学领域。

本章重点为大家介绍如下内容:
- 密码学家族;
- 哈希算法;
- 对称加密算法;
- 非对称加密算法;
- 椭圆曲线加密算法;
- 数字签名及椭圆曲线签名算法;
- Base64 编码与解码;
- Base58 编码与解码;
- 比特币地址的生成步骤;
- 生成 WIF 及 WIF-compressed 格式私钥的步骤;
- 初步认识比特币交易;
- 签名序列化。

3.1 密码学家族

为了数据的安全性,在编程中,常常用到一些密码学算法。最常用的密码学算法包括三大类:哈希算法、加密解密算法、编码解码算法。

分成这三大类的依据是什么呢?其实这种分类是根据每种算法的最大核心特

性而定的。

☆ 哈希算法不可逆。
☆ 加密解密算法可逆，但是必须要有密钥。
☆ 编码解码算法可逆，无须密钥。

1. 哈希算法

哈希算法包括 MD4、MD5、Hash1、RIPEMD-160、SHA-256、SHA-3、Keccak-256 等。

2. 加密解密算法

（1）对称加密算法

对称加密算法包括 DES、3DES、AES 等。

（2）非对称加密算法

非对称加密算法包括 RSA 算法、椭圆曲线加密算法。

（3）数字签名算法（DSA）

DSA 包括 RSA 数字签名、椭圆曲线数字签名。

3. 编码解码算法

编码解码算法包括 Base64 编码与解码、Base58 编码与解码。

3.2 哈希算法

3.2.1 Hash 的定义

1. Hash（哈希或散列）

Hash 算法是信息技术领域非常基础也非常重要的技术。它能将任意长度的二进制值（明文）映射为较短的固定长度的二进制值（Hash 值），并且不同的明文很难映射为相同的 Hash 值。Hash 值在应用中又被称为数字指纹（fingerprint）或数字摘要（digest）、消息摘要。

例如，计算一段话"hello blockchain"的 MD5 Hash 值，结果为：78e6a8bcdef7a4a254c16054b082c783。

这意味着我们只要对某文件进行 MD5 Hash 计算，得到的结果为 78e6a8bcdef7a4a254c16054b082c783，这就说明文件内容极大概率上就是"hello blockchain"。

可见，Hash 的核心思想十分类似于基于内容的编址或命名。

2. 优秀哈希算法的功能

① 正向快速。给定明文和 Hash 算法，在有限时间和有限资源内能计算出 Hash 值。

② 逆向困难。给定(若干)Hash 值，在有限时间内很难(基本不可能)逆推出明文。

③ 输入敏感。修改一点原始输入信息，产生的 Hash 值看起来应该都有很大不同。

④ 抗冲突。

☆ 对不同的关键字可能得到同一散列地址，或者说两段内容不同的明文，它们的 Hash 值可能一致，这种现象称为冲突或者碰撞。具有相同函数值的关键字对该散列函数来说称为同义词。

☆ 抗冲突又称为"抗碰撞性"或"冲突避免"。哈希函数抗冲突就是不同的输入不能产生相同的输出。

☆ 抗冲突并不是不会有冲突，只不过找到有冲突的两个输入的代价非常大。就好像暴力破解一个有效期为 20 年的密码，整个破解过程或许长达 30 年。这样虽然最后密码被破解了，但是也失去意义了。

3.2.2 流行的 Hash 算法

流行的 Hash 算法包括 MD4、MD5、SHA-1 和 SHA-2 系列(SHA-224、SHA-256、SHA-384、SHA-512)，后来出现了 SHA-3 算法。

1. MD4

MD4(RFC 1320)是 MIT(Massachusetts Institute of Technology，麻省理工学院)的 Ronald L. Rivest(2002 年荣获图灵奖)在 1990 年设计的，MD(message digest)的输出为 128 位。

2. MD5

MD5(RFC 1321)是 Rivest 于 1991 年对 MD4 的改进版本。其输出是 128 位。MD5 比 MD4 复杂，并且计算速度要慢一点，但更安全一些。MD5 已被证明不具备"强抗碰撞性"。MD5 是一个经典的 Hash 算法，其和 SHA-1 算法都已被证明安全性不足以应用于商业场景。

3. SHA

SHA(Secure Hash Algorithm,安全哈希算法)是一个 Hash 函数族,由 NIST(National Institute of Standards and Technology,美国国家标准与技术研究院)于 1993 年发布第一个算法。目前知名的 SHA-1 在 1995 年面世,它的输出为长度为 160 位的 Hash 值,因此抗穷举性较好。SHA-1 设计时基于和 MD4 相同的原理,SHA-1 已被证明不具备"强抗碰撞性"。

为了提高安全性,NIST 还设计出了 SHA-224、SHA-256、SHA-384 和 SHA-512 (统称为 SHA-2)算法,这些算法跟 SHA-1 算法的原理类似。目前,一般认为 MD5 和 SHA-1 已经不够安全,推荐至少使用 SHA-256 算法。在比特币系统中 SHA-256 算法被频繁用到。

由于对 MD5 出现成功的破解,以及对 SHA-1 也出现了理论上破解的方法,NIST 需要一个与之前算法不同的、可替换的加密杂凑算法,也就是 SHA-3。SHA-3 并不是要取代 SHA-2,因为 SHA-2 目前并没有出现明显的弱点。SHA-3 之前名为 Keccak 算法。Keccak 算法的输出长度分别为 512、384、256、224。以太坊系统使用的就是 Keccak 算法。

RIPEMD-160(RACE Integrity Primitives Evaluation Message Digest 160,RACE 完整的原始评估信息摘要)是一个 160 位的加密哈希函数,旨在替代 128 位的哈希函数 MD4、MD5。

4. 不同哈希算法返回的数据长度

① MD5 算法返回 128 位二进制长度、32 位 16 进制数字。
② RIPEMD-160 返回 160 位二进制长度、40 位 16 进制数字。
③ SHA-1 返回 160 位二进制长度、40 位 16 进制数字。
④ SHA-256 返回 256 位二进制长度、64 位 16 进制数字。
⑤ SHA-512 返回 512 位二进制长度、128 位 16 进制数字。
⑥ Keccak-256 返回 256 位二进制长度、64 位 16 进制数字。

备注

各种哈希算法的结果可以参考以下网站:

http://tools.jb51.net/password/hash_md5_sha

http://www.fileformat.info/tool/hash.htm

3.2.3　Hash 与加密解密的区别

哈希和加密(encrypt)这两个概念常常容易被混淆,而正确区别两者是正确选择和使用哈希与加密的基础。

1. 哈希和加密的区别

哈希是将目标文本转换成具有相同长度的、不可逆的杂凑字符串(或叫作消息摘要),而加密是将目标文本转换成具有不同长度的、可逆的密文。

哈希算法往往被设计成生成具有相同长度的文本,而加密算法生成的文本长度与明文本身的长度有关。

哈希的结果具有相同的长度,而加密的结果则长度不同。实际上,如果使用相同的哈希算法,不论用户的输入有多么长,得到的结果长度是一个常数,而加密算法得到的结果长度往往与明文的长度成正比。

哈希算法是不可逆的,而加密算法是可逆的。哈希不是一一映射的,是不可逆的。而加密算法是一一映射的,是可逆的。哈希是不可能可逆的,因为如果可逆,那么哈希就是世界上最强悍的压缩方式了——能将任意大小的文件压缩成固定大小。

哈希和加密的区别如图 3.1 所示。

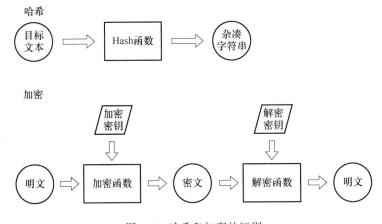

图 3.1　哈希和加密的区别

2. 哈希与加密的选择

要实现数据保护,可以选择使用哈希或加密两种方式。那么什么时候该选择哈希,什么时候该选择加密呢？基本原则如下。

① 如果被保护数据仅用作比较验证,在以后不需要还原成明文形式,则使用哈希。

② 如果被保护数据在以后需要还原成明文,则需要使用加密。

③ 例如,你正在做一个系统,你打算当用户忘记自己的登录口令时,重置此用户口令为一个随机口令,而后将此随机口令发给用户,让用户下次使用此口令登录,则适合使用哈希。实际上很多网站都是这么做的,想想你以前登录过的很多网站,是不是当你忘记口令的时候,网站并不是将你忘记的口令发送给你,而是发送给你一个新的、随机的口令,然后让你用这个新口令登录。这是因为你在注册时输入的口令被哈希后存储在数据库里,而哈希算法不可逆,所以即使是网站管理员也不可能通过哈希结果复原你的口令,而只能重置口令。应用登录中哈希算法的使用如图 3.2 所示。

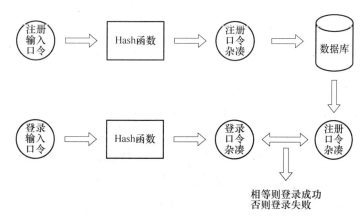

图 3.2　应用登录中哈希算法的使用

④ 相反,如果你做的系统要求在用户忘记口令的时候必须将原口令发送给用户,而不是重置其口令,则必须选择加密,而不是哈希。

3. 对简单哈希的攻击

对于哈希的攻击,主要有寻找碰撞法和穷举法。

(1) 寻找碰撞法

☆ 目前对于 MD5 和 SHA-1 并不存在有效的寻找碰撞法。

☆ 我国杰出的数学家王小云教授曾经在国际密码学会议上发布了对于 MD5 和 SHA-1 的寻找碰撞改进算法,但这种算法和"破解"相去甚远。该算法目前仅具有数学上的意义,她将破解 MD5 的预期步骤降低了好几个数量级,但对于实际应用来说其仍然是一个天文数字。

(2) 穷举法(或暴力破解法)

☆ 通俗来说,就是在一个范围内,如从 000000 到 999999,将其中所有值一个一个地用哈希算法进行哈希,然后将结果和杂凑串进行比较,如果相同,则这个值就一定是源字串或源字串的一个碰撞,于是就可以用这个值非法登录了。

☆ 穷举法看似笨拙,但目前几乎所有的 MD5 破解机或 MD5 在线破解都用这种方法。纠其缘由,就是相当一部分口令是非常简单的,如"123456"或"000000"。穷举法是否能成功很大程度上取决于口令的复杂性。因为穷举法扫描的区间往往是单字符集、规则的区间,或者由字典数据进行组合,因此,如果使用复杂的口令,例如"!＠＃＄％^&*()"这种口令,穷举法就很难奏效了。

3.3 对称加密算法

3.3.1 概述

对称加密算法也叫作私钥加密算法、单密钥算法或传统密钥算法。常见的对称加密算法包括 DES、3DES、AES、IDEA 算法。

在对称加密算法中,数据发信方将明文(原始数据)和加密密钥一起经过特殊加密算法处理后,使其变成复杂的加密密文发送出去。收信方收到密文后,若想解读原文,则需要使用加密用过的密钥及相同算法的逆算法对密文进行解密,才能使其恢复成可读明文,如图 3.3 所示。

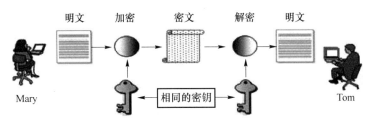

图 3.3 对称加密示意图

在对称加密算法中,使用的密钥只有一个,发信和收信双方都使用这个密钥,一个对数据进行加密,另一个对数据进行解密,这就要求双方必须事先知道这个密钥。对称加密算法的安全性依赖于密钥,泄露密钥就意味着任何人都可以对通信双方发送或接收的消息进行解密,所以密钥的保密性对通信的安全性至关重要。

对称加密算法的优点是算法公开、计算量小、加密速度快、加密效率高。

对称加密算法的不足之处在于,因为交易双方都使用同样的密钥,所以需提前共享密钥,因此易导致密钥泄露。此外,每对用户每次使用对称加密算法时,都需要使用其他人不知道的唯一密钥,这会使得发信和收信双方所拥有的密钥数量呈几何级数增长,密钥管理成为用户的负担。

对称加密算法在分布式网络系统上使用较为困难,主要是因为密钥管理困难,使用成本较高。对称加密算法与接下来我们介绍的公开密钥加密算法比起来,它虽然可以提供加密和解密,但是却缺乏了签名功能,使得其使用范围有所缩小。

基于"对称密钥"的加密算法主要有 DES、3DES(TripleDES)、AES、RC2、RC4、RC5 和 Blowfish 等,而最常用的就是 DES、3DES 和 AES。

3.3.2 DES 和 3DES 算法

DES(Data Encryption Standard,数据加密标准)算法是 IBM 公司于 1975 年研究成功并公开发表的。DES 算法的入口参数有 3 个:Key、Data、Mode。

其中 Key 是 DES 算法的工作密钥,占 8 字节;Data 是要被加密或被解密的数据;Mode 为 DES 的工作模式。

在没有密钥的情况下,解密耗费的时间非常长,基本上认为没有可能。加密与解密的耗时和需要加密的文本大小成正比,这是 P 问题。如果知道明文和对应的密文,求解所用的密钥,这是 NP 问题。目前还没有 NP 问题的求解算法,但是它很容易得到验证。想得到 NP 的解,只能暴力破解(穷举破解)。穷举验证成为对称加密算法仅有的求解方式,求解时间呈指数级增长。

DES 算法的密钥为 8 字节,二进制为 64 位。DES 算法把 64 位的明文输入块变为数据长度为 64 位的密文输出块。其中 8 位为奇偶校验位,另外 56 位是密钥真实的长度。

首先,DES 把输入的 64 位数据块按位重新组合,把输出分为 L0、R0 两部分,每部分各长 32 位,并进行前后置换,最终由 L0 输出左 32 位,由 R0 输出右 32 位。根据这个法则经过 16 次迭代运算后,得到 L16、R16,将此作为输入,进行与初始置换相反的逆置换,即得到密文输出。

DES 算法具有极高的安全性,到目前为止,除了用穷举搜索法对 DES 算法进行攻击外,还没有发现更有效的办法。

56 位长密钥的穷举空间为 2^{56},这意味着如果一台计算机的速度是每秒检测 100 万个密钥,那么它搜索完全部密钥就需要将近 2 285 年的时间,因此 DES 算法是一种很可靠的加密方法。

3DES 算法的密钥长度是普通 DES 算法的 3 倍,也就是说密钥占 24 字节,即 192 位二进制。

3.3.3 AES算法

目前 AES(Advanced Encryption Standard,高级加密标准)的一个实现是 Rijndael 算法。Rijndael 由比利时计算机科学家 Vincent Rijmen 和 Joan Daemen 开发。Rijndael 的近似读音是 Rijn[rain] dael[del](莱恩戴尔)。

AES 由美国国家标准与技术研究院(NIST)于 2001 年 11 月 26 日发布,并在 2002 年 5 月 26 日成为有效的标准,用来替代原先的 DES。2006 年,高级加密标准已然成为对称密钥加密中最流行的算法之一,并广为全世界所使用。

AES 与其他对称密码算法相比,加密速度快、效率高、安全级别高。

AES 的密钥长度为 128 位、192 位或者 256 位,即密钥分别是 16 字节、24 字节、32 字节。AES 比 DES 更健壮可靠。Rijndael 被设计用来支持更多的密钥长度,然而除了上述 3 种密钥长度,其他密钥长度并没有被 AES 采用。

备注

DES 的密钥长度为 64 位,我们不妨做如下推算。

$2^{64} = 18\,446\,744\,073\,709\,551\,616$

2^{64} 这个数大于全球小麦 1 000 年的产量。如果 1 μs 验证一个密码(1 s 验证 100 万个),穷举需要费时 58 万年。DES 加密尚且如此,AES 加密的密钥至少是 128 位,那么穷举需要的时间则远大于 58 万年。如果 AES 采用 256 位的密钥又会如何呢?

$2^{256} \approx 10^{77}$

10^{80} 是当前人类可见宇宙中所有物质原子数目的总和。

3.4 非对称加密算法

3.4.1 非对称加密算法发展史

非对称加密算法思想最早由瑞夫·墨克(Ralph C. Merkle)在 1974 年提出,之后在 1976 年,惠特菲尔德·迪菲(Whitfield Diffie)与马丁·赫尔曼(Martin Hellman)两位斯坦福大学的学者以单向函数为基础,创建了 DH 密码交换算法。

其他常见的公钥加密算法有：ElGamal、背包算法、Rabin（RSA 的特例）、椭圆曲线加密（Elliptic Curve Cryptography，ECC）算法。

3.4.2　非对称加密的概念

非对称加密（asymmetric cryptography）又叫作公开密钥加密（public key cryptography）或公钥加密。公钥加密需要两个密钥，一个是公开密钥，另一个是私有密钥；一个用作加密的时候，另一个则用作解密。

使用其中一个密钥把明文加密后所得的密文，只能用相对应的另一个密钥才能解密得到原本的明文，甚至连最初用来加密的密钥也不能用作解密。由于加密和解密需要两个不同的密钥，故被称为非对称加密。非对称加密如图 3.4 所示。

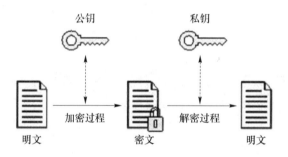

图 3.4　非对称加密示意图

非对称加密不同于加密和解密都使用同一个密钥的对称加密。虽然非对称加密的两个密钥在数学上相关，但如果知道了其中一个，并不能凭此计算出另外一个。因此其中一个可以公开，称为公钥，任意向外发布；不公开的密钥为私钥，必须由用户自行严格秘密保管，绝不能通过任何途径向任何人提供。

公钥用来加密消息、验证签名；私钥用来解密信息和进行签名。加密消息的密钥是不能用来解密消息的。换句话说就是，公钥的作用是加密消息和验证签名；私钥的作用是解密信息和进行签名。

公钥加密、私钥解密，这就是普通的非对称加密和解密的过程。如果是私钥加密、公钥解密的过程，那么该过程叫作数字签名和验证签名。

最有名的非对称加密算法是 RSA 算法和椭圆曲线加密算法。

3.4.3　非对称加密与对称加密的区别

非对称加密与对称加密的区别如表 3.1 所示。

表 3.1 非对称加密与对称加密的区别

算法类型	特　点	优　势	缺　陷	代表算法
对称加密	加解密密钥相同或可推算	计算效率高,加密强度高	需提前共享密钥,易泄露	DES、3DES、AES、IDEA
非对称加密	加解密密钥不同或不可推算	无须提前共享密钥	计算效率低,中间人攻击的可能性低	RSA、ElGamal、椭圆曲线系列算法

3.4.4　RSA 加密算法

RSA 公钥加密算法是 1977 年美国麻省理工学院的 Rivest(里维斯特)、Shamir 和 Adleman 3 位教授开发的。RSA 这个名字来源于开发它的 3 个人的名字的首字母。

RSA 是目前最有影响力的公钥加密算法,它能够抵抗到目前为止已知的所有密码攻击,已被 ISO 推荐为公钥数据加密标准。

3.4.5　椭圆曲线加密算法

椭圆曲线加密算法是基于椭圆曲线数学理论实现的一种非对称加密算法。椭圆曲线在密码学中的使用是在 1985 年由 Neal Koblitz 和 Victor Miller 分别独立提出的。

椭圆曲线公钥系统是代替 RSA 的强有力竞争者。与经典的 RSA、DSA 等公钥密码体制相比,椭圆密码体制有以下优点。

① 安全性能更高(ECC 可以使用更短的密钥)。160 位 ECC 加密算法的安全强度相当于 1 024 位 RSA 加密;210 位 ECC 加密算法的安全强度相当于 2 048 位 RSA 加密。

② 处理速度快。计算量小,处理速度快,在私钥的处理速度上(解密和签名),ECC 远比 RSA、DSA 快得多。

③ 占用的存储空间小。ECC 的密钥尺寸和系统参数与 RSA、DSA 相比要小得多,所以占用的存储空间小得多。

RSA 与 ECC 的密钥长度如表 3.2 所示。

表 3.2　RSA 与 ECC 的密钥长度

RSA 密钥长度	ECC 密钥长度	RSA/ECC(密钥长度比)
512	106	5∶1
768	132	6∶1
1 024	160	7∶1
2 048	210	10∶1
21 000	600	35∶1

ECC 的这些特点使它必将取代 RSA，成为通用的公钥加密算法。

椭圆曲线可以细分为很多不同的算法。比特币使用椭圆曲线算法生成公钥和私钥，选择的是 secp256k1 曲线。Go 语言中自带有椭圆曲线算法，但是与比特币的 secp256k1 曲线算法不同。以太坊虽然也采用了 secp256k1 曲线算法，但是跟比特币系统也有小的差别。大家在编程过程中务必要注意这些细节上的差异，否则会不断掉进陷阱。

3.4.6　数字签名的概念

所谓数字签名(digital signature)，又称公开密钥数字签名或电子签章，是一种类似写在纸上的普通物理签名，但是使用了公钥加密技术来实现，用于鉴别数字信息，如图 3.5 所示。一套数字签名通常定义两种互补的运算，一种用于签名，另一种用于验证。数字签名其实就是公钥加密技术中的私钥加密、公钥解密的过程。数字签名和验证签名可以用来判断数据在网络传输过程中是否被破坏或被恶意篡改。

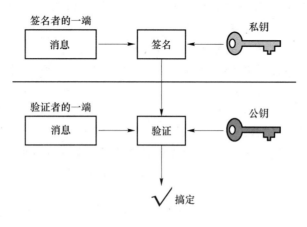

图 3.5　数字签名

常用的数字签名算法就是 RSA 数字签名算法和椭圆曲线数字签名算法（ECDSA）。

数字签名如何工作呢？

简单的数字签名由两部分组成：第一部分是使用私钥（签名密钥）给文件进行签名的算法；第二部分是允许任何人验证签名的算法。发送方需要签名这个过程，接收方需要验签这个过程。简单的数字签名和验签过程如图 3.6 所示。

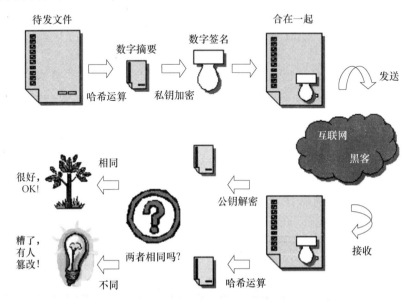

图 3.6　简单的数字签名和验签过程

① 发送方先对需要签名的原始文件进行哈希处理，然后用自己的私钥对这个哈希值进行加密处理，这就是签名过程。之所以需要对签名文件先进行哈希处理，主要目的是为了减小需要签名的原始文件的大小。

② 发送方将需要签名的原始文件和签名信息传输给接收方。

③ 接收方用发送方的公钥对签名信息进行解密，这样就能获得之前发送方签名时的那个哈希值。接收方再对需要签名的原始文件进行哈希处理，这样就得到了两个哈希值，接下来就要判断这两个哈希值是否一致，如果一致那么签名验证通过，否则验签失败，说明数据在传输过程中已经被篡改。

如果在签名的过程中，同时要对需要签名的原始文件进行加密处理，那么整个过程就要更加复杂。发送方需要做加密和签名两个过程，接收方需要做解密和验签两个过程。需要加密处理的数字签名和验签过程如图 3.7 所示。

① 发送方首先要用接收方的公钥，对需要签名的原始文件进行加密。然后对需要签名的原始文件进行哈希处理，接下来用自己的私钥对这个哈希值进行加密处理，这就是签名过程。

② 发送方将加密后的数据和签名信息传输给接收方。

③ 接收方用自己的私钥对加密数据进行解密,这样就能获取需要签名的原始文件的明文内容。

④ 接收方用发送方的公钥对签名信息进行解密,这样就能获得之前发送方签名时的那个哈希值。

⑤ 接收方再对需要签名的原始文件进行哈希处理,这样就得到了两个哈希值,接下来就要判断这两个哈希值是否一致,如果一致那么签名验证通过,否则验证签名失败。

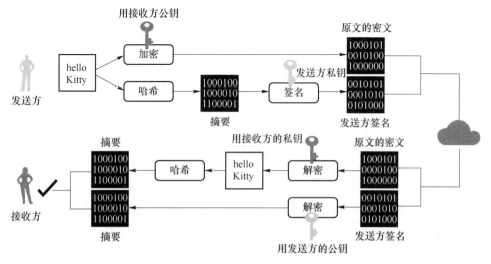

图 3.7　需要加密处理的数字签名和验签过程

3.4.7　数字签名应该满足的要求

① 签名不可伪造。
② 签名不可抵赖。
③ 签名可信,签名的识别和应用相对容易,任何人都可以验证签名的有效性。
④ 签名是不可复制的,签名与原文是不可分割的整体。
⑤ 签名消息不可篡改,因为任意比特数据被篡改,其签名便被随之改变,那么任何人都可以验证而拒绝接受此签名。

3.4.8　比特币系统中的数字签名

(1) 只有转账人才能生成一段防伪造的字符串。通过验证该字符串,一方面证明该交易是转出方本人发起的,另一方面证明交易信息在传输过程中没有被更改。

（2）数字签名由数字摘要和非对称加密技术组成。数字摘要把交易信息哈希成固定长度的字符串，再用私钥对哈希后的交易信息进行加密，进而形成数字签名。

（3）在交易中，需要将完整的交易信息和数字签名一起广播给矿工。

① 矿工节点用转账人公钥对签名进行验证，验证成功说明该交易确实是转账人发起的。

② 矿工节点将交易信息进行哈希后与签名中的交易信息摘要进行比对，如果一致，则说明交易信息在传输过程中没有被篡改。

（4）比特币系统中数字签名具体采用的是 ECDSA。椭圆曲线算法又分为多种，比特币系统选择了正确的椭圆曲线 secp256k1 算法，这也让比特币系统成功地绕开了 NSA（National Security Agency，美国国家安全局）居心叵测的陷阱。

3.5 字符编码与解码

3.5.1 Base64 编码与解码

Base64 就是一种基于 64 个可打印字符来表示二进制数据的方法。Base64 使用了 26 个小写字母、26 个大写字母、10 个数字以及两个符号（例如"＋"和"/"），用于在电子邮件这样的基于文本的媒介中传输二进制数据。Base64 通常用于编码邮件中的附件。Base64 字符包括：ABCDEFGHIJKLMNOPQRSTUVWXYZabcdefghijklmnopqrstuvwxyz0123456789＋/。

3.5.2 Base64 编码的步骤

① 将每个字符转成 ASCII 编码（十进制）。

② 将十进制编码转成二进制编码。

③ 将二进制编码按照 6 位一组进行平分。因为 6 位二进制的最大数值就是 6 个 1，转成十进制后就是 63。字符集的索引下标从 0 开始，所以 0～63 就有 64 个字符。这就是 Base64 中 64 这个数字的来源。

④ 将 6 位一组的二进制数高位补零，然后转成十进制数并将十进制数作为索引，从 Base64 编码表中查找字符，3 个字符的文本将编码为 4 个字符长度（3×8＝4×6）：

☆ 若文本为 3 个字符,则正好编码为 4 个字符长度〔见图 3.8(a)〕;

☆ 若文本为 2 个字符,则编码为 3 个字符,由于不足 4 个字符,则在尾部用一个"="补齐;

☆ 若文本为 1 个字符,则编码为 2 个字符,由于不足 4 个字符,则在尾部用两个"="补齐〔见图 3.8(b)〕。

文本	M							a							n						
ASCII编码	77							97							110						
二进制位	0	1	0	0	1	1	0	1	0	1	1	0	0	0	0	1	0	1	1	0	1	1	1	0
索引	19						22						5						46			
Base64编码	T						W						F						u			

(a)

文本(1 Byte)	A																				
二进制位	0	1	0	0	0	0	0	1													
二进制位(补0)	0	1	0	0	0	0	0	1	**0**	**0**	**0**	**0**									
Base64编码	Q						Q					=						=			
文本(2 Byte)	B						C														
二进制位	0	1	0	0	0	0	1	0	0	1	0	0	0	0	1	1	×	×	×	×	×	×
二进制位(补0)	0	1	0	0	0	0	1	0	0	1	0	0	0	0	1	1	**0**	**0**	×	×	×	×
Base64编码	Q						k						M						=			

(b)

图 3.8 Base64 编码实现步骤示例

验证 Base64,可参考网站:http://tools.jb51.net/transcoding/base64。

3.5.3 Base58 编码与解码

Base64 是一种编程中常用的编码和解码算法,而 Base58 则并非通用的算法。Base58 是随着比特币系统的诞生而新形成的一种编码算法,主要用在比特币和其他的加密货币中。这种编码格式不仅实现了数据压缩,保持了易读性,还具有错误诊断功能。

Base58 是 Base64 编码格式的子集,同样使用大小写字母和 10 个数字,但舍弃了一些容易错读和在特定字体中容易混淆的字符。

① Base58 不含 Base64 中的 0(数字 0)、O(o 的大写字母)和 l(L 的小写字母)、I(i 的大写字母),以及"＋"和"/"两个字符。目的就是去除容易混淆的字符。

② 简而言之,Base58 就是由不包括 0、O、l、I 的大小写字母和数字组成的。

③ 比特币的 Base58 字母表:123456789ABCDEFGHJKLMNPQRSTUVWXY

Zabcdefghijkmnopqrstuvwxyz。

3.5.4 Base58 编码的步骤

Base58 编码的原理和 Base64 是完全不同的。Base58 编码在整个过程中,不断将数值对 58 取模,商大于 58 的继续取模。说得更通俗点就是,将需要编码的字符串转成数字,将这个数字除以 58,求它的余数和商,如果商大于 58,则继续除以 58,求余数和商,直到商小于 58。最后将这些余数和商的数值作为索引,找到它们在 Base58 字符集中对应的字符,拼接在一起就是 Base58 编码的内容。

(1) 例如"a",在 ASCII 码中,"a"的 16 进制为 61,十进制为 97。

① 97 对 58 取模,余数为 39,商为 1。

② 在 Base58 字符集中,索引下标为 39 的字符为 g。

③ 在 Base58 字符集中,索引下标为 1 的字符为 2。

④ 得到的结果为 g2。

⑤ 反序列化后为 2g。

(2) 例如"ab","ab"的 16 进制为 6162,转成十进制后的结果为 24930。

① 24930 对 58 取模,余数为 48,商为 429。

② 在 Base58 字符集中,索引下标为 48 的字符为 q。

③ 429 对 58 取模,余数为 23,商为 7。

④ 在 Base58 字符集中,索引下标为 23 的字符为 Q。

⑤ 在 Base58 字符集中,索引下标为 7 的字符为 8。

⑥ 得到的结果为 qQ8。

⑦ 反序列化后为 8Qq。

(3) 例如"一",在 Unicode 码中,汉字占 3 字节,"一"的 16 进制为 e4b880,十进制为 14989440。

① 14989440 对 58 取模,余数为 36,商为 258438。

② 在 Base58 字符集中,索引下标为 36 的字符为 d。

③ 258438 对 58 取模,余数为 48,商为 4455。

④ 在 Base58 字符集中,索引下标为 48 的字符为 q。

⑤ 4455 对 58 取模,余数为 47,商为 76。

⑥ 在 Base58 字符集中,索引下标为 47 的字符为 p。

⑦ 76 对 58 取模,余数为 1,商为 18。

⑧ 在 Base58 字符集中，索引下标为 18 的字符为 K。
⑨ 在 Base58 字符集中，索引下标为 1 的字符为 2。
⑩ 得到的结果为 dqpK2。
⑪ 反序列化后为 2KpqD。

3.6 比特币地址的生成算法

3.6.1 生成比特币地址的理论概述

① 比特币是建立在数学加密学基础上的，中本聪用了椭圆曲线数字签名算法来产生比特币的私钥和公钥。

☆ 椭圆曲线数字签名算法是使用椭圆曲线加密学对数字签名算法的模拟。ECDSA 在 1998 年就被 ISO 所接受，于 1999 年成为 ANSI 标准，并于 2000 年成为 IEEE 和 NIST 标准。

☆ 具体来说，比特币系统中的椭圆曲线是 Certicom 推荐的 secp256k1 算法。

☆ Certicom 是国际上著名的椭圆曲线密码技术公司。secp256k1 算法由于其构造的特殊性，优化后其性能比其他曲线算法提高了 30%。

② 由私钥可以计算出公钥，公钥经过一系列数字签名运算会得到比特币地址。

③ 因为由公钥可以算出比特币地址，所以经常有人把公钥和比特币地址相混淆。不过可以把比特币地址理解成另一种格式的公钥，所以有时候将比特币地址又叫作公钥哈希。

④ 从比特币私钥得到比特币地址需要 10 个步骤。中间依次会用到 secp256k1、SHA-256、RIPEMD-160 以及 Base58 编码。我们平时使用的比特币地址都是经过 Base58 编码之后的结果，一般为以"1""3"开头的 34 位字符串。（在比特币 testnet 网络中比特币地址以 2 开头。）

⑤ 比特币系统使用公钥的哈希来作为比特币地址，这似乎带来了浪费和增加了复杂度。但事实上，这是深思远虑的未雨绸缪，这使得比特币系统免受量子计算机的威胁。

比特币地址生成步骤如图 3.9 所示。

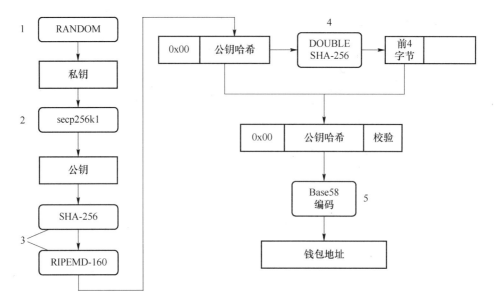

图 3.9 比特币地址生成步骤

3.6.2 Base58Check

（1）Base58Check 是一种用在比特币中的 Base58 编码格式，比特币有内置的检查错误的编码。Base58Check 可以用来检测并避免转录和输入中产生的错误。使用 Base58Check 编码时，解码软件会计算数据的校验并和编码中自带的校验码进行对比。二者不匹配则表明有错误产生，那么这个 Base58Check 的数据就是无效的。

（2）在生成比特币地址以及生成 WIF-compressed 格式私钥的过程中都用到了 Base58Check。

（3）在 Base58Check 中，对数据添加了一个称作"版本字节"的前缀，这个前缀用来明确需要编码的数据的类型。

（4）Base58Check 的作用。

① 既然有了 Base58 编码，就不会搞错 0 和 O，1、l 和 I，也把大整数转换成了可读字符串，为什么还要有 Base58Check 这个环节呢？

② 假设一种情况，用户在程序中输入一个 Base58 编码的地址，尽管用户已经不会搞错 0 和 O，1、l 和 I，但是万一用户不小心输错一个字符，或者少写、多写一个字符，会怎么样？用户可能会说，没啥大不了的，错个字符而已，这不是很常见吗，重新输入不就可以了吗？但是当用户给一个比特币地址转账时，如果输入错误，那么对方就不会收到资金，更关键的是如果该笔资金发给了一个根本不存在的比特币地址，那么这笔资金也就永远不可能被交易，也就是说比特币丢失了。

③ 使用 Base58Check 编码格式时,程序会计算原始数据的校验码并和自带的校验码进行对比,两者若不匹配则表明有错误产生。

④ 实际上,在比特币交易中,都会校验比特币地址是否合法,如果经过 Base58Check 的比特币地址被比特币钱包程序判定是无效的,则交易当然会被阻止继续进行,就避免了资金损失。

3.6.3 比特币地址的生成步骤

(1) 第一步,随机选取一个 32 字节的数,大小介于 1~0xFFFF FFFF FFFF FFFF FFFF FFFF FFFF FFFE BAAE DCE6 AF48 A03B BFD2 5E8C D036 4141 之间,作为私钥。私钥为 64 位 16 进制数字。

A376D3867EA8F2DDB6D80B0A7BD1C57FE51B659D7B0EE264949D02983624344C

(2) 第二步,使用椭圆曲线加密算法(ECDSA-secp256k1)计算私钥所对应的非压缩公钥。

① 非压缩公钥共 65 字节,第 1 个字节是 0x04,32 字节为 x 坐标,32 字节为 y 坐标,一共是 130 位 16 进制数字。

② 压缩公钥共 33 字节,第 1 个字节是 0x02 或 0x03,再加上 x 坐标的 32 字节,一共是 66 位 16 进制数字。

04
1BF6C2F0F5DD3F86907F2A942B97C38AB797EB7E73BA80C88371B77EA5C2E040
8AE994868BD2141FEE0695905090BD5FE8B939FEEF6A0BAE0D11D2412DB78B2B

(3) 第三步,计算公钥的 SHA-256 哈希值。

F24B7CF9A2378C2F9C1BEB5B4B4C8A3CA16E9F6C076680CAD4BBCBD783B30D89

(4) 第四步,取上一步结果,计算 RIPEMD-160 哈希值。

9353BD455CDBCAEC7BDBA6AE7224CBF3D9B6D50C

(5) 第五步,取上一步结果,前面加入网络 ID 号。

① 比特币主网 ID 号:0x00。

② testnet 测试网络 ID 号:0x6f。

009353BD455CDBCAEC7BDBA6AE7224CBF3D9B6D50C

(6) 第六步,取上一步结果,计算 SHA-256 哈希值。

907202A7758189FFA8BD65C2FE0C4DEA768BBE6766E7758B893DD3E97AAAE613

(7) 第七步,取上一步结果,再计算一下 SHA-256 哈希值。

D0295602554B9234DDCBB016F9D6D4E480155482434DEBD297972987A9E7BA22

(8) 第八步,取上一步结果的前 4 字节(8 位 16 进制)作为校验码。

D0295602

(9) 第九步,将校验码加在第五步的结果后面,这就形成了比特币地址的 16 进制格式。

009353BD455CDBCAEC7BDBA6AE7224CBF3D9B6D50CD0295602

（10）第十步，用Base58编码（这是最常使用的比特币地址格式）。

1ERzeWbxZsZYu7JzR4H2JYx4gNK6Y7Aibb

我们经常说的比特币公钥就是指图3.10中第二步所产生的结果。而HASH160指的是第四步RIPEMD-160签名所产生的结果，由于RIPEMD也是一种Hash算法，所以就统称为HASH160。

备注

生成比特币地址的步骤详见网站：
http://gobittest.appspot.com/Address
生成私钥的步骤详见网站：
http://gobittest.appspot.com/PrivateKey

比特币地址生成步骤如图3.10所示。

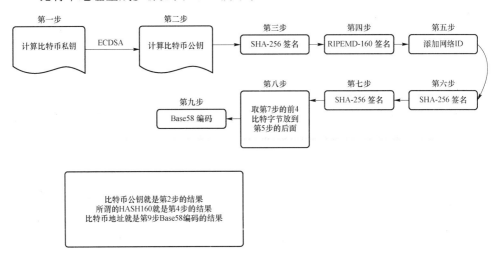

图3.10　比特币地址生成步骤示意图

3.7　生成WIF和WIF-compressed格式私钥的步骤

（1）第一步，随机选取一个32字节的数作为私钥。私钥为64位16进制数字。例如：18E14A7B6A307F426A94F8114701E7C8E774E7F9A47E2C2035DB29A206321725。

（2）第二步，取上一步结果，前面加入版本号（"0x80"），末尾添加压缩标识符（"0x01"）。

① 根据是否添加压缩标识符,将私钥分为 WIF 和 WIF-compressed 格式,最终经过 Base58 编码后长度分别为 51 位和 52 位。

② WIF 格式以"5"开头,WIF-compressed 格式以"L"或"K"开头。

8018E14A7B6A307F426A94F8114701E7C8E774E7F9A47E2C2035DB29A20632172501

(3) 第三步,取上一步结果,计算两次 SHA-256 后的哈希值。

281938ff642c734eb0ffcc8a394c5490dcc5d67b79257832eb8011857018eeef

(4) 第四步,取上一步结果的前 4 字节(8 位 16 进制)作为校验码。

281938ff

(5) 第五步,把校验码加在第二步的结果后面,形成增加校验码之后的 16 进制格式。

8018E14A7B6A307F426A94F8114701E7C8E774E7F9A47E2C2035DB29A20632172501281938ff

(6) 第六步,用 Base58 表示法变换一下私钥。

Kx45GeUBSMPReYQwgXiKhG9FzNXrnCeutJp4yjTd5kKxCitadm3C

私钥生成公钥及比特币地址生成综合图如图 3.11 所示。

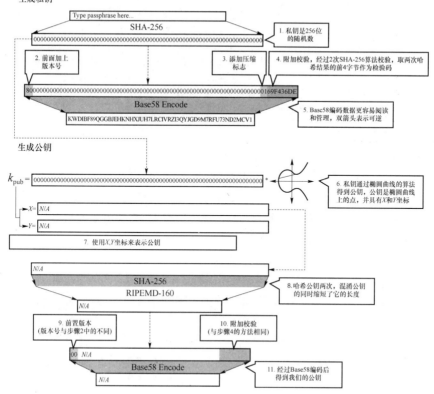

图 3.11 私钥生成公钥及比特币地址生成综合图

3.8 ECDSA 实现交易签名及签名验证

3.8.1 初步认识比特币交易

(1) 比特币交易是比特币系统中最重要的部分。

根据比特币系统的设计原理,系统中任何其他的部分都是为了确保比特币交易可以被生成,能在比特币网络中得以传播和通过验证,并最终加入比特币区块链。

(2) 每一笔交易的每一项输出严格意义上并不是指向一个地址,而是指向一个脚本。

脚本类似一套规则,它约束着收币方必须满足一定条件才能花掉收币地址上锁定的资产。解锁脚本和锁定脚本如图 3.12 所示。

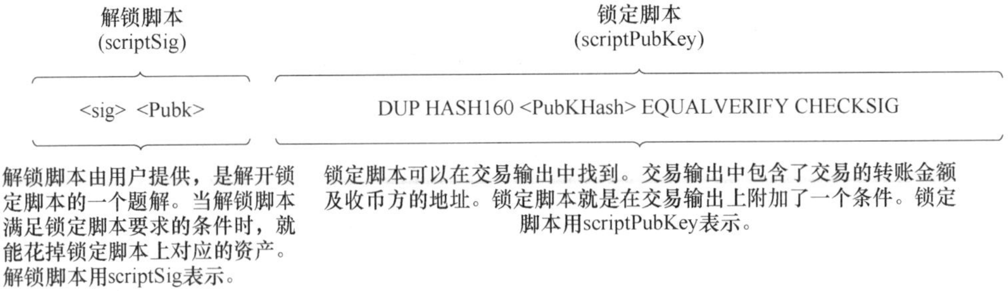

解锁脚本 (scriptSig)	锁定脚本 (scriptPubKey)
\<sig\> \<Pubk\>	DUP HASH160 \<PubKHash\> EQUALVERIFY CHECKSIG
解锁脚本由用户提供,是解开锁定脚本的一个题解。当解锁脚本满足锁定脚本要求的条件时,就能花掉锁定脚本上对应的资产。解锁脚本用scriptSig表示。	锁定脚本可以在交易输出中找到。交易输出中包含了交易的转账金额及收币方的地址。锁定脚本就是在交易输出上附加了一个条件。锁定脚本用scriptPubKey表示。

图 3.12 解锁脚本和锁定脚本示意图

(3) 交易的本质是包含了一组输入和输出的数据结构,也就是转账记录。

① 输入和输出可以简单理解为:发币地址是输入,收币地址是输出。

② 输入中包含解锁脚本(unlocking script)。

☆ 解锁脚本是与锁定脚本相对应的脚本。锁定脚本相当于出了一个加密难题,而解锁脚本相当于解开锁定脚本的一个题解。当解锁脚本满足锁定脚本要求的条件时,就能花掉锁定脚本上对应的资产。解锁脚本用 scriptSig 表示。

☆ 在简单的交易类型中解锁脚本就是支付方用自己的私钥所做的签名。签名是对整个上笔交易的签名。具体过程其实就是对交易体中的部分字段进行替换后再生成哈希摘要,最后用私钥对摘要进行签名。

③ 输出中包含锁定脚本(locking script)。

☆ 交易输出中包含了交易的转账金额及收币方的比特币地址,而锁定脚本就是在交易输出上附加了一个条件。
- ☆ 锁定脚本往往含有一个公钥或比特币地址,所以曾经被称为公钥脚本,在代码中常用 scriptPubKey 表示。其实这种脚本技术存在更为广泛的可能性,更确切的叫法应该是锁定脚本。
- ☆ 在简单的交易类型中,锁定脚本中附加的条件就是收币方的公钥,将收币方的公钥与转账资产锁定在一起,意思是只有拥有这个公钥的人才能解锁并有权花费其中的资产。
- ☆ 要花费这笔被锁定的资产,就需要证明自己是锁定脚本里那个公钥的所有者,最有力的证据就是用配套的私钥来证明,但是出于安全考虑,私钥是不能公开到网络中的,于是采用私钥生成的签名来代替私钥。如果签名与锁定资产的公钥相匹配,那么就有权花费这笔被锁定的资产。
- ☆ 签名是通过 secp256k1 椭圆曲线加密算法实现的,知道签名也没有办法逆推出私钥,所以是安全的签名方法。

3.8.2 交易链

交易链如图 3.13 所示。

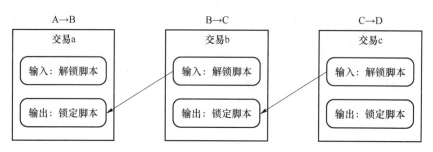

图 3.13 交易链示意图

① 在交易 a 中,A 转账给 B。
② 在交易 b 中,B 转账给 C。
③ 在交易 c 中,C 转账给 D。
④ 在交易 a 中,当 A 给 B 转账时,A 给 B 出了一道加密难题,以脚本的形式附加在了转账金额末尾,该脚本锁定了其中的资产。
⑤ 在交易 b 中,B 要转账给 C,需要花费当初 A 转给他的资产。作为条件,B 必须解开 A 给他出的加密难题才能花费其中被锁定的资产。所以交易 b 的输入中必须有解锁脚本,该解锁脚本用来解交易 a 中的锁定脚本。
⑥ 在交易 b 中,当 B 给 C 转账时,B 给 C 同样出了一道加密难题,将其中的资产进行了锁定。

⑦ 在交易 c 中，C 要转账给 D，就需要在输入中有解锁脚本。该解锁脚本是用来解交易 b 中的锁定脚本的。

3.9 签名序列化

椭圆曲线加密算法对数据签名后可以产生由两个值组成的签名 Sig，通常称为 R 和 S。计算出 R 和 S 后，需要使用 DER(Distinguished Encoding Rules，可辨别编码规则)国际标准编码方案，将其序列化为 16 进制字节码格式。椭圆曲线的数字签名其实是 R 和 S 值的序列化字节码。

(1) 例如以下数字签名：

3045022100d5860a5b3f854ec345d869b0330fb864ef9b00d277e8efe631ffea5f7e757344022056d6bccc4917416046018a20c460a41eeb5919ee98f04f261e4a859fbf61a00c01

(2) 序列化格式包含 9 个元素。

① 0x30 表示 DER 序列的开始。

② 0x45——序列的长度(69 字节)。

③ 0x02——一个整数值。

④ 0x21——整数的长度(33 字节)。

⑤ R——00d5860a5b3f854ec345d869b0330fb864ef9b00d277e8efe631ffea5f7e757344。

⑥ 0x02——接下来是一个整数。

⑦ 0x20——整数的长度(32 字节)。

⑧ S——56d6bccc4917416046018a20c460a41eeb5919ee98f04f261e4a859fbf61a00c。

⑨ 后缀(0x01)指示使用的哈希的类型(SIGHASH_ALL)。

☆ 常用的是 SIGHASH_ALL，即对交易的输入和输出都做 Hash 计算再做签名。

☆ SIGHASH_ALL = 1。

☆ SIGHASH_NONE = 2。

☆ SIGHASH_SINGLE = 3。

☆ SIGHASH_ANYONECANPAY = 0x80。

(3) 由于一个交易的输入、输出都可能具有多个，所以签名也具有多种类型，目前共 3 类：SIGHASH_ALL、SIGHASH_NONE、SIGHASH_SINGLE。

① SIGHASH_ALL。该签名类型为默认类型，也是目前绝大部分交易采用的，顾名思义即签名整单交易。首先，组织所有输出、输入，就像上文分解 Hex 过

程一样,每个输入都对应一个签名,暂时留空,其他包括 sequence 等字段均需填写,这样就形成了一个完整的交易 Hex(只缺签名字段)。然后,每一个输入均需使用私钥对该段数据进行签名,签名完成后各自填入相应的位置,N 个输入 N 个签名。简单理解就是:对于该笔单子,认可且只认可这些输入、输出,并同意花费那笔输入。

② SIGHASH_NONE。该签名类型是最自由松散的,仅对输入签名,不对输出签名,输出可以任意指定。某人对某笔币签名后交给你,你可以在任意时刻填入任意接收地址,广播出去令其生效。简单理解就是:我同意花费我的那笔钱,至于给谁,我不关心。

③ SIGHASH_SINGLE。该签名类型自由松散,仅对自己的输入、输出签名,并留空 sequence 字段。其输入的次序对应其输出的次序,比如输入是第 3 个,那么签名的输出也是第 3 个。简单理解就是:我同意花费我的那笔钱,并且只能花费到我认可的输出,至于单子里的其他输入、输出,我不关心。

数字签名 DER 编码格式解析如图 3.14 所示。

```
30    DER序列的开始
45    序列长度(转十进制后为69字节)
02    表示接下来是一个整数                    一共占69字节,138位16进制数
21    整数长度为33字节(0x21转十进制为33)     R值,33字节,66位16进制数
00d5860a5b3f854ec345d869b0330fb864ef9b00d277e8efe631ffea5f7e757344
02    表示接下来是一个整数
20    整数长度为32字节(0x20转十进制为32)     S值,32字节,64位16进制数
56d6bccc4917416046018a20c460a41eeb5919ee98f04f261e4a859fbf61a00c
01    后缀,表示签名哈希类型(01表示SIGHASH_ALL)
```

图 3.14　数字签名 DER 编码格式解析

备注

DER 数字签名的序列长度与总长度的关系:
① 序列长度为 44,签名总长度为 71 字节(142 位 16 进制数);
② 序列长度为 45,签名总长度为 72 字节(144 位 16 进制数);
③ 序列长度为 46,签名总长度为 73 字节(146 位 16 进制数)。

详细信息见网址:https://blockchain.info/tx/62fadb313b74854a818de4b4c0dc2e2049282b28ec88091a9497321203fb016e。

比特币浏览器中输入脚本实例如图 3.15 所示。

图 3.15　比特币浏览器中输入脚本实例

3.10　参考资料

➢ https://baike.baidu.com/item/Hash/390310?fr=aladdin
➢ http://www.fileformat.info/tool/hash.htm
➢ https://www.zhihu.com/question/264955942/answer/288365031
➢ https://www.youtube.com/watch?v=9JWmNYeRBf4
➢ https://cloud.tencent.com/developer/news/179959
➢ https://cloud.tencent.com/developer/article/1037488
➢ https://www.zhihu.com/question/264955942/answer/288365031
➢ https://www.pediy.com/kssd/pediy06/pediy6014.htm

第 4 章
区块链灵魂——共识算法

区块链系统是一种分布式架构系统,在分布式系统中,多个主机通过异步通信方式组成网络集群,异步系统中需要保证每个主机达成一致的状态共识。区块链这种基于互联网的去中心化系统,需要解决的首要问题就是如何实现不同节点上数据的一致性和正确性,这就需要借鉴已有的分布式系统中实现状态共识的算法。在 20 世纪 80 年代出现的分布式系统共识算法是区块链共识算法的基础。区块链要成为一个难以被攻破的、公开的、不可篡改数据记录的去中心化诚实可信的系统,需要在尽可能短的时间内做到分布式数据记录的安全、明确及不可逆。共识机制是区块链节点就区块信息达成全网一致共识的机制,可以保证最新区块被准确地添加至链上。共识算法是区块链的灵魂,我们必须要掌握。

本章重点为大家介绍如下内容:
- 共识算法概述;
- 共识算法的目的和价值;
- 常用的共识算法;
- 比特币挖矿的 PoW 算法;
- 比特币挖矿的难度目标 Hash 及挖矿难度速算。

4.1 共识算法概述

4.1.1 分布式系统

区块链系统的本质就是一个分布式应用软件。区块链架构是一种分布式的架构,其部署模式有公共链、联盟链、私有链 3 种,对应的分别是去中心化分布式系统、部分去中心化分布式系统和弱中心化分布式系统。

分布式系统中,多个主机通过异步通信方式组成网络集群。在这样的一个异步系统中,需要主机之间进行状态复制,以保证每个主机达成一致的状态共识。然而异步系统中,可能出现无法通信的故障主机,而主机的性能可能下降,网络可能拥塞,这些可能导致错误信息在系统内传播。因此需要在默认不可靠的异步网络中定义容错协议,以确保各主机达成安全可靠的状态共识。

分布式系统必须要解决数据一致性问题。区块链系统的本质是分布式应用软件,首要问题自然就是解决一致性问题,实现多个独立节点之间达成共识。分布式一致性问题非常难以解决,难点在于:

☆ 分布式系统本身可能出现故障;

☆ 分布式系统之间的通信可能有故障或有巨大的延迟;

☆ 分布式系统的运行速度大不相同,快慢不一。

以上难点都属于非拜占庭问题。分布式系统除了节点故障外,还存在拜占庭将军问题,也就是存在恶意节点的问题。而计算机科学家对拜占庭将军问题得出的研究结果是:FLP 定理(不可能性定理)和 CAP 定理。

接下来我们会对一致性问题、FLP 定理、CAP 定理、拜占庭问题做详细的讲解。

分布式应用的共识算法如图 4.1 所示。

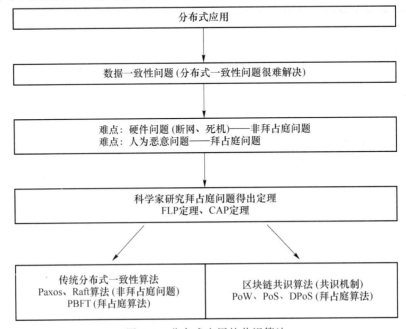

图 4.1　分布式应用的共识算法

4.1.2 分布式系统的一致性问题

（1）理想的分布式系统的一致性应该满足以下 3 点。

① 可终止性(termination)。一致性的结果可在有限时间内完成。

② 共识性(consensus)。不同节点最终完成决策的结果应该相同。

③ 合法性(validity)。决策的结果必须是其他进程提出的提案。

（2）对于分布式系统，希望具备以下能力：

① 分布式系统作为一个逻辑整体，不应该返回错误的结果；

② 只要系统里的大部分机器工作正常，整个分布式系统就能有效运行，这也是分布式系统应用的一个优点，即它可抵抗单点故障；

③ 系统的性能是可以横向扩展的，对于分布式系统来说，木桶原理不起作用；

④ 分布式系统必须是异步的，每个节点按照自己的时序独立工作，没有全序的时间顺序。

（3）在实际的计算机集群中，可能会存在以下问题：

① 节点处理事务的能力不同，网络节点数据的吞吐量有差异；

② 节点间通信的信道可能不安全；

③ 可能会有恶意节点出现；

④ 当异步处理能力达到高度一致时，系统的可扩展性就会变差（容不下新节点的加入）。

（4）实现全网一致性其实只需要在某个时刻达成最终一致即可。

① 生活中，即便有统一的命令指挥，尚且不一定能做到整齐划一，况且在没有一个指挥员的去中心化区块链系统中。

② 互联网中，任意一个节点的状态，没有办法强力控制，节点断网、节点关闭、恶意伪装节点等都有可能。

③ 实际上，对一致性的要求并没有那么迫切，在一定约束下，可以实现最终的一致性，或者说在某个时刻系统达成一致的状态即可。

④ 节点断网或死机，没有问题，等网络恢复或机器重启后，通过其他节点同步自己的数据。

⑤ 只要整个网络绝大部分节点正常工作，整个系统总能在未来某一个时刻达成数据状态的一致。

4.1.3 FLP 定理与 CAP 定理

1. FLP 定理(FLP 不可能性定理)

FLP 定理来源于 Fischer、Lynch、Patterson 3 人于 1985 年发表的论文，之后

该论文毫无悬念地获得了 Dijkstra(狄克斯特拉)奖。其中 Lynch 是一位非常著名的分布式领域的女科学家,她的研究遍布分布式的方方面面,对分布式领域有着极其卓越的贡献,并著有 *Distributed Algorithms* 一书,该书以非常严谨而简洁的逻辑讨论了许多分布式算法。

FLP 给出了一个令人吃惊的结论:在异步通信场景,即使只有一个进程失败,也没有任何算法能保证非失败进程达到一致性!在网络可靠、存在节点失效的异步模型系统中,不存在解决一致性问题的确定性算法;不要浪费时间去为异步分布式系统设计在任意场景下都能实现共识的算法;在允许节点失效的情况下,异步系统无法确保一致性在有限时间内完成。

2. CAP 定理

CAP 定理最早由 Eric Brewer 在 2000 年提出猜想,后来 Lynch 等人进行了证明。FLP 从科学上告诉人们去赌场赌博从概率上讲总是会输钱的。工程则告诉人们,如果人们愿意接受最终输钱的结果,中间说不定偶尔能小赢几笔。这就是 CAP 定理。

分布式计算系统不可能同时确保一致性、可用性和分区容错性,这三者不可兼得,这是一个典型的不可能三角。

☆ 一致性(consistency)。所有节点在同一时刻能够看到同样的数据,即"强一致性"。

☆ 可用性(availability)。确保每个请求都可以收到确定其是否成功的响应,并且是在有限的时间内。

☆ 分区容错性(partition tolerance)。因为网络故障导致的系统分区不影响系统正常运行。

既然不能同时满足这三者,只有弱化对某个特性的支持。

☆ 弱化一致性。对于实时的强一致性不要有太高的要求。

☆ 弱化可用性。要提高性能,保持可靠,尽量避免加载不必要的模块,也就是牺牲可用性。

☆ 弱化分区容错性。对于分布式系统,分区容错是必然的。对于区块链系统,尤其是公有链,用各种共识算法,优先解决的就是保证整个系统的容错能力。

4.1.4 拜占庭将军问题

1. 拜占庭将军问题的故事背景

拜占庭将军的故事大概是这样的。拜占庭,古希腊城市,现今土耳其伊斯坦布尔,旧名叫作君士坦丁堡。拜占庭帝国即东罗马帝国。古老的拜占庭帝国是一个强大的国家，他们常常进攻他国以扩大疆土。有一次，他们打算攻打一个也很强大的国家多米诺，采取的战略是兵分十路，包抄多米诺。他们按照地形，每支队伍先驻扎下来做好准备等待进攻时刻。将军们必须全体一起攻击，这样才能保证拜占庭帝国军队获胜。

这时问题出现了，十支部队在地理上是分隔开的，并且将军中存在叛徒，叛徒将军到了约定的时间不冲锋陷阵，那么战争就会失败。叛徒可以任意行动以达到以下目标：

① 欺骗某些将军采取进攻行动；

② 促成一个不是所有将军都同意的决定，如当将军们不希望进攻时促成进攻行动；

③ 迷惑某些将军，使他们无法做出决定。

如果叛徒达到了以上任意一种目的，则任何攻击行动的结果都是注定要失败的，只有完全达成一致的努力才能获得胜利。

拜占庭将军其实是美国计算机科学家、2013年图灵奖得主莱斯利·兰伯特（Leslie Lamport）用来描述分布式系统一致性问题时，在论文中抽象出的一个著名的例子。拜占庭将军问题不考虑通信兵是否被截获或无法传递信息等问题，也就是认为消息传递的信道绝无问题。兰伯特已经证明了在消息可能丢失的不可靠通信上，通过消息传递方式达成一致性是不可能的。所以兰伯特在研究拜占庭将军问题时，已假定信道没有问题。

2. 研究拜占庭将军问题的原因

去中心化的区块链技术必须要考虑拜占庭将军问题。分布式系统中根据有无恶意节点，分为拜占庭容错和非拜占庭容错机制。在20世纪80年代出现的分布式系统共识算法，是区块链共识算法的基础。经典的拜占庭容错（Byzantine Fault Tolerance，BFT）技术是一类分布式计算领域的容错技术。

拜占庭假设是对现实世界的模型化。由于硬件错误、网络拥塞或中断以及遭到恶意攻击等原因，计算机和网络可能出现不可预料的行为。拜占庭容错技术被设计用来处理这些异常行为，并满足所要解决问题的要求。

拜占庭将军问题被认为是容错性问题中最难的问题类型之一。解决分布式系统一致性问题的主要算法是兰伯特提出的Paxos算法，但是该算法仅适用于中心化的分布式系统，这样的系统中没有不诚实节点。

3. 针对拜占庭将军问题的解决方法

（1）口头协议算法

☆ 口头协议算法的核心思想是：要求每个被发送的消息都能被正确投递，信息接收者知道消息发送者的身份，知道缺少的消息信息。

☆ 采用口头协议算法,若叛徒数少于全部将军数量的 1/3,则拜占庭将军问题可解。
☆ 若叛徒数为 m,则将军总数 n 至少为 $3m+1$。
☆ 口头协议算法存在明显的缺点,那就是消息不能追根溯源。为解决这一问题,书面协议算法被提出了。

(2) 书面协议算法

☆ 书面协议算法要求签名不可伪造,一旦签名被篡改即可发现,同时任何人都可以验证签名的可靠性。
☆ 书面协议算法也不能完全解决拜占庭将军问题。该算法没有考虑信息传输的时间延迟,该签名体系难以实现,签名消息记录的保存无法摆脱中心化机构。
☆ 区块链技术是更完美的解决方案。

(3) 区块链技术解决方案

☆ 发送信息加入了成本,加入成本就是"工作量"。
☆ 降低了信息传递的速率。
☆ 增加了激励机制。
  ■ 在拜占庭将军问题中给忠诚将军奖励。背叛将军发现背叛行为没有收益,消除其背叛动机。
  ■ 引入博弈论概念,认为每一个节点的行为都是由激励机制决定的。
  ■ 引入社会学概念,认为理性的人都是逐利的,每个节点都有最大化自己利益的倾向,如果激励机制设置得当,大部分节点都会遵守规则,成为公正的节点。
☆ 增加了随机性。
  ■ 在传统的中心化系统中,下一步行动由权威大的将军做决定。在去中心化系统中,在所有将军中,随机指定一名将军做决定。这就是决定谁有记账权。
  ■ 根据每个节点的计算力来决定谁可获得记账权。谁的算力强,谁可获得记账权,在拜占庭将军问题中就是指挥权,这就是比特币系统中用的 PoW 共识机制。
  ■ 根据每个节点具有的资源来决定谁可获得记账权。谁投入的资源多,谁就可以获得记账权,这就是 PoS 共识机制。
☆ 拜占庭将军问题的区块链解决方案使得一个不可信网络变成了一个可信的网络,使所有参与者可以在某些事情上达成一致。
☆ 拜占庭将军问题的区块链解决方案可以推广到任何在分布式网络上缺乏信任的领域,比如投票选举、域名或其他需要分布式协议的地方。

4. 口头协议算法(多数表决算法)

(1) 忠将发布消息

忠将 A 给 B、C、D 发送的指令都是进攻 1,如图 4.2 所示。

前提:叛徒数为 m,当将军总数 $n \geqslant 3m+1$ 时才有解。

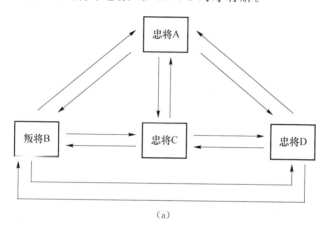

(a)

临近将军节点	收到信息	B 的最终决策
A	1	
C	1	0
D	1	

(b)

临近将军节点	收到信息	C 的最终决策
A	1	
B	0	1
D	1	

(c)

临近将军节点	收到信息	D 的最终决策
A	1	
B	0	1
C	1	

(d)

临近将军节点	收到信息	A 的最终决策
B	0	
C	1	1
D	1	

(e)

最终决策	1	A、C、D 进攻

(f)

图 4.2 拜占庭将军问题分析 1

(2) 叛将发布消息

叛将 A 给 B、D 发送的指令是进攻 1,给 C 发送的指令是防守 0,如图 4.3 所示。

前提:叛徒数为 m,当将军总数 $n \geqslant 3m+1$ 时才有解。

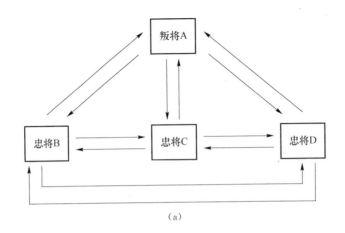

(a)

临近将军节点	收到信息	B的最终决策
A	1	
C	0	1
D	1	

(b)

临近将军节点	收到信息	C的最终决策
A	0	
B	1	1
D	1	

(c)

临近将军节点	收到信息	D的最终决策
A	1	
B	1	1
C	0	

(d)

临近将军节点	收到信息	A的最终决策
B	1	
C	0	0
D	1	

(e)

最终决策	1	B、C、D进攻

(f)

图 4.3 拜占庭将军问题分析 2

4.1.5 共识算法的概念

分布式系统必须要解决数据一致性问题。一致性就是指数据要完整、同步。所谓的共识算法或共识机制，就是为了解决分布式系统中，所有节点对于数据的一致性和有效性问题而制定的一系列的规则。通过类似节点投票的方式，确保分布式系统不会因为某个节点的问题(如死机或者恶意篡改数据)导致分布式系统的数据发生安全问题。

解决分布式系统数据一致性问题,有传统的分布式一致性算法,以及区块链技术中专门出现的一系列的共识算法。

解决分布式系统数据一致性问题最初的算法是兰伯特提出的 Paxos 算法,但是该算法仅仅适用于中心化的分布式系统,这样的系统中没有不诚实节点。1999年,有人提出了 PBFT(Practical Byzantine Fault Tolerance,实用的拜占庭容错)算法。由于 Paxos 算法太难理解,也太难以实现,2013年年底 Paxos 算法的一种简单实现 Raft 算法应运而生。

Paxos 算法、PBFT 算法、Raft 算法都是传统的分布式一致性算法。这 3 种算法很像我们生活中的排练队列,通过互相间的消息、口令来达成一致。每排的排头作为 Leader,每排的其他人都以排头为目标,调整自己的行动。

随着区块链技术的出现,在传统的分布式一致性算法的基础上出现了 PoW、PoS、DPoS 等新的共识算法。

传统分布式一致性算法和区块链共识算法具有以下相同点:
① 强调序列化;
② 少数服从多数原则;
③ 分离覆盖的问题(多节点覆盖少数节点日志,长链覆盖短链区块)。

传统分布式一致性算法和区块链共识算法也存在不同点:
① 传统分布式一致性算法大多不考虑拜占庭容错(Byzantine Paxos 除外),即假设所有节点只发生死机、网络故障等非人为问题,并不考虑恶意节点篡改数据的问题;
② 传统分布式一致性算法是面向数据库的,而区块链共识模型是面向交易的,所以严格来说,传统分布式一致性算法应该处于区块链共识模型的下面一层。

4.2 共识算法的目的和价值

4.2.1 共识算法的目的

(1) 利用区块链构造基于互联网的去中心化账本,需要解决的首要问题是如何实现不同账本节点上的账本数据的一致性和正确性。这就需要借鉴传统的分布式系统中的一致性算法,确定网络中选择记账节点的机制,以及确定如何保障账本数据的一致性和正确性。

(2) 区块链解决了在不可信信道上传输可信信息、价值转移的问题,而共识机制解决了区块链如何在分布式场景下达成一致性的问题。

① 区块链的伟大之处就是它的共识机制在去中心化的思想上解决了节点间互相信任的问题。

② 区块链系统中众多节点达到一种较为平衡的状态也是因为共识机制。

③ 密码学占据了区块链的半壁江山,属于区块链的骨骼,而共识机制是保障区块链系统不断运行下去的关键,是区块链的灵魂。

4.2.2 共识算法的假设条件

(1) 在实际情况中根据不同的假设条件,有很多不同的共识算法被设计出来,这些算法各有优势和局限。算法的假设条件有以下几种情况。

① 故障模型:非拜占庭故障/拜占庭故障。

② 通信类型:同步/异步。

③ 通信网络连接:节点间直连数。

④ 信息发送者身份:实名/匿名。

⑤ 通信通道稳定性:通道可靠/不可靠。

⑥ 消息认证性:认证消息/非认证消息。

(2) 在区块链网络中,由于应用场景的不同,所设计的目标各异,所以不同的区块链系统采用了不同的共识算法。

一般来说,在私有链和联盟链情况下,对一致性、正确性有很强的要求。一般来说,要采用强一致性的共识算法。

对于不需要货币体系的许可链而言,传统的一致性算法(PBFT算法、Paxos算法、Raft算法)成为首选。

而在公有链情况下,对一致性和正确性没法做到百分之百,通常采用最终一致性(eventual consistency)的共识算法。

4.3 常用的共识算法

4.3.1 PoW 算法

1. 工作量证明

① 简单理解就是一份证明,用来确认用户做过一定量的工作。

② 在比特币白皮书里,中本聪提出"工作量证明"机制,就是 PoW(Proof of

Work,工作量证明)机制。

③ 通俗讲：比特币的工作量证明就是我们俗称"挖矿"所做的主要工作。

☆ 工作量证明就是矿工在处理交易数据(对数据进行哈希计算)的同时不断地进行哈希计算，求得一个 nonce 黄金数。当全网有一位矿工计算出 nonce 时，他就会把自己打包的区块公布出去，其他节点收到区块并验证区块后就会一致性地认为这个区块接到了区块链上，就继续进行下一个区块的打包和哈希计算。

☆ 在这个过程中，中本聪通过算力的比拼这种简单暴力的方法把区块链系统的健壮性提升到极致，就算全网只剩下一个节点运行，这个区块链系统还是会继续运行下去的。

☆ PoW 充分地提高了区块链系统的安全性，依靠 51% 的攻击理论去破坏区块链系统是只有疯子才会采取的方法。

2. PoW 的优点

① 完全去中心化，节点自由进出，节省了建立和维护中心化信用机构的成本。

② 只要网络破坏者的算力不超过网络总算力的 50%，网络的交易状态就能达成一致。破坏系统花费的成本巨大。

3. PoW 的缺点

① 目前比特币挖矿造成大量的资源浪费。

② 挖矿的激励机制造成矿池算力的高度集中，背离了当初去中心化设计的初衷。

③ 更大的问题是 PoW 机制的共识达成的周期较长，每秒最多只能做 7 笔交易。

4. PoW 算法的代表产品

① 比特币。

② 莱特币。

③ 以太坊前 3 个阶段(在第 7 章中，我们会学习到以太坊发展的几个阶段)。

4.3.2 PoS 算法

1. 股权证明

类似于财产储存在银行，股权证明模式会根据用户持有数字货币的量和时间，分配给用户相应的利息。

PoS机制是点点币(PPC)的创新。没有挖矿过程,在创世区块内写明了股权分配比例,之后通过转让、交易方式(通常就是IPO)逐渐分散到用户手里,并通过利息的方式新增货币,实现对节点的奖励。

PoS是一种在公链中的共识算法,可作为PoW算法的一种替换。如果简单地把PoW当作比力量大小的话,PoS就是比耐力。

PoW是保证比特币、以太坊和许多其他区块链安全的一种机制,但是PoW算法在挖矿过程中因破坏环境和浪费电力而受到指责。所以PoS试图通过以一种不同的机制取代挖矿的概念,从而解决这些问题。

在PoS机制下,引入了币龄的概念,每个币每天产生1个币龄。

PoS机制可以被描述成一种虚拟挖矿。在PoW中,一个用户可能拿1 000美元来买矿机,加入网络来挖矿并产生新区块,从而得到奖励。而在PoS中,用户可以拿1 000美元购买等价值的代币,把这些代币当作押金放入PoS机制中,这样用户就有机会产生新块而得到奖励。在PoW中,如果用户花费2 000美元购买硬件设备,当然会获得两倍算力来挖矿,从而获得两倍奖励。同样,在PoS机制中投入两倍的代币作为押金,就有两倍的机会获得产生新区块的权利。

2. PoS的优点

① 对节点性能要求低,缩短了共识达成的时间(网络环境好的话可实现毫秒级)。

② 降低了PoW机制的资源浪费。不用挖矿,不需要大量消耗电力和能源。

③ 避免通货紧缩。PoW机制的区块链产品,由于用户丢失等原因,可能会导致通货紧缩,而PoS机制按一定的年利息新增货币,可以有效地避免通货紧缩,使货币保持基本稳定。

3. PoS的缺点

① 破坏者对网络攻击的成本低,网络的安全性有待验证。

② 拥有代币数量多的节点获得记账权的概率大,会使得网络的共识受少数富裕账户的支配,从而失去公正性。

③ 纯PoS的区块链产品只能通过IPO的方式发行,这将导致少数人,尤其是开发者获得大量成本极低的加密货币,存在大量抛售的风险,导致信用基础不牢固。因此,目前很多区块链产品常采用PoW+PoS双重机制,或者采用DPoS机制。

4. PoS算法的代表产品

PoS算法的代表产品为以太坊第4个阶段。

4.3.3 DPoS 算法

1. 股份授权证明

DPoS(Delegated Proof of Stake,股份授权证明)是基于 PoS 衍生出的更专业的解决方案,它类似于董事会的投票机制。

DPoS 是比特股(BitShare,BTS)最先引入的一种机制。

比特股首先提出了去中心化自治公司(DAC)的理念。比特股的目的就是用于发布 DAC。这些无人控制的公司发行股份,产生利润,并将利润分配给股东。这一切的实现不需要信任任何人,全靠软件自动实现。比特股创造可以赢利的股份制公司,股东持有公司股份,公司为股东产生回报。这种机制无须挖矿。

DPoS 就是由社区选举出来的可信账户(受托人,得票数排名前 101 位的人)来创建区块链。为了成为正式受托人,用户要去社区拉票,以获得足够多用户的信任。用户根据自己持有的加密货币数量的比例来投票。

DPoS 机制类似于股份制公司,普通股民进不了董事会,要投票选择代表(受托人)来代替他们做决策。

这 101 个受托人可以理解为 101 个矿池,这 101 个矿池彼此之间的权利是完全相等的。那些握着加密货币的用户可以通过投票的方式随时更换这些代表。如果受托人提供的算力不稳定,计算机则会死机;或者他们试图利用手中的权利作恶,那么他们将立刻被用户踢出系统,而后备代表则可以随时代替他们。

2. DPoS 的优点

① 能耗更低。DPoS 机制将节点数量减少到 101 个,在保证网络安全的前提下,整个网络的能耗进一步降低,网络运行成本达到最低。

② 更快的确认速度。大幅缩小参与验证和记账节点的数量,可以达到秒级的共识验证。

③ 更加去中心化。减小记账节点的规模,弱中心化程度高,效率提高。

3. DPoS 的缺点

① 选举固定数量的见证人作为记账候选人有可能不适合完全去中心化的场景。牺牲了去中心化的概念,不适合公有链。

② 选举的见证人的代表性不强,因为绝大多数持股人投票积极性不高,90%以上从未参与投票。因为投票需要时间、精力和技能,而这是大多数投资者所缺乏的。

③ 对于坏节点的处理存在诸多困难。社区选举不能及时有效地阻止坏节点的出现,对网络造成安全隐患。

4. DPoS 算法的代表产品

DPoS 算法的代表产品为比特股。

4.3.4　PBFT 算法

1. 实用的拜占庭容错

① PBFT(Practical Byzantine Fault Tolerance,实用的拜占庭容错)是第一个得到广泛应用的 BFT 算法,在 1999 年由 Castro 和 Liskov 提出。

② 早期 BFT 由于性能太低不能在实际系统中运作,而 PBFT 解决了原始拜占庭容错算法效率不高的问题,将算法复杂度降低,使得其在实际系统应用中可行。

③ 在 PBFT 算法中,每个副本有 3 个状态:pre-prepare、prepare、comited。消息也有 3 种:pre-prepare、prepare、comited。

④ PBFT 是一种基于消息传递的一致性算法,该算法经过 3 个阶段达成一致,这些阶段可能因为失败而重复进行。

⑤ PBFT 算法得出的结论:叛徒数量等于或大于 $\frac{1}{3}$,拜占庭问题无解;当叛徒数量不到 $\frac{1}{3}$ 时,那么忠诚将军就至少有 $\frac{2}{3}$,此时拜占庭问题有解,仍然可以达到容错。

2. PBFT 的优点

① 共识的时间延迟在 2~5 s,基本达到商用实时处理的要求。
② 共识效率高,可实现高频交易量的需求。
③ 非常适合联盟链的应用场景,因此成为目前使用最多的联盟链共识算法。

3. PBFT 的缺点

① 当系统只剩下 33% 的节点运行时,系统会停止运行。
② PBFT 算法在公有链中不适合。

4. PBFT 算法的代表产品

PBFT 算法的代表产品为 Hyperledger Fabric(超级账本 Fabric,联盟链的代表)。

4.3.5 Paxos 算法

(1) Paxos 解决的是非拜占庭将军问题：
① 分布式系统中根据有无恶意节点，分为拜占庭容错和非拜占庭容错机制；
② 仅在分布式系统中的节点存在故障，但是不存在恶意节点的情况可使用 Paxos 解决问题；
③ 1998 年 Lamport 提出 Paxos 算法，后续又增加了多个改进版本的 Paxos，形成了 Paxos 算法家族；
④ Paxos 是一种基于消息传递且具有高度容错特性的一致性算法，Paxos 算法家族共同的特点是不易于工程实现。

(2) Paxos 被用于分布式系统中典型的例子就是 ZooKeeper，它是第一个被证明的共识算法，其原理基于两阶段提交并扩展。
① Paxos 算法中将节点分为 3 种类型。
☆ proposer：提出一个提案，等待大家批准为结案。往往是客户端担任该角色。
☆ acceptor：负责对提案进行投票。往往是服务端担任该角色。
☆ learner：被告知结案结果，并与之统一，不参与投票过程。learner 可能为客户端或服务端。

② Paxos 算法的基本过程包括 proposer 提出提案，先争取大多数 acceptor 的支持，超过一半 acceptor 支持时，则发送结案结果给所有人进行确认。一个潜在的问题是 proposer 在此过程中出现故障，此问题可以通过超时机制来解决。在极为凑巧的情况下，每次新一轮提案的 proposer 都恰好故障，系统则永远无法达成一致（概率很小）。
③ Paxos 能保证在超过 50% 的正常节点存在时，系统能达成共识。

(3) Paxos 协议用于微信 PaxosStore 中，每分钟调用 Paxos 协议的过程达数十亿次量级。

(4) Paxos 算法的代表产品为 ZooKeeper。
ZooKeeper 是一个分布式的、开放源码的应用程序协调服务，是 Google 的 Chubby 一个开源的实现，是 Hadoop 和 HBase 的重要组件。它是一个为分布式应用提供一致性服务的软件，提供的功能包括配置维护、域名服务、分布式同步、组服务等。

4.3.6 Raft 算法

(1) Raft 算法是对 Paxos 算法的一种简单实现。

① Raft,中文是救生艇的意思。
② 由于 Paxos 太难理解,也太难以实现,Raft 算法应运而生。
③ 2013 年年底,Raft 算法由斯坦福大学的 Diego Ongaro 和 John Ousterhout 发布。
④ Raft 与 Paxos 比,更适合用来学习以及做工程实现。
⑤ Raft 使用 log 进行同步,并且将服务器分为 3 种角色:Leader(领导者)、Candidate(候选人)和 Follower(追随者)。这 3 种角色可以互相转换。
⑥ Raft 从大的角度看,分为两个过程。
☆ Leader 选举。每个 Candidate 随机经过一定时间都会提出选举方案,最近阶段中得票最多者被选为 Leader。
☆ 同步 log。Leader 会找到系统中 log 最新的记录,与 Follower 进行 Heartbeats 同步,强制所有的 Follower 刷新到这个记录,这里的 log 指的是各种事件的发生记录。

(2) Raft 的优点:不需要代币也可以工作,实现秒级共识验证。

(3) Raft 的缺点:
① 去中心化程度不如 bitcoin;
② 更适合多方参与的多中心商业模式。

(4) Raft 算法的代表产品为 ETCD。

ETCD 是一个高可用的键值存储系统,主要用于共享配置和服务发现。ETCD 是由 CoreOS 开发并维护的,灵感来自 ZooKeeper,它使用 Go 语言编写,并通过 Raft 一致性算法保证强一致性。

4.3.7 共识算法总结

1. 区块链常用共识算法简介

(1) PoW 算法

PoW 算法也可以称为"范进中举",终生都在计算一道非常无聊且毫无意义的题目。

(2) PoS 算法
☆ 预先放入一些利益,用户可以购买一定数量的代币,把这些代币当作押金,押金越多,收益也会越多,如同股份制。
☆ 人们把现金兑换成股份,谁的股份多,谁的话语权就大。

(3) DPoS 算法
☆ 类似董事会,选举出代表,表达股东的利益。

☆ 被选出的代表老练成熟而富有经验,不但能快速处理日常事务,同时能很好地保护股东的利益。

2. PoW 算法与 PoS 算法的区别

① 在 PoS 机制下,持币是有利息的。

② 比特币的总量是恒定的,由于比特币有丢失问题,所以比特币是一种通缩系统。

③ 在 PoS 机制下,引入了币龄的概念,每个币每天产生 1 币龄。

④ 每取得记账权,币龄清空为 0。每清空 365 个币龄,就会从区块中获得一定利息。在 PoS 机制下不会产生通缩的情况。

⑤ 和 PoW 相比,PoS 不需要为生成新区块而大量消耗电力,也缩短了共识达成的时间。

3. 共识算法的选择

① 私有链。私有链项目采用传统的分布式一致性算法即可。

② 联盟链。代理证明机制最优,例如 DPoS。

③ 公有链。公有链项目适合采用 PoW 算法,不过建议采用 PoW＋PoS 结合的方式。

4. 共识算法与拜占庭问题

共识算法的核心就是解决拜占庭问题。以上共识算法中,Paxos、Raft 只能解决非拜占庭问题。PBFT 解决了拜占庭问题,而 PoW、PoS 共识机制则巧妙地解决了拜占庭容错问题。

① 比特币系统通过 PoW 共识机制巧妙地解决了拜占庭容错问题。

☆ PoW 增加了发送信息的成本,降低了节点发送消息的速度,保证一段时间内只有一个节点广播消息,同时在广播上附上签名,这样就解决了因为时间差而导致消息传递不一致的问题。

☆ 对于将军做叛徒的问题,比特币系统的解决方案就是,让比特币网络中每个节点都没有动机和动力做叛徒。

☆ PoW 机制提高了做叛徒(发布虚假区块)的成本,在工作量证明下,只有第一个完成证明的节点才能广播区块,竞争难度非常大,需要很高的算力,如果不成功其算力就白白地浪费了(算力是需要成本的)。如果有这样的算力,作为诚实的节点,可以获得很大的收益(这就是矿工所做的工作),既然可以获得大量收益,又何必会冒险做恶意节点呢?这样整个系统也因此而稳定。

☆ 对于51%的攻击问题,这更提高了做叛徒的成本。拥有这么大算力的矿工,自然是希望依赖比特币系统而赢利的,当然不会造假而损坏自身利益。
② PoS也巧妙地解决了拜占庭问题。
☆ 很多人批评PoW机制造成了巨大的电力浪费,这促使人们去探索新的解决一致性(共识)问题的机制:权益证明机制。
☆ 从拜占庭将军问题的角度来看,PoS同样提高了做叛徒的成本,因为账户需要首先持有大量余额才能有更大的概率广播区块。如果已经拥有这么大的利益,当然不会造假而损坏自身利益了。

总之,理性的人都是逐利的,PoW或PoS抑制了节点的恶意动机。

4.4 比特币挖矿原理

在比特币系统中,挖矿采用的是共识机制中的PoW算法,每个矿工通过工作量来争抢记账权,只有抢到记账权,才有资格将这个时间段内所有的交易记录打包上链。这样就可以获取系统的挖矿奖励(截至2019年,每挖到一个区块奖励12.5个比特币),同时还可以获取当前打包上链的所有交易的交易手续费。

挖矿的过程就是重复计算区块头的Hash值,不断修改随机数nonce,直到其小于难度目标bits所计算出来的Hash值。比特币系统挖矿非常费时费力,但是验证挖矿则非常简单。验证比特币挖矿结果需要3个步骤:

① 计算挖矿目标Hash值;
② 计算挖矿的Hash值;
③ 比较目标Hash值与挖矿Hash值的大小。

4.5 计算难度目标

以区块516532为例,来具体描述其计算目标难度的步骤。
① bits = "0x17502ab7",bits是用来存储难度目标的16进制数值。
② coefficient 系数,coefficient = 0x502ab7。
③ exponent 指数,exponent = 0x17。
④ target = coefficient * Math.pow(2, 8 * (exponent−3))。
⑤ 目标Hash值:00000000000000000502ab700000000d6420b16625d309c4561290000000000。

☆ 实际挖矿Hash值小于目标Hash值,则挖矿成功。
☆ bits值越小,难度越大,挖矿越难。

4.6 验证挖矿结果

以 125552 区块为例,模拟一个验证挖矿结果的过程。

① 将区块头中 6 个参数以 16 进制的小头位序排列方式连接在一起。

☆ 版本号:00000001。

version = "01000000"

☆ 上一块的 Hash 值:00000000000008a3a41b85b8b29ad444def299fee21793cd8b9e567eab02cd81。

pre_hash = "81cd02ab7e569e8bcd9317e2fe99f2de44d49ab2b8851ba4a308000000000000"

☆ Merkle 根:2b12fcf1b09288fcaff797d71e950e71ae42b91e8bdb2304758dfcffc2b620e3。

merkle_root = "e320b6c2fffc8d750423db8b1eb942ae710e951ed797f7affc8892b0f1fc122b"

☆ 时间戳:1305998791(May 22, 2011 1:26:31 AM,转成 16 进制为 4dd7f5c7)。

timeStamp = "c7f5d74d"

☆ 难度目标 bits:1a44b9f2。

bits = "f2b9441a"

☆ nonce:2504433986。十进制转 16 进制为 9546a142。

nonce = "42a14695"

☆ header_hex = version + pre_hash + merkle_root + timeStamp + bits + nonce。

② 经过两次 Hash256 算法,能得出结果:1dbd981fe6985776b644b173a4d0385ddc1aa2a829688d1e0000000000000000。

③ 将 16 进制数值转成大头排序格式,得出以下结果。

☆ 00000000000000001e8d6829a8a21adc5d38d0a473b144b6765798e61f98bd1d。

☆ 高度为 125552 的区块目标 Hash 值为 00000000000044b9f1ffffffeb42e33d248e71469a7653bb7d6800000000000。

☆ 比对大小:实际计算的 Hash 值小于目标 Hash 值,所以验证成功。

4.7 难度目标 Hash 值的快速算法

4.7.1 比特币区块 bits 值变化趋势

挖矿的本质就是计算哈希值。
① 将区块头的 6 个信息拼凑在一起计算 Hash 值。
② 利用时间戳的变化,以及不断修改随机数 nonce,计算出一个高位为 0 的数值。因为目标 Hash 值就是一个由多个 0 开头的 64 位数字。
③ 高位 0 的位数越多,那么小于目标 Hash 值的可能性越大,挖矿成功率越高。
④ bits 值越小,目标 Hash 值中高位的 0 就越多,这就导致每个节点都要进行数以亿计次计算,才可以找到满足条件的 Hash 值,换句话说就是挖矿难度较大。
⑤ 比特币系统还会调整目标 Hash 值,以达到控制难度的目的。

4.7.2 bits 值与目标 Hash 值的规律

bits 值与目标 Hash 值的规律如表 4.1 所示。

表 4.1 bits 值与目标 Hash 值的规律

区块高度	bits 值	指数(16进制)	指数(十进制)	指数×2	高位补 0 的个数	目标 Hash 值
0	1d00ffff	1d	29	58	6	00000000ffff0000000000000000000000000000000000000000000000000000
1 万	1d00ffff	1d	29	58	6	00000000ffff0000000000000000000000000000000000000000000000000000
5 万	1c2a1115	1c	28	56	8	000000002a11150000000000000000000000000000000000000000000000000000
10 万	1b04864c	1b	27	54	10	000000000004864c0000000000000000000000000000000000000000000000
20 万	1a05db8b	1a	26	52	12	0000000000000005db8b00000000000000000000000000000000000000000000
30 万	1900896c	19	25	50	14	00000000000000000896c000000000000000000000000000000000000000000

续 表

区块高度	bits 值	指数（16 进制）	指数（十进制）	指数×2	高位补 0 的个数	目标 Hash 值
40 万	1806699f	18	24	48	16	00000000000000000006699f000000000000000000000000000000000000000000
50 万	18009645	18	24	48	16	0000000000000000000096450000000000000000000000000000000000000000
52 万	1749500d	17	23	46	18	000000000000000000049500d0000000000000000000000000000000000000

4.7.3 计算难度目标的步骤

以区块 516532 为例：bits ＝ "0x17502ab7"。
① coefficient 系数，coefficient ＝ 0x502ab7。
② exponent 指数，exponent＝ 0x17。
③ 获取高位补零的个数。
☆ 标准做法是：target ＝ coefficient * Math.pow(2，8 * (exponent－3))。
☆ 0x17 转十进制为 23，则高位补零的个数为 64－23×2 ＝ 18。
④ 获取后缀补零的个数（凑够 64 位）：64－高位补 0 的个数－6 ＝ 40。
⑤ 拼凑目标 Hash 值。
☆ 高位补 0 ＋ 系数 ＋ 后缀补 0。
☆ 18 个 0 ＋ "502ab7" ＋ 40 个 0。

4.7.4 计算挖矿难度 difficulty

挖矿难度 difficulty 是用创世区块的 bits 值计算出的难度目标 Hash 值除以当前区块的 bits 值所得的目标 Hash 值的商。difficulty 用创世区块作为参照，表示当前区块的挖矿难度是创世区块挖矿难度的倍数。在这里需要强调的是，difficulty 并非两个区块真实 Hash 值的商，而是两个难度目标 Hash 值的商。

4.8 参 考 资 料

➢ http://book.8btc.com/books/6/masterbitcoin2cn/_book/ch10.html
➢ https://yeasy.gitbooks.io/blockchain_guide/content/distribute_system/

problem.html

➢ https://yeasy.gitbooks.io/blockchain_guide/content/distribute_system/flp.html

➢ https://yeasy.gitbooks.io/blockchain_guide/content/distribute_system/bft.html

第 5 章
比特币系统架构

比特币是最有代表性的区块链项目,也是世界上最知名的区块链产品。学习区块链,必须从比特币开始。想透彻地了解区块链,就必须了解比特币系统的架构。本章先对比特币系统的整体架构进行了梳理,然后再教大家安装和使用 Bitcoin Core 客户端和 bitcoind 命令行客户端。安装比特币客户端后,本章将介绍如何申请比特币,然后带领大家在比特币测试链上真正体会比特币交易的魅力。通过 bitcoin-cli 命令行的学习,本章将引领大家进入比特币系统的核心技术领域。读者应掌握 bitcoin-cli 命令行的用法,为后续基于比特币系统的开发奠定基石。

本章重点为大家介绍如下内容:
➢ 比特币系统的整体架构;
➢ 比特币系统的前端模块;
➢ 比特币系统的后端模块;
➢ 比特币客户端 Bitcoin Core 及 bitcoin-cli 命令。

5.1 比特币系统的整体架构

5.1.1 早期的比特币系统架构

据推测,中本聪是先写好了比特币系统,然后才写的比特币白皮书。最初的比特币源码没有明确的模块划分,很多不同功能都放在一个 5 000 多行的 Main 程序中实现。出于代码重用、维护和扩展方便的考虑，比特币社区于 2013 年 12 月提出了代码模块化的建议。目前比特币客户端的版本号是 Bitcoin Core 0.18.0，比特币的模块化工作一直在进行中。

5.1.2 目前的比特币系统架构

比特币官方客户端有两个版本：一个是图形界面的版本，就是比特币核心（Bitcoin Core），另一个是命令行版本（称为 bitcoind，bitcoin daemon，比特币后台服务/守护程序）。

Bitcoin Core 包含了比特币前端模块和后端模块（除挖矿模块以外）。安装了 Bitcoin Core 的节点是集前端与后端于一体的节点。

bitcoind 命令行客户端无 GUI（图形用户界面），比特币节点的后台程序主要由 bitcoind 以及挖矿功能模块构成。

比特币系统整体架构如图 5.1 所示。

比特币客户端			
前端模块			
钱包服务	HTTP JSON-RPC 接口服务	bitcoin-cli 命令行接口服务	GUI 图形开发工具
后端模块			
区块链管理	交易验证	共识管理（consensus）	密码及数字签名（crypto）
脚本引擎（Script）	P2P 网络管理	数据库管理	其他管理模块
		1. Berkeley DB 2. LevelDB	1. 内存池管理（mempool） 2. 规则管理（policy） 3. 邻节点管理 4. 队列管理（ZMQ）
挖矿模块	1. CPU 挖矿（cpuminer） 2. GPU 挖矿（cgminer） 3. ASIC 挖矿（bfgminer） 4. 矿池挖矿（bitminer）		
比特币服务器端			
比特币浏览器	第三方交易平台		

图 5.1 比特币系统整体架构图

5.2 比特币系统的前端模块

5.2.1 钱包服务

1. 钱包的作用

① 保存用户私钥。
② 保存交易记录,管理用户余额。
③ 提供比特币交易(支付和转账)。

2. 钱包的分类

钱包的分类将在接下来的内容中详细讲解。

3. 比特币客户端与钱包的区别

钱包仅是比特币客户端中的一个模块,在使用钱包的过程中一定要调用其他的模块才能完成。比特币客户端由十多个模块组成。

① 钱包服务。
② 基于 HTTP 协议的 JSON-RPC 接口服务。
③ bitcoin-cli 命令行接口服务。
④ GUI 图形开发工具。
⑤ 区块链管理。
⑥ 交易验证。
⑦ 共识管理。
⑧ 密码及数字签名。
⑨ 脚本引擎。
⑩ P2P 网络管理。
⑪ 数据库管理(包括 Berkeley DB 及 LevelDB)。
⑫ 挖矿模块。
⑬ 其他管理模块。
  ☆ 内存池管理。
  ☆ 规则管理。

☆ 邻节点管理。
☆ 队列管理(ZMQ)。

5.2.2 HTTP JSON-RPC 接口服务

当启动 Bitcoin Core 客户端或者 bitcoind 命令行客户端后,比特币基于 HTTP 协议的 JSON-RPC 接口服务就启动了,可以通过该接口访问比特币节点。

在比特币的应用开发中,外部程序可以通过 JSON-RPC 接口来调用 bitcoin-cli 命令,从而完成比特币的各项功能。

HTTP JSON-PRC 接口仅默认接收来自本机客户端的连接请求。远程连接有极大的风险隐患,因此不推荐。

5.2.3 bitcoin-cli 命令行接口服务

bitcoin-cli 命令行工具通过 JSON-RPC 接口访问 bitcoind 启动的比特币后台进程服务,通过发送命令完成比特币的各项功能。

bitcoin-cli 命令包括以下 8 类命令:
☆ Blockchain,区块链命令;
☆ Control,控制命令;
☆ Generating,创建命令;
☆ Mining,挖矿命令;
☆ Network,网络命令;
☆ Rawtransactions,原始交易命令;
☆ Util,工具类命令;
☆ Wallet,钱包命令。

5.2.4 GUI 图形开发工具

Bitcoin Core 是比特币使用最广泛的客户端,提供了图形用户操作界面,方便用户操作。它是使用 QT 框架开发的桌面客户端,所以早期的比特币核心叫作 Bitcoin-QT。

QT 是挪威程序员于 1991 年开发的跨平台的 C++图形用户界面应用程序开发框架。1994 年 QT Company 成立,QT 的第一个商业版本于 1995 年被推出。

5.3 比特币系统的后端模块

5.3.1 区块链管理

区块链管理涉及初始区块链下载、接收并校验区块、区块中交易的验证、区块断链及交易回退等流程。区块链管理还涉及共识管理、规则管理、密码算法及数字签名、数据库等模块。

1. 初始区块链下载

比特币全节点第一次加入网络运行，先要下载整条区块链，但是完全同步非常耗时。

2014 年，Bitcoin Core 0.10.0 版本正式发布了一个初始区块下载的方式，叫作"header first（区块头先行）"。新节点先从邻节点下载所有区块的头信息。区块头信息只有 80 字节，这样比下载整个区块要快很多。当下载了所有区块的头信息后，节点可以并行地从多个邻节点同时下载区块，大大地提升了整条区块链的下载速度。

2. 接收并校验区块

① 区块的格式校验。
② 区块头的哈希值要小于规定难度目标。
③ 区块头的时间戳要小于未来 2 个小时。
④ 区块的大小在规定范围内。
⑤ 区块的第一个交易是挖矿交易（coinbase），且仅有一笔定额 coinbase 交易。
⑥ 对区块中所有交易按交易验证规则进行校验。
⑦ 判断当前区块中记录的前一个 Hash 值与节点当前顶端区块的 Hash 值是否相同，如果相同，则该节点就链接上这个新接收的区块，并将其作为最顶端区块。

3. 区块断链及交易回退

① 当不同矿工几乎同时挖到合法区块时，不同网络节点会接收到不同的区块信息，然后在不同的区块基础上继续挖矿，这就造成区块链临时分叉。临时分叉后不久，会随着新区块的诞生而产生最长链，那么不在最长链上的分叉区块会断开区块链。

② 区块断链会涉及 UTXO 更改，被断开区块中的交易会回退到交易内存池（mempool），等待重新打包挂链。

5.3.2 交易验证

交易验证将涉及交易数据结构、交易脚本、交易类型、交易规则、交易优先级、交易流程等内容。研究比特币交易是进行比特币应用开发的关键，因此将在第 6 章中重点讲解比特币交易。

5.3.3 共识管理

比特币里广义的共识管理包括挖矿、区块验证、交易验证等，这些功能分散在不同的程序中。未来共识模块将从各功能模块中分离出来，作为独立的模块。

5.3.4 密码及数字签名

密码模块主要是用来处理比特币地址的，采用 SHA-256、RIPE-MD160、Base58 编码等方式。比特币中采用椭圆曲线数字签名算法来实现签名和生成公钥，具体来说则是采用 secp256k1 算法。ECDSA 是一种非对称加密算法。

5.3.5 脚本引擎

比特币脚本语言是一种专门设计的、类似 Forth 的、基于堆栈的编程脚本语言。脚本引擎是校验交易的运算平台。另外脚本引擎也可以用来实现合约。基于堆栈的语言指令只按顺序执行一次，没有循环或跳转指令，是图灵不完备的脚本语言。

比特币脚本语言非常小，只有 256 个指令，每个指令一字节长。这 256 个指令中 75 个是保留指令，15 个已经废弃，可用的有 160 多个，不过比特币通常使用的指令只有几个。

① OP_DUP(duplicate)。
② OP_HASH160(hash)。
③ OP_EQUALVERIFY(equal verify)。
④ OP_CHECKSIG(check signature)。
⑤ OP_CHECKMULTISIG(check multiple signature)。
⑥ OP_RETURN(return)。

5.3.6 P2P 网络管理

P2P 网络管理就是在 P2P 网络上实现和邻节点的通信功能。这些通信功能包括：发现邻节点；管理与邻节点的 Socket 连接；与邻节点交换不同的消息；特殊情况下禁止异常行为的邻节点连接。

比特币节点的默认配置是主动连接 8 个邻节点，同时允许最多 125 个其他节点发起的连接请求。比特币网络防止节点受到 DDoS 的办法主要是禁止异常行为的邻节点连接。如果邻节点传送明显的错误信息，该连接将被断开，并且其 IP 地址会被禁止，其重新连接申请也会被拒绝。

5.3.7 数据库管理

比特币用 Berkeley DB 做钱包数据库。
① Berkeley DB 是一个开源的、轻巧且性能高的嵌入式文件数据库。其介于关系数据库与内存数据库之间，使用方式和内存数据库类似。
② Berkeley DB 提供了一系列直接访问数据库的函数，而不像关系型数据库需要网络通信、SQL 操作等步骤。
③ 比特币区块数据存储在 Bitcoin Core 安装目录下的 blocks 目录中，区块文件命名格式为 blk*.dat，例如 blk00000.dat、blk00001.dat 等。
④ 在 blocks 目录下有许多 rev*.dat 文件，文件里存放着回滚交易记录。在区块链出现分叉重组时，需要用回滚记录来更新 UTXO 记录。

LevelDB 用来存储区块的索引和 UTXO 记录。
① LevelDB 是 Google 实现的非常高效的键值对数据库，目前支持几十亿级别的数据量，并且在这个数量级下还能有非常高的性能。
② 在 blocks/index 目录下的 *.ldb 文件中存放着已知区块的元数据及其索引，正是通过这些索引文件才实现了区块的快速查找。
③ 在 chainstate 目录下的 *.ldb 文件中存放着 UTXO 记录，交易验证就要依靠这些数据来进行。

5.3.8 挖矿模块

Bitcoin Core 是不带挖矿功能的。比特币最早的挖矿程序是 cpuminer，当时还是通过 CPU 挖矿的；其后的挖矿程序是 cgminer，此时 GPU 取代 CPU 成为挖矿主力；矿机挖矿的程序是 bfgminer；目前矿池挖矿中流行的是 bitminer 程序。

5.3.9 其他管理模块

1. 内存池管理

① 比特币内存池管理也就是交易池管理。

② 节点将已经通过验证的交易先放置在一个交易池中，每次开始挖矿就按一定的优先级次序从交易池中选出交易并打包进区块。一旦挖矿成功，则有权将该区块添加到比特币网络的主链上。

③ 优先级是按交易中输入所对应的 UTXO 的链龄和交易额来计算的。越早的 UTXO 以及交易额越大，那么优先级就越高。

④ UTXO 的链龄以该交易所在区块的深度来计算。

⑤ 比特币区块中的前 50 KB 保留给高优先级的交易。高优先级的交易即便交易费为零也会被优先打包进区块。

⑥ 区块填满，剩下的交易将被留在交易池，等待下一个区块的到来。随着"链龄"的增加，它们被打包进区块的概率会越来越高。

⑦ 交易费为零的交易最终也会因为"链龄"的增加而被打包。

⑧ 交易池中的交易不保存在硬盘上，所以当节点重启时，内存池交易会被清空。所以会出现这种极端情况，低优先级的交易由于附近节点频繁重启，而不存在于任何一个挖矿节点的交易池中。这样就需要重新发送交易，并附加上较高的交易费。

2. 规则管理

① 比特币共识规则是所有节点都必须遵守的规则，而每个节点都可以通过修改规则模块来采用共识规则以外的个性化规则。

② 比如可以设置交易费用最低规则。对于交易费用太低的交易，节点选择不将该交易保存到自己的交易池中。

3. 邻节点管理

① 当一个新的比特币节点初始启动时，它需要跟比特币网络中至少一个节点相连接。

② 新节点发现邻节点的第一个办法是"DNA 种子"。Bitcoin Core 带有 5 个不同的"DNA 种子"，这些种子可提供稳定的比特币节点地址。第二个办法是把一个已知的邻节点作为种子节点，然后通过它发现更多的邻节点。

③ 新节点一般会维持与 8 个邻节点连接。新节点启动结束后,会记住最近连上的邻节点的地址。当重新启动后,用户能很快地完成和已知邻节点连接。如果跟以前的邻节点都连不上,会重新初始启动流程。

④ 节点会定期发一些信息去维护连接。如果与邻节点的连接超过 90 min 没有联系,则该邻节点被认为下线,节点会寻找一个新的邻节点来进行连接。因此无须中心控制,网络节点可以自由加入或离开网络。比特币网络能动态调整节点的连接,以保证比特币网络的正常运行。

4. ZMQ 管理

① 比特币采用 ZMQ(Zero Message Queue,零消息队列)作为消息队列管理和消息分发的工具。

② ZMQ 使 Socket 套接字编程更加简洁,性能更高。

5.4 区块链节点

5.4.1 节点类型

① 全节点。全节点同步整个区块链并对交易做验证。全节点是指维持包含全部交易信息的完整区块链的节点。辨别用户是否在运行全节点是十分容易的:只需要查看用户的永久性存储设备(如硬盘)是否有超过 20 GB 的空间被用来存储完整的区块链即可。2013 年全节点的大小在几十吉字节,2017 年 8 月全节点的大小已经达到 130 GB 左右,2018 年 3 月则达到 200 多吉字节。

② 轻节点。轻节点不保存所有区块,依赖全节点做交易验证。

③ 记账节点。挖矿节点(具有挖矿功能的全节点)、公证人节点。

5.4.2 维护区块链需要优质节点

比特币用户包含大量对计算机了解有限的人,核心钱包对他们来说体验极差,他们对钱包文件不加密、少备份,而且敢于允许不认识的人远程控制,所以他们没有能力去维护节点。

维护节点不是免费的,维护节点消耗大量的硬盘空间、带宽、电、时间、精力,这些加起来可能已经超过一些用户持有比特币的总价值。最重要的是一些用户使用结束后随手就把计算机关了,可能几个月或者几年后才想起来再打开比特币客户端。他们没有动力去维护节点。

此外,比特币专业用户(矿场、专业个人、交易所、大商家、比特币服务供应商)有能力也有动力去维护至少一个优质节点,这些人才是比特币交易的主力——大多数比特币的(链上)交易来自相对较少的比特币专业用户。所以有一种看法认为,低速节点是有害的,它们浪费网络资源,对安全性并没有什么实质帮助;只有高速的、专业的节点才有益于比特币网络。比特币未来的趋势是节点更加专业,数量更少,但速度更快、更稳定,这不代表更危险,反而让比特币网络更加强壮。

区块链文件变得越来越大,要每个使用者都去做节点的维护者,既不现实也不科学,过低的易用性反而会影响比特币的推广和使用。

同步 200 多吉字节的节点文件对普通用户来说是不必要的。如果是区块时间很短的 ETH,更不敢想象。截至目前,全球比特币用户规模大概 500 万左右,对于这样一个用户群体数量,1 万个左右的节点,这一比例已经不低了。毕竟维护节点几乎是公益性质的行为,也只有专业用户才有这样的技术、能力和动力。

5.4.3 节点相关问题

① 什么原因造成节点数不多?

全节点需要加载全部历史数据,BTC 目前区块总大小大约为 250 GB,这个数目对于矿池、交易所、钱包来说很小,但是对于绝大多数个人投资者来说,意味着相当大的硬盘资源,更别说还需要占用一部分带宽、消耗电力等,所以对于普通投资者大部分要么把钱放在交易所里面,要么选择轻钱包。运行全节点并没有太多的经济利益。

② 为了维护整个比特币系统的安全,节点数目有必要增多吗?

有必要,作为一个去中心化的 P2P 网络,更多、更分散的节点数才能保证系统能够抵抗突发的技术冲击,甚至是政治冲击,但是维护整个网络正常运行还是需要优质节点的。

③ 中本聪等人设计之初衷,是希望每个比特币用户都成为一个全节点吗?

并非每个比特币用户都能成为全节点。中本聪预测到了当比特币网络足够大的时候,运行全节点的任务会被交给专业的服务者集群"sever farm",而不是"most users"。对于个人节点,他们的硬件性能、网络资源、维护意愿都不够强,这样的全节点其实是很难起到维护全网安全性的作用的。

5.5 区块链钱包

5.5.1 钱包的含义

"钱包"一词在比特币中有多重含义。

广义上,钱包是一个应用程序,为用户提供交互界面。钱包控制用户访问权限、管理密钥和地址、跟踪余额、创建交易和签名交易。

狭义上,即从程序员的角度来看,钱包是指用于存储和管理用户密钥的数据结构。

钱包是私钥的容器,一般是通过结构化文件或简单数据库来实现的。

一个常见的误解是,比特币钱包里含有比特币。事实上,钱包里只含有密钥。"钱币"被记录在比特币网络的区块链中。用户通过钱包中的密钥签名交易,从而来控制网络上的"钱币"。在某种意义上,比特币钱包是密钥链。

比特币钱包只含有密钥,而不包含"钱币"。每个用户都有一个包含多个密钥的钱包。钱包只包含私钥/公钥对的密钥链。用户用密钥签名交易,从而证明他们拥有交易输出(他们的"钱币")。"钱币"以交易输出的形式存储在区块链中(通常记为 vout 或 txout)。

钱包的作用:

☆ 保存用户私钥;

☆ 保存交易记录,管理用户余额;

☆ 提供比特币交易(支付和转账)。

5.5.2 钱包的类型

1. 根据密钥关联性分类

(1) 第一种类型是非确定性钱包(nondeterministic wallet)

☆ 钱包中每个密钥都是从随机数独立生成的,密钥彼此无关。

☆ 对于最早的一批比特币客户端(以前叫 Bitcoin-QT,现在称作比特币核心客户端),钱包只是随机生成的私钥集合,这种类型的钱包被称作零型非确定性钱包。

☆ 虽然比特币核心客户端包含零型钱包,但比特币的核心开发者并不鼓励大家使用它,这种钱包现在正在被确定性钱包替换。
- ☆ 非确定性钱包直接保存私钥,私钥数据保存在 Berkeley DB 上。
- ☆ 非确定性钱包因为直接保存私钥,如果私钥被盗窃,钱包里的比特币就会被盗走。因此非确定性钱包的安全性不高。
- ☆ 比特币系统出于隐私保护的缘故,不鼓励比特币地址重复使用,所以比特币地址对应的私钥自然会比较多,而非确定性钱包管理这些私钥比较麻烦,备份也不方便。

(2) 第二种类型是确定性钱包(deterministic wallet)
- ☆ 钱包中所有的私钥都是从一个私钥种子(seed)通过哈希算法生成的,该类型钱包中所有的私钥都相互关联。因此备份该类型钱包非常容易,只要备份私钥种子,就可以利用种子一次性恢复所有的私钥。
- ☆ 确定性钱包根据不同的密钥推导方法,分为普通型确定性钱包和层级确定性钱包(Hierarchical Deterministic Wallet,HD 钱包)。
- ☆ 对于普通型确定性钱包,私钥种子直接生成所有私钥。
- ☆ 最常用的推导方法是树状结构,这就是层级确定性钱包。它的私钥保存在一个树形结构中,由一个总私钥生成父私钥,父私钥生成子私钥。
- ☆ 确定性钱包由种子衍生创造。为了便于使用,种子被编码为英文单词,称为助记词。
- ☆ HD 钱包有两个主要的优势。
  - 第一,树状结构可以被用来表达额外的组织含义。
  - 第二,HD 钱包允许使用者建立一个公共密钥的序列,而不需要访问相对应的私钥。

2. 根据部署的平台分类

① 桌面钱包。
- ☆ 桌面钱包分为厚钱包和薄钱包。
- ☆ 厚钱包下载整条区块链并进行完整的交易校验。厚钱包主要有 Bitcoin Core、Armory 钱包。
- ☆ 薄钱包不下载整条区块链,而是采用如 SPV 等方式验证支付交易,如 Multibit 钱包、Electrum 钱包。
- ☆ 厚钱包的优点是安全,缺点是数据保存和验证的开销成本大;薄钱包的优点是灵活高效,缺点是安全性不高。

② 手机钱包(移动钱包)。
- ☆ 运行在智能手机上的轻量级钱包。由于运行资源有限,手机钱包不会下载整条区块链,而采用 SPV(Simplified Payment Verification,简化支付验

证)的方法验证交易,因此这类钱包也叫作 SPV 钱包。

☆ SPV:用户不需要验证交易,只是连接到一个可信任的节点,从该节点下载所有的区块头信息。用户根据区块头信息的查询,以及该区块的交易确认数来验证支付的真伪。

③ 在线钱包(互联网钱包)。

☆ 在线钱包也不下载整条区块链,而是依托第三方平台提供对用户隐私的保护。

☆ 在线钱包的优点是可以在任何地方、任何设备管理钱包,使用灵活方便;缺点是安全性不高。

☆ 在线钱包有 Blockchain.info 提供的互联网钱包以及 CoinCornet 等。

④ 硬件钱包。

⑤ 纸钱包。纸钱包用于将私钥进行冷备份,防范由于电子设备损坏造成的私钥丢失。

⑥ 脑钱包。

3. 根据钱包的自主程度以及如何与比特币网络进行交互分类

① 全节点客户端。
② 轻量级客户端。
③ 第三方 API 客户端。

5.6 比特币核心钱包

5.6.1 Bitcoin Core 的安装

比特币官方钱包客户端的原名是 Bitcoin-QT,现在更名为 Bitcoin Core(比特币核心)钱包,目前最新版本是 0.16.0 版本。

Bitcoin Core 钱包是完整的、安全的比特币钱包客户端,但是,它的区块链数据文件(blockchain)体积庞大,故它不适合普通的比特币用户使用。

(1) 首先,到比特币官方网站(https://bitcoin.org/zh_CN/download)下载钱包,注意选择 32 位或者 64 位。

(2) 安装钱包,然后启动钱包,设置数据存储位置。安装完毕就可以同步数据,截至 2018 年 4 月区块总数达到 52 万多,需要 205 GB 以上的空间。

(3) 下载区块链的数据文件。新安装的比特币核心客户端需要同步数据,这是一个漫长的过程。对于一般的使用者来说,无须安装全节点的客户端,推荐使用 multibit 等轻客户端。

(4) 加密钱包。

① 数据同步完成后,钱包才能正常工作,这时请立即设置密码并备份钱包。

② 一个好的密码应该包括 16 位以上(最好 20 位以上)的大小写字母、数字及特殊符号,并且不要使用生日、名字、证件号码等易被猜测的密码。警告:遗忘密码等于丢失所有比特币。

(5) 进行交易。

① 在"发送"选项卡,可以把比特币发送给其他比特币用户。请注意:交易一经确认,无法逆转!请仔细确认交易信息。系统可能根据情况征收交易费,请选择支付。(一般情况是 0.0001BTC,万分之一比特币。)

② 在"接收"选项卡,我们可以获取自己的钱包地址。直接单击"请求付款",将生成一个新的地址。用户可以将这个地址给别人,让他们向自己发送比特币。

③ 单击"请求付款"按钮,即可显示接收地址和二维码了,如图 5.2 所示。

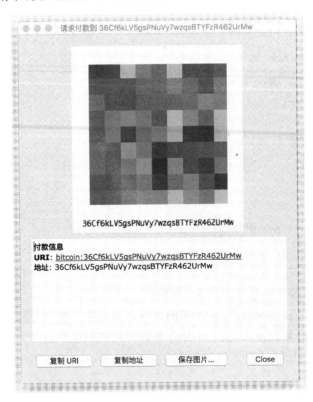

图 5.2　Bitcoin Core 请求付款界面

5.6.2　Bitcoin Core 客户端目录结构

1. 数据区块文件的位置

如果用户用的是 Bitcoin Core 客户端，那么数据区块的信息就存在用户的计算机里面。每次当用户打开 Bitcoin Core 时，数据区块都会跟整个 P2P 网络分布式数据库同步。根据操作系统的不同，数据区块目录 blocks 的一般存放路径为：

① Windows：%APPDATA%\Bitcoin\；
② Linux：~/.bitcoin/；
③ Mac OS：~/Library/Application Support/Bitcoin/。

2. 打开数据区块文件

（1）blocks 目录

☆ blocks/blk*.dat：区块数据。该目录下可以看到很多名为 blk××××.dat 的文件，这些文件中保存了每个区块的完整数据。保存在磁盘上的这些数据，同时还提供给其他正在同步的节点。

☆ blocks/rev*.dat：these contain "undo" data。

（2）index 目录

blocks/index/*.ldb：区块索引文件。该目录下存放的是 LevelDB 数据库文件，它包含关于所有已知块的元数据，以及它们在磁盘上的位置。如果没有这些索引文件，找到一个块将会非常缓慢。

（3）chainstate 目录

chainstate/*.ldb：交易状态数据。该目录下存放的是 LevelDB 数据库文件，它包含所有 UTXO 交易信息，以及这些交易信息的元数据。这对于交易验证非常必要。如果没有它，理论上仍然可以进行交易验证，但这意味着要对每一个输出进行一次完整的扫描（到 2018 年 4 月，区块数据大小已经达到 200 多吉比特）。

（4）其他文件

☆ bitcoin.coinf，比特币客户端的配置文件。
☆ debug.log，调试信息文件，各种日志均写入该文件中。
☆ peers.dat，节点的信息。
☆ wallet.dat，钱包文件，保存用户私钥和交易记录，非常重要。
☆ testnet3 目录，测试链的数据目录（bitcoin.coinf 配置 testnet=1 即可使用测试网络）。

Bitcoin Core 数据区块目录如图 5.3 所示。

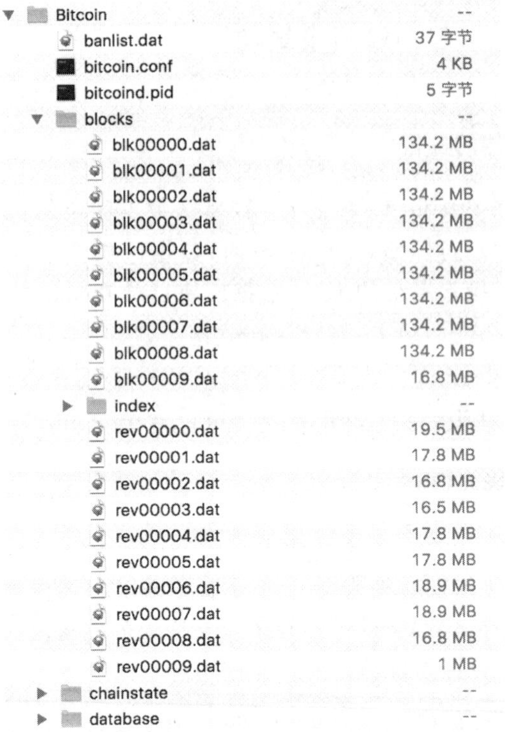

```
▼ 📁 Bitcoin                          --
    🗎 banlist.dat                    37 字节
    ⬛ bitcoin.conf                   4 KB
    ⬛ bitcoind.pid                   5 字节
    ▼ 📁 blocks                       --
        🗎 blk00000.dat               134.2 MB
        🗎 blk00001.dat               134.2 MB
        🗎 blk00002.dat               134.2 MB
        🗎 blk00003.dat               134.2 MB
        🗎 blk00004.dat               134.2 MB
        🗎 blk00005.dat               134.2 MB
        🗎 blk00006.dat               134.2 MB
        🗎 blk00007.dat               134.2 MB
        🗎 blk00008.dat               134.2 MB
        🗎 blk00009.dat               16.8 MB
        ▶ 📁 index                    --
        🗎 rev00000.dat               19.5 MB
        🗎 rev00001.dat               17.8 MB
        🗎 rev00002.dat               16.8 MB
        🗎 rev00003.dat               16.5 MB
        🗎 rev00004.dat               17.8 MB
        🗎 rev00005.dat               17.8 MB
        🗎 rev00006.dat               18.9 MB
        🗎 rev00007.dat               18.9 MB
        🗎 rev00008.dat               16.8 MB
        🗎 rev00009.dat               1 MB
    ▶ 📁 chainstate                   --
    ▶ 📁 database                     --
```

图 5.3 Bitcoin Core 数据区块目录截图

3. 数据区块结构(blk*.dat 文件)

使用 UltraEdit 编辑器打开数据区块,可以显示区块文件的 16 进制数据。

① 每一个数据区块都记录了 6 项内容:神奇数(魔法数)、区块大小、区块头部信息、交易计数、交易详情。

② 数据库区块表结构如表 5.1 所示。

表 5.1 数据库区块表结构

子结构名称	作用说明	大小
神奇数	神奇数总是等于 0xD9B4BEF9,为区块之间的分隔符	4 字节
区块大小	记录了当前区块的大小	4 字节
数据区块头部信息	记录了当前区块的头部信息,其 Hash 值是下一个新区块的参数	80 字节
交易计数	当前区块所记录的交易数	1~9 字节
交易详情	记录了当前区块保存的所有交易细节	无特定参考值

③ 比特币主网络上的神奇数固定是 0xD9B4BEF9，在区块链文件中为小头位序排列，显示为 F9 BE B4 D9（见图 5.4）。在比特币测试链上神奇数是 0x0709110B（小头位序排列格式为 0B 11 09 07）。

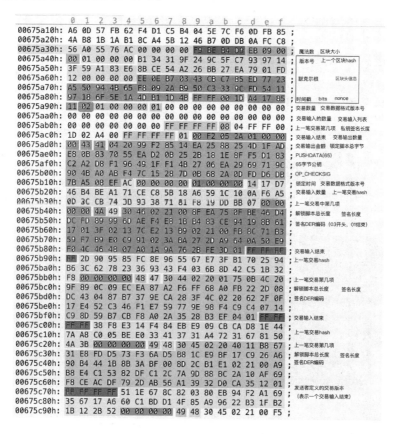

图 5.4 blk*.dat 文件结构解析图

④ Bitcoin 区块存储在目录 blocks 下，每个 blk*.dat 文件的大小都在 134 MB 左右。这些文件如同一个个容器，依据区块的高度逐一将区块数据存储其中，当存满 134 MB 左右时，就创建一个新的 dat 文件，将数据存储其中。这些文件在命名上依次递增。

⑤ blocks 目录下的 blk*.dat 文件中具体存多少个区块的信息呢？其实每个文件中存储的区块个数不一，有的文件存储几百个，而有的文件存储几万个。以比特币测试链为例，截至 2018 年 5 月，区块总数达到 129 万个，保存全部的区块数据一共产生了 88 个 dat 文件，平均每个 dat 文件需要存储区块 15 000 个。每个 dat 文件中具体存储区块的个数根据区块大小而定。这些文件中的区块也并非完全按照区块高度依次存储，会出现错位存储。这应该是由数据同步时节点间网络通畅程度决定的。

5.7 bitcoin-cli 命令

5.7.1 进入 Bitcoin Core 的 RPC 控制台

Bitcoin Core 控制台窗口如图 5.5 所示。

图 5.5 Bitcoin Core 控制台窗口

5.7.2 执行 bitcoin-cli 命令

bitcoin-cli 命令(108 条):

一、= = Blockchain = =

1. getbestblockhash
2. getblock "blockhash" (verbosity)
3. getblockchaininfo
4. getblockcount
5. getblockhash height
6. getblockheader "hash" (verbose)
7. getchaintips

8. getchaintxstats (nblocks blockhash)
9. getdifficulty
10. getmempoolancestors txid (verbose)
11. getmempooldescendants txid (verbose)
12. getmempoolentry txid
13. getmempoolinfo
14. getrawmempool (verbose)
15. gettxout "txid" n (include_mempool)
16. gettxoutproof ["txid",…] (blockhash)
17. gettxoutsetinfo
18. preciousblock "blockhash"
19. pruneblockchain
20. savemempool
21. verifychain (checklevel nblocks)
22. verifytxoutproof "proof"

二、== Control ==

1. getmemoryinfo ("mode")
2. help("command")
3. logging(<include> <exclude>)
4. stop
5. uptime

三、== Generating ==

1. generatenblocks (maxtries)
2. generatetoaddress nblocks address (maxtries)

四、== Mining ==

1. getblocktemplate (TemplateRequest)
2. getmininginfo
3. getnetworkhashps (nblocks height)
4. prioritisetransaction <txid> <dummy value> <fee delta>
5. submitblock "hexdata" ("dummy")

五、== Network ==

1. addnode "node" "add|remove|onetry"
2. clearbanned
3. disconnectnode "[address]" [nodeid]
4. getaddednodeinfo ("node")
5. getconnectioncount
6. getnettotals
7. getnetworkinfo
8. getpeerinfo
9. listbanned
10. ping
11. setban "subnet" "add|remove" (bantime) (absolute)
12. setnetworkactive true|false

六、== Rawtransactions ==

1. combinerawtransaction ["hexstring",…]
2. createrawtransaction [{"txid":"id","vout":n},…] {"address": amount,"data":"hex",…} (locktime) (replaceable)
3. decoderawtransaction "hexstring" (iswitness)
4. decodescript "hexstring"
5. fundrawtransaction "hexstring" (options iswitness)
6. getrawtransaction "txid" (verbose "blockhash")
7. sendrawtransaction "hexstring" (allowhighfees)
8. signrawtransaction "hexstring" ([{"txid":"id","vout":n,"scriptPubKey":"hex","redeemScript":"hex"},…] ["privatekey1",…] sighashtype)

七、== Util ==

1. createmultisig nrequired ["key",…]
2. estimatefee nblocks
3. estimatesmartfee conf_target ("estimate_mode")
4. signmessagewithprivkey "privkey" "message"
5. validateaddress "address"
6. verifymessage "address" "signature" "message"

八、== Wallet ==

1. abandontransaction "txid"
2. abortrescan
3. addmultisigaddress nrequired ["key",…] ("account" "address_type")
4. backupwallet "destination"
5. bumpfee "txid" (options)
6. dumpprivkey "address"
7. dumpwallet "filename"
8. encryptwallet "passphrase"
9. getaccount "address"
10. getaccountaddress "account"
11. getaddressesbyaccount "account"
12. getbalance ("account" minconf include_watchonly)
13. getnewaddress ("account" "address_type")
14. getrawchangeaddress ("address_type")
15. getreceivedbyaccount "account" (minconf)
16. getreceivedbyaddress "address" (minconf)
17. gettransaction "txid" (include_watchonly)
18. getunconfirmedbalance
19. getwalletinfo
20. importaddress "address" ("label" rescan p2sh)
21. importmulti "requests" ("options")
22. importprivkey "privkey" ("label") (rescan)
23. importprunedfunds
24. importpubkey "pubkey" ("label" rescan)
25. importwallet "filename"
26. keypoolrefill (newsize)
27. listaccounts (minconf include_watchonly)
28. listaddressgroupings
29. listlockunspent
30. listreceivedbyaccount (minconf include_empty include_watchonly)
31. listreceivedbyaddress (minconf include_empty include_watchonly)
32. listsinceblock ("blockhash" target_confirmations include_watchonly include_removed)

33. listtransactions ("account" count skip include_watchonly)
34. listunspent (minconf maxconf ["addresses",…] [include_unsafe] [query_options])
35. listwallets
36. lockunspent unlock ([{"txid":"txid","vout":n},…])
37. move "fromaccount" "toaccount" amount (minconf "comment")
38. removeprunedfunds "txid"
39. rescanblockchain ("start_height") ("stop_height")
40. sendfrom "fromaccount" "toaddress" amount (minconf "comment" "comment_to")
41. sendmany "fromaccount" {"address":amount,…} (minconf "comment" ["address",…] replaceable conf_target "estimate_mode")
42. sendtoaddress " address" amount (" comment" " comment _ to" subtractfeefromamount replaceable conf_target "estimate_mode")
43. setaccount "address" "account"
44. settxfee amount
45. signmessage "address" "message"
46. walletlock
47. walletpassphrase "passphrase" timeout
48. walletpassphrasechange "oldpassphrase" "newpassphrase"

5.8　bitcoind 的定义

比特币官方客户端有两个版本：一个是图形界面版本，通常被称为 Bitcoin（首字母大写），另一个是简洁命令行版本，称为 bitcoind（bitcoin daemon，比特币后台服务/守护程序）。

图形界面 Bitcoin 客户端与 bitcoind 命令行相互间是兼容的，有着同样的命令行参数，读取相同的配置文件，也读写相同的数据文件。

在一台计算机中只能运行 Bitcoin 客户端或 bitcoind 客户端中的一个。如果尝试同时运行另外一个客户端，则计算机会提示用户已经有一个客户端在运行并且会自动退出。

① 启动比特币服务：

bitcoind -daemon　　#开启比特币守护进程（比特币后台程序）

② 启动测试网络服务：

bitcoind -testnet -daemon

③ 查看 RPC 命令：

bitcoin-cli help

④ 关闭测试网络服务：

bitcoin-cli -testnet stop

5.9 bitcoin-cli 高级命令

① getblockcount

获取当前比特币客户端同步的区块总数。

② getbestblockhash

获取当前比特币客户端最新区块的 Hash 值。

③ getblockhash 0

☆ 获取高度为 100 的区块的 Hash 值。

☆ 返回值为 000000000933ea01ad0ee984209779baaec3ced90fa3f408719526f8
d77f4943。

④ getblock 000000000933ea01ad0ee984209779baaec3ced90fa3f408719526f8d7
7f4943

根据 Hash 值获取该区块的信息。

⑤ getblockheader 000000000933ea01ad0ee984209779baaec3ced90fa3f4087195
26f8d77f4943

根据 Hash 值获取该区块的信息头数据。

⑥ getdifficulty

获取区块的挖矿难度。

⑦ getrawtransaction f0315ffc38709d70ad5647e22048358dd3745f3ce3874223c
80a7c92fab0c8ba

error code：-5

error message：

No suchmempool transaction. Use -txindex to enable blockchain transaction queries. Use gettransaction for wallet transactions.

备注

错误信息是由于没有通过该交易 ID 找到该交易对应的索引产生的。需要对所有区块中的交易信息重新创建索引，这样索引信息就会完整，查询就会正常。

⑧ getnewaddress

☆ 随机获取比特币地址。

☆ 例如返回：2N9A2Gbo9XrED7qugCoBJD8kTn1LS61v6qv。

⑨ getbalance 2N9A2Gbo9XrED7qugCoBJD8kTn1LS61v6qv

☆ 获取某比特币地址中的余额，单位精确到"聪"。

☆ 例如返回：0.00000000。

⑩ getwalletinfo

获取钱包信息。

⑪ listunspent

返回当前钱包中的UTXO，如果没有未花费交易则返回"[]"。

⑫ listtransactions

返回当前钱包中的所有交易信息列表，如果没有交易信息则返回"[]"。

⑬ dumpprivkey 2N9A2Gbo9XrED7qugCoBJD8kTn1LS61v6qv

返回自己的比特币地址对应的私钥。

⑭ validateaddress 2N9A2Gbo9XrED7qugCoBJD8kTn1LS61v6qv

验证某个比特币地址的正确性。

⑮ signmessagewithprivkey "cSL5seMEhcuF9jHYnfvDTxXfx8fbfR3XATHPV8juxaptXUXDGi6G" "Steven"

通过私钥对消息进行签名。

⑯ verifymessage " 2N9A2Gbo9XrED7qugCoBJD8kTn1LS61v6qv" " H＋nGBrKYinFxS ＋ pYBehKy2lF71PdYuimaqXO98FwTlI9CkW5ooqV229a ＋0syOMxXEBFPiUsWz7eqjh＋Nll8mGP0=" "Steven"

验证签名消息。

⑰ encryptwallet "StevenLoveYou"

☆ 给钱包设置加密口令。

☆ 加密后bitcoind将停止服务，需要重新启动bitcoind的服务才能正常查询。

⑱ walletpassphrase "StevenLoveYou" 120

☆ 对于设置了钱包口令的客户端，如果执行类似返回私钥等命令，需要先输入钱包口令。

☆ 参数分别为口令及延迟时间。

备注

此外，还有其他跟交易相关的bitcoin-cli高级命令，如：

bitcoin-cli createrawtransaction；

bitcoin-cli signrawtransactionwithwallet；

bitcoin-cli sendrawtransaction。

这些将在第 7 章中进行讲解。

5.10 参 考 资 料

- http://zhibimo.com/read/wang-miao/mastering-bitcoin/Chapter05.html
- http://8btc.com/article-1702-1.html
- http://blog.codinglabs.org/articles/bitcoin-mechanism-make-easy.html
- http://lib.csdn.net/article/blockchain/45809
- http://learnmeabitcoin.com/glossary/blkdat

第6章
比特币交易及交易脚本

比特币交易是比特币系统中最重要的部分。根据比特币系统的设计原理,系统中任何其他的部分都是为了确保比特币交易可以被生成,能在比特币网络中得以传播和通过验证,并最终添加到比特币区块链上。区块上的数据主要就是区块头和交易信息。区块头信息是实现区块在链上有序排列的关键,而交易记录的保存则是区块链真正的价值体现。如何才能看懂看似杂乱的区块原始16进制文件?关键就是要能做到正确解析区块的数据结构以及交易的数据结构。本章将带领大家深入了解比特币交易,学习交易脚本,而这些内容也正是区块链2.0智能合约的雏形。然后本章再带着大家学习各种交易脚本类型下数据结构的解析,这样我们就再也不用一看到区块原始数据就一头雾水了。在本章我们要学会正确解析区块数据,为后续的开发打下坚实的基础。

本章重点为大家介绍如下内容:
- 比特币交易的流程;
- 比特币交易脚本;
- 各种交易类型下的交易数据结构解析;
- 比特币交易构造流程。

6.1 比特币交易的流程

6.1.1 比特币交易的本质

(1) 交易,简单地说就是把比特币从一个地址转到另一个地址,准确地说,一笔交易指一个经过签名运算的、表达价值转移的数据结构。

（2）交易实质上是包含了一组输入列表和输出列表的数据结构，也就是转账记录。

① 比特币交易都是由 inputs（输入）、outputs（输出）组成的。可以简单地理解为发币地址是输入，收币地址是输出。

② inputs 用来追溯上一笔交易，以便明确转出者是否有权动用这笔钱；outputs 用来进行一次新的加密，加密后只有收款者才能解密并动用这笔钱。

③ 输入中包含解锁脚本（unlocking script），输出中包含锁定脚本（locking script）。

④ 锁定脚本往往含有一个公钥或比特币地址，所以曾经被称为公钥脚本，在代码中常用 scriptPubKey 表示。

⑤ 解锁脚本往往是支付方用自己的私钥所做的签名，所以曾被称为签名脚本，代码中用 scriptSig 表示。

⑥ 在一个交易中，锁定脚本相当于加密难题，解锁脚本相当于计算出锁定脚本的题解。但解锁脚本的题解是针对上一笔交易输出中产生的加密难题的题解的，而并非当前交易。比特币交易中的输入和输出（即解锁脚本和锁定脚本）如图 6.1 所示。

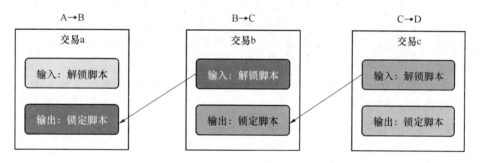

图 6.1　比特币交易中的输入与输出

（3）每一笔交易都经过比特币网络传输，由矿工节点收集、打包并上链，最终永久保存在区块链上。

6.1.2　比特币交易的生命周期

交易流程就是交易的生命周期。区块链的交易并不是通常意义上的一手交钱一手交货的交易，而是转账。比特币的交易可以包含多个输入和输出，可以理解成一笔交易可以有多个银行卡的资金来源，并且一次交易可以转账给多个人。

比特币交易的生命周期包括创建交易、广播交易、打包交易、交易上链、交易回退。

1. 创建交易

① 支付方 A 的客户端钱包先搜索 A 用户的 UTXO 列表信息，找寻 A 是否有足够的资金进行支付。

② 如果 A 有 UTXO，那么 A 需要用自己的私钥，对每一个 UTXO 做签名，同时附加上每一个 UTXO 对应的公钥，以证明自己对该笔资金具有使用权。这些签名后信息附加在 A 的支付方地址上，这就是解锁脚本。

③ A 在给收币方 B 转账的过程中，会在转账金额末尾附加一个加密难题，从而将该笔转账资金进行锁定，只有满足条件的人才有权使用该笔资金，这就是锁定脚本。锁定脚本中一般锁定的是收币方的公钥或公钥 Hash 值。

④ 比特币交易中的每个输出可以设置多个加密难题，那么该输出下次被使用时就需要多个签名来解密。

⑤ 交易一旦被创建也就意味着交易的生命周期开始了。

2. 广播交易

① 比特币交易被创建后，会被广播到比特币网络中，网络中邻近的全节点接收到交易信息，先放到本地的内存，然后对交易进行验证，比如这笔交易的 input 中引用的交易是否属于 UTXO。若验证不成功，则交易会被认为是 invalid transaction——无效交易。若验证成功，则交易会被认为是 unconfirm transaction——未确认交易，未确认交易会被放置在节点的有效交易池中等待被打包。

② 比特币是一种全网记账的系统，因此每笔交易发生后，会在全网广播。每一个收到交易的比特币节点都会首先验证交易，有效的交易将被传递到邻近的节点，这确保了只有有效的交易才会在网络中传播，而无效的交易将会在第一个节点处就被废弃。周边的全节点接到这笔交易后，也一样先放入内存进行验证，验证通过再放入有效交易池中等待被打包。

知识回顾

☆ 比特币交易中的基础构建单元是交易输出，比特币完整节点跟踪所有可找到的和可使用的输出，称为未花费的交易输出（unspent transaction outputs），即 UTXO。每一次交易都代表 UTXO 集的变化。

☆ 钱包"收到"比特币，其实意味着钱包检测到了可用的 UTXO。通过钱包所控制的密钥，可以把这些 UTXO 都花出去。因此，用户的比特币"余额"是指用户钱包中可用的 UTXO 总和。

☆ 全节点客户端中，chainstate 目录下的 *.ldb 文件中存放的就是 UTXO 记录。

☆ 一个 UTXO 可以是 1"聪"（satoshi）的任意倍数（整数倍）。尽管 UTXO 可以是任意值,但一旦被创造出来,即不可分割。UTXO 值得被强调的一个重要特性:一个 UTXO 只能在一次交易中作为一个整体被消耗。

☆ 如果一个 UTXO 比一笔交易所需量大,它仍会被当作一个整体而消耗掉,但同时会在交易中生成零头,这就是比特币交易的找零机制。

3. 打包交易

挖矿节点每次开始挖矿就按一定的优先级次序从交易池中抽取近千笔未确认交易,打包进区块,打包时会将上一个区块的 Hash 值也加入包中,然后开始执行挖矿。

4. 交易上链

① 争夺记账权。挖矿节点利用工作量证明来争夺记账权。当挖矿成功,该节点生成新区块后,整个过程并没有结束,该节点接下来会发起一次全网记账。

② 全网记账。挖矿成功的节点将新区块的数据记录在自己的硬盘上,并同时将数据广播至全网,周边的节点接收到之后再将其传递给其他周边的节点,直到全网都收到这个信息。接收到信息的节点对新区块数据进行核对。验证通过后,各个节点将该区块数据追加到比特币主链的最后端,其实就是记录到自己节点的硬盘中,这样来确保本地的区块链数据更新为最新的数据。

③ 更新交易池。挖矿节点在接收并验证新区块数据后,会检查自己内存池中的全部交易,移除已经在新区块中出现过的交易记录,确保任何留在内存池中的交易都是未确认的。而那些被移除的交易记录其实就获得了一次交易"确认"。

④ 更新 UTXO 索引。每一次交易都代表着 UTXO 集合的变化,交易结束,节点会更新 UTXO 索引。

把包含在区块内且被添加到区块链上的交易称为"确认交易",交易经过 6 次"确认"之后,就认为交易是安全不可更改的,此时交易接收方就能花费他在交易中得到的比特币。至此交易就永久地被保存在了区块链上,而不能被篡改和删除,也就意味着交易的生命周期结束了。

5. 交易回退

如果不巧出现临时分叉,则等到最长链诞生后,分叉的区块会断链并将其中记录的交易回退到交易池中,等待重新被打包上链。

6.1.3 比特币交易的规则

比特币交易必须符合以下规则。

① 交易的输入和输出不能为空。

② 交易中的每个输入,其对应的上一笔输出必须是 UTXO。

③ 交易的每个输入,如果其对应的 UTXO 能在当前交易池中找到,则拒绝该笔交易。因为当前交易池是未被记录在区块链中的交易,所以也被确认为是 UTXO。如果同一笔 UTXO 出现在当前交易池中多次,那么该笔资金就有可能被成功交易多次,就形成了"双花"交易,这是绝对不允许的。所以即便交易的输入是 UTXO,只要被发现该 UTXO 在当前交易池中存在,则该笔交易被拒绝放入交易池。

④ 交易中每个输入的解锁脚本必须和上一笔交易输出中的解锁脚本共同验证交易的合法性。

6.1.4 交易验证的过程

(1) 交易验证的必要性。

一笔交易就是一个地址的比特币转移到另一个地址。由于比特币的交易记录全部都是公开的,所以哪个地址拥有多少比特币,都是可以查到的。因此,支付方是否拥有足够的比特币完成这笔交易,这是可以轻易验证的。问题出在怎么防止一些人冒用别人的名义申报交易。举例来说,有人申报了一笔交易:地址 A 向地址 B 支付 10 个比特币。怎么知道这个申报是真的,申报人就是地址 A 的主人呢?这就需要交易验证。

(2) 比特币协议规定,申报交易的时候,支付方必须提供以下数据:

① 本次交易双方的地址;

② 上一笔交易的 Hash 值(证明该笔资金的合法来源);

③ 支付地址所对应的公钥;

④ 支付方用私钥生成的数字签名;

⑤ 交易金额;

⑥ 支付方给收币方出的锁定难题。

(3) 验证交易是否属实需要 3 步(以 P2PKH 交易为例)。

① 第一步,找到上一笔交易,确认支付方的比特币来源是 UTXO。

② 第二步，算出支付方公钥的指纹，也就是公钥 Hash 值，与上一笔交易中锁定脚本的公钥 Hash 值进行比对，从而保证公钥属实。

③ 第三步，使用公钥去解开数字签名，保证签名属实。

经过上面 3 步就可以认定这笔交易是真实的。

6.1.5　比特币交易的优先级

所有验证通过的交易首先被放到挖矿节点的交易池中，节点按照优先级次序来打包交易。那么采用什么样的优先级原则呢？其实这个问题已经在讲解比特币系统架构的内存池时讲过，在此需要强调以下几点。

① 交易被打包的优先级取决于交易的输入对应的 UTXO 的链龄以及交易手续费。

② UTXO 的链龄以该交易所在区块的深度来计算，深度越大，链龄就越大。

③ 高优先级的交易即便交易费为零也会被优先打包进区块。因为即便交易费为零的交易其优先级不高，但最终也会因为链龄的增加而被打包。

6.2　比特币交易脚本

6.2.1　比特币交易脚本概述

① 脚本是区块链上实现自动验证、自动执行合约的重要技术。每一笔交易的每一项输出严格意义上并不是指向一个地址，而是指向一个脚本。

② 脚本类似一套规则，它约束着接收方怎样花掉这个输出上锁定的资产。它分布运行在区块链网络的每一个节点上。

③ 交易的合法性验证全依赖于交易脚本。

④ 比特币中的脚本机制相对简单，是基于逆波兰表示法、堆栈式的解释相关 OP 指令的引擎。

☆ 基于堆栈的语言指令只按顺序执行一次，没有循环或跳转指令，是被特意设计成图灵不完备的脚本语言。

☆ 虽然比特币脚本规则不多，不能实现复杂的逻辑，但是它为区块链可编程提供了一个原型，后续的可编程区块链项目是基于脚本的原理发展起来的。

⑤ 以太坊智能合约就是深入增强了的脚本机制。脚本机制里不单单是简单的 OP 指令,而是一套图灵完备的脚本语言,该脚本语言可以通过"虚拟机"执行。所以说比特币交易脚本是智能合约的雏形;以太坊则实现了一个支持图灵完备性脚本语言的区块链平台。

⑥ 比特币脚本语言非常小,只有 256 个指令,每个指令一字节长。这 256 个指令中 75 个是保留指令,15 个已经废弃,可用的有 160 多个。

6.2.2 比特币交易脚本中常用的指令

① OP_DUP　(duplicate)0x76　复制栈顶元素

② OP_HASH160　(hash)0xa9　弹出栈顶元素,先进行 SHA-256 哈希计算,再进行 RIPEMD-160 哈希处理,将结果压入栈。

③ OP_EQUALVERIFY　(equal verify)0x88　弹出栈顶两个元素,如果两个元素内容一致,则返回 true(true=1),脚本继续执行;否则返回 0,脚本中断执行。

④ OP_CHECKSIG　(check signature)0xac　弹出栈顶两个元素,用公钥检查输入中的签名,验证该签名是否是拥有该公钥的用户用其私钥签署的。如果公钥与签名匹配,则返回 1,将 true 压入栈顶;否则返回 0,将空字节压入栈顶。

⑤ OP_CHECKMULTISIG　(check multiple signature)0xae　用多个公钥检查多重签名的正确性。

⑥ OP_RETURN　(return)0x6a　标记交易无效。

⑦ OP_PUSH　下面多少字节要被压入堆栈。

⑧ OP_TRUR/OP_1　数字 1 被压入堆栈。

⑨ OP_FALSE/OP_0　一字节空串被压入堆栈。

6.2.3 简单数学运算的脚本执行过程

(1) 执行简单的数学运算,判断"2+3 是否等于 5",写成脚本:2 3 OP_ADD 5 OP_EQUAL。脚本执行过程如下。

① 将常量 2 压入栈。

② 将常量 3 压入栈。

③ 执行 OP_ADD 指令,弹出栈顶两个元素 2 和 3,将其相加,相加后的结果 5 被压入栈顶。

④ 将常量 5 压入栈顶。

⑤ 执行 OP_EQUAL 指令,弹出栈顶两个元素 5 和 5,判断两者是否相等,两

者相等,则将 true(true=1)压入栈顶。

⑥ 任何解锁和锁定脚本的组合如果结果为真(true),则有效。

比特币交易脚本执行简单数学运算如图 6.2 所示。

(2) 较复杂的常量运算脚本:2 7 OP_ADD 3 OP_SUB 1 OP_ADD 7 OP_EQUAL。

① 将常量 2 压入栈。

② 将常量 7 压入栈。

③ 执行 OP_ADD 指令,弹出栈顶两个元素 2 和 7,将其相加,相加后的结果 9 被压入栈顶。

④ 将常量 3 压入栈顶。

⑤ 执行 OP_SUB 指令,弹出栈顶两个元素 9 和 3,将两者相减,也就是 9-3,相减后的结果 6 被压入栈顶。

⑥ 将常量 1 压入栈。

⑦ 执行 OP_ADD 指令,弹出栈顶两个元素 6 和 1,将其相加,相加后的结果 7 被压入栈顶。

⑧ 将常量 7 压入栈。

⑨ 执行 OP_EQUAL 指令,弹出栈顶两个元素 7 和 7,判断两者是否相等,两者相等,则将 true(true=1)压入栈顶。

6.2.4　比特币交易的脚本执行过程

下面以 P2PKH 交易为例介绍比特币交易的脚本执行过程。

(1) A 向 B 转账,该笔交易的输出中包含以下锁定脚本:OP_DUP OP_HASH160 <B Public Key Hash> OP_EQUALVERIFY OP_CHECKSIG。

(2) B 要使用这笔被 A 转账时锁定的资产,必须在交易输入中有相应的解锁脚本:<B Signature> <B Public Key>。

(3) 将两个脚本结合形成组合验证脚本。

☆ 先执行输入脚本(解锁脚本),再执行输出脚本(锁定脚本),脚本从左至右执行。

☆ <B Signature> <B Public Key> OP_DUP OP_HASH160 <B Public Key Hash> OP_EQUALVERIFY OP_CHECKSIG

(4) 组合脚本执行过程如下。

① 将 B 的签名 sig 压入栈顶。

② 将 B 的公钥 PubK 压入栈顶。

③ 执行 OP_DUP 指令,复制栈顶元素(即 B 的公钥),形成新的栈顶元素

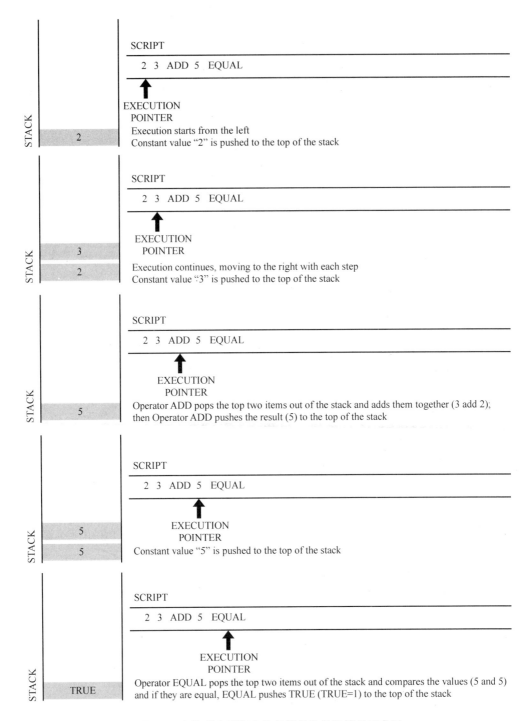

图 6.2 比特币交易脚本执行简单数学运算的示意图

PubK。

④ 执行 OP_HASH160 指令。弹出栈顶元素 PubK，先进行 SHA-256 哈希计算，再进行 RIPEMD-160 哈希处理，将结果 PubKHash 压入栈。

⑤ 将 B 的公钥 Hash 值压入栈顶，形成新的栈顶 PubKHash2。

⑥ 执行 OP_EQUALVERIFY 指令。弹出当前栈顶两个元素 PubKHash2 和 PubKHash，判断两者是否一致，如果两者内容一致，则返回 1，脚本继续执行；否则返回 0，脚本中断执行。

⑦ 执行 OP_CHECKSIG 指令。弹出栈顶当前两个元素 sig 和 PubK，用 PubK 公钥对 sig 签名进行校验，验证该签名是否是拥有该公钥的用户用对应的私钥签署的。如果签名符合条件，则将 true(true=1)压入栈顶。

比特币 P2PKH 交易脚本执行过程如图 6.3 所示。

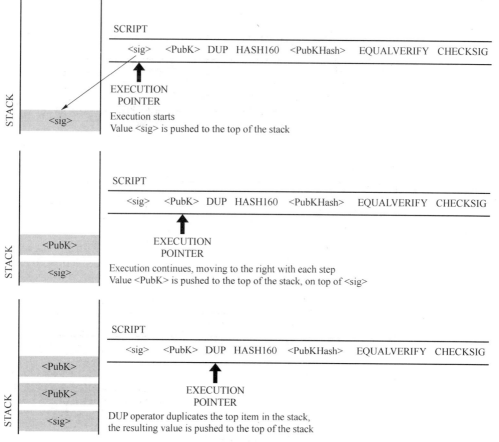

(a)

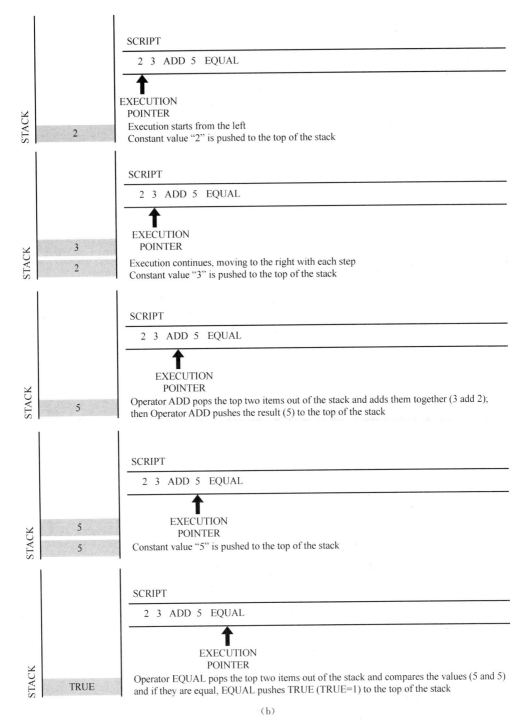

(b)

图 6.3 比特币 P2PKH 交易脚本执行示意图

6.2.5 比特币交易类型(交易脚本的类型)

比特币交易目前支持的几种交易标准分别是 P2PK、P2PKH、P2SH 和 Coinbase 交易(挖矿交易)。早期交易通常是 P2PK 交易,后来以 P2PKH 为主,P2SH 未来会有很多应用场景,Coinbase 交易一直存在。

1. P2PK(Pay to Public Key)

① 支付到公钥的交易。

② 在支付到 pubkey 的脚本中,锁定脚本中 P2PK 是接收方公钥本身,解锁脚本中 P2PK 是支付方的签名。

③ 交易验证过程就是用签名与公钥进行匹配校验。

☆ 锁定脚本的意思是只有拥有这个公钥的人才能花费其中的资产。

☆ 要花费这笔资产,需要证明自己是公钥所有者。那么可以用私钥来验证,但是私钥是不能公开到网络中的,于是用私钥生成的签名来替代私钥。如果签名与该公钥匹配,那么就证明了支付方确实是该公钥的拥有者。

☆ 这在早期的比特币中很常见,最初是由矿工默认创建的脚本类型,现在的标准是使用支付到 pubkey 哈希(P2PKH)的脚本。

④ 脚本规则如下。

☆ scriptPubKey:< PubKey > OP_CHECKSIG。

☆ scriptSig:< sig >。

☆ 组合后脚本;< sig >< PubKey > OP_CHECKSIG。

⑤ blockchain.info 中显示格式。

☆ 输出脚本:PUSHDATA(65)[130 位的非压缩公钥] CHECKSIG。

☆ 输入脚本:ScriptSig:PUSHDATA(72)[DER 编码签名]。

2. P2PKH(Pay to Public Key Hash)

① 支付到公钥哈希的交易(支付到比特币地址的交易脚本),这是最常见的交易类型。

② 在支付到 pubkeyhash 的脚本中,锁定脚本中 P2PKH 是接收方公钥的哈希,解锁脚本中 P2PKH 是支付方的签名及公钥。

③ 脚本规则如下。

☆ scriptPubKey:OP_DUP OP_HASH160 < PubKeyHash > OP_EQUALVERIFY OP_CHECKSIG。

☆ scriptSig:< sig >< pubkey >。

☆ 组合后脚本：< sig > < pubkey >　OP_DUP OP_HASH160 < PubKeyHash > OP_EQUALVERIFY OP_CHECKSIG。

④ blockchain.info 中显示格式。

☆ 输出脚本：DUP HASH160 PUSHDATA（20）[40 位长 16 进制，公钥 HASH160 后的值] EQUALVERIFY CHECKSIG。

☆ 输入脚本：scriptSig：PUSHDATA（71）[DER 编码签名] PUSHDATA（33）[66 位 16 进制压缩公钥]。

3. P2SH（Pay to Script Hash）

① 支付到脚本哈希的交易（支付到比特币多重签名地址的交易）。

② 该类交易的地址不是通常的地址，而是一个合成地址，需要几对公钥和私钥一起生成合成地址。

③ 在生成过程中可以指定，几对公钥和私钥中至少有几个签名生效之后，才可以消费该地址所指向的资金。

④ 这类交易可以实现多方管理资产，极大地提高了安全性，也可以轻松实现基于比特币原生的三方交易担保支付。

⑤ 这类交易未来会有很多应用场景。

6.3　比特币交易的数据结构

6.3.1　比特币区块的结构

每一个数据区块记录了 5 个内容：魔法数或神奇数、区块大小、区块头信息、交易数量、交易详情。

1. 魔法数（magic no.）

① 魔法数占 4 字节。

② 正式网络中的魔法数：0xD9B4BEF9（实际区块中按小头位序存储，显示为 F9 BE B4 D9）。

③ 测试网络中的魔法数：0x0709110B（实际区块中按小头位序存储，显示为 0B 11 09 07）。

④ 私链网络中的魔法数：0xDAB5BFFA（实际区块中按小头位序存储，显示为 FA BF B5 DA）。

2. 区块大小(blocksize)

区块占 4 字节。

3. 区块头(blockheader)信息

① 区块头包含 6 个数据项,共占 80 字节。
② 区域版本号(version),占 4 字节。
③ 前一区块的 Hash 值(hashPrevBlock),占 32 字节。
④ Merkle 根 Hash 值,占 32 字节。
⑤ 时间戳(time),占 4 字节。
⑥ 难度目标 Hash 值(bits),占 4 字节。
⑦ 随机数(nonce),占 4 字节。

4. 交易数量(transaction counter)

交易数量占 1～9 字节。

5. 交易详情(transactions)

交易详情包含 6 个数据项,字节大小取决于交易中输入和输出的数量。

6.3.2 比特币交易的数据结构

1. 交易数据格式的版本号

交易数据格式的版本号占 4 字节。

2. 交易中输入的数量(tx_in count)

交易中输入的数量占 1～9 字节。

3. 交易中输入的列表信息(tx_in)

交易中输入的列表信息最少占 41 字节。标准的 P2PKH 交易的输入包含 8 项信息。
① 上笔交易的 Hash 值,占 32 字节。
② 该笔交易是上一笔交易输出中的第几条,占 4 字节(索引下标从 0 开始)。
③ 解锁脚本总长度,占 106～108 字节(私钥签名 + 压缩公钥的长度 + 2 字节标记)。

④ 私钥签名的长度，占 1 字节。
⑤ 私钥签名的 DER 编码格式，占 71～73 字节。
⑥ 压缩公钥的长度，占 1 字节。
⑦ 压缩公钥，占 33 字节。
⑧ 发送者定义的交易版本，在 JSON 格式中是 sequence，占 4 字节，用于在交易被写入 block 之前更改交易。我们通常根据此项数据来识别交易的一个输入结束。

4．交易中输出的数量（tx_out count）

交易中输出的数量占 1～9 字节。

5．交易中输出的列表信息（tx_out）

交易中输出的列表信息最少占 8 字节，交易的输出包含 3 项信息。
① 交易金额，占 8 字节。
② 锁定脚本长度，至少占 1 字节。
③ 锁定脚本内容，不定长度，长度根据脚本的复杂程度而变。

6．锁定时间（lock_time）

锁定时间占 4 字节。锁定时间表示在某个高度的区块诞生之前或在某个时间点之前，该交易处于锁定状态，而不能被收录进区块链中，只有在满足锁定条件后才能被打包上链。
① lock_time == 0，表示该交易可以立即被打包。
② lock_time < 500000000，lock_time 表示区块高度，就是说这笔交易只能被打包进高度大于 lock_time 的区块。
③ lock_time >= 500000000，lock_time 表示 Unix 时间戳，就是说这笔交易只能等待当前时间大于等于 lock_time 时才能被打包进区块。

6.4　P2PKH 交易的数据解析案例

6.4.1　P2PKH 交易的原始数据

1．原始记录

交易记录的查询网址：https://blockchain.info/rawtx/641224c9b3e0cb910f71

d232f38791f07aef6d5e3a53e18424a6a652dbcb9154?format=hex。

2. 交易记录的 16 进制文件

交易 Hash:641224c9b3e0cb910f71d232f38791f07aef6d5e3a53e18424a6a652dbcb9154。

16 进制文件如下:

0200000004114a81198793583abdbefaad61cefc3836717ce4d735dbf56091d5c2
7520bb29000000006b483045022100e1dc11676ac5ce31ea9ee8c9de7352833346668c
1ecbb31b4e272be83b166ee202206665c58689dd9f58279d4467197c91f90d2f3a7eb1
5694228796d135d8252f46012102510b64a6f86d4c00f43c317729d62f070dbb8a99ff8
2d7990801e4814c1f1c49feffffff65ca6a307fbddf0ee5b3f7e73f3472eae035c50a8
0703eebee32410102e91329030000006b483045022100cbd833a1923093c44c0959343
f074fe68565f1325b6ee4755d1d28d5f0a56cf902200c3ed28b2cc56d049b94f05351ca
970095e204538a29c97af70d053d54087bc801210379c473913ba1873b6403dcb864e1
04d8aae0b7ba11e25debe85bd10d3285bd0cfeffffff726ff49024d55351df36bf24fe6
04b62599faf84fa3a4a40f63fdf7e88ccd1c1000000006a473044022034525f3f239c57
d60fc4ba23322f656751b3c9b1c3dfbc5284444e097ba6d2c402206ee795c004538416
326db4ebdf8ce6e39d72f47b8d6838febfb452019e5bc5e60121033a872f12948388d0
0e7f0309fb3a62bf0297ce86ac8ca3ce4dbc788944e05124feffffffed6db3590e8ca7
ded0878742610a123e836911c707440a87bbf8c7170db122d10b0000006a4730440220
061eb9a9f9118463b6870aaf563ba329d8f31fe8717f22f4e87115dcd0ba211d0220052
7a5774dab58050e03b86d46fb94752e9a2974d700da49103cff87faa880cb012102d2a
d1c5e52587b25cdf7aa47beb2193082892100f271b90276b73783910a3806feffffff0
22a270f00000000001976a914699e1f5151888cac808ad0f9fad071d7780a945c88acc
e9d3900000000001976a914f4a10ac7a5ad02c75066f2cb2261176062163b3188accff
70700

备注

计算机存储的 16 进制数据是小头位序排列形式,即低位在前,高位在后。区块链浏览器中 16 进制数值显示是大头位序排列形式。因为人们的读写习惯,数值从左至右读,左侧是大数,右侧是小数。所以在解析 16 进制文件时,需要将数据转成大头位序排列形式后再运算。

6.4.2 P2PKH 交易数据结构解析

1. 版本号

02000000 //转成大头位序排列形式为 00000002,版本号为 2

2. 交易中输入的数量

04 //交易中输入的数量为 4 个

3. 交易中输入的列表信息

(1) 第 1 笔交易输入

114a81198793583abdbefaad61cefc3836717ce4d735dbf56091d5c27520bb29//上一笔交易的 Hash 值,占 32 字节。若在浏览器中访问需要转成大头位序排列形式。所以该交易的实际 Hash 值是 29bb2075c2d59160f5db35d7e47c713638fcce61adfabebd3a58938719814a11

00000000 //固定 4 字节,表示该输入是其上一笔交易的第 1 个输出

6b //签名数据的总长度为 107 字节(私钥签名 + 压缩公钥长度 + 两字节的标记位)【0x6b 转十进制为 107】

48 //私钥签名的数据长度为 72 字节【0x48 转十进制为 72】

3045022100e1dc11676ao5oo31ea9ee8c9de7352833346668c1ecbb31b4e272be83b166ee202206665c58689dd9f58279d4467197c91f90d2f3a7eb15694228796d135d8252f4601 //72 字节的私钥签名 DER 编码格式,以"30"开头,常以"01"结尾

21 //对应压缩公钥的长度为 33 字节【0x21 转十进制为 33】

02510b64a6f86d4c00f43c317729d62f070dbb8a99ff82d7990801e4814c1f1c49//33 字节的压缩公钥,压缩公钥以"02"或"03"开头

feffffff //发送者定义的交易版本,占 4 字节,对应 JSON 格式中的 sequence。大头位序排列形式为 FFFFFFFE,转十进制为 4294967294。常用于识别一个交易的输入结束

备注

① 非压缩公钥共 65 字节,第 1 字节是 0x04,32 字节为 x 坐标,32 字节为 y 坐标,一共是 130 位 16 进制数字。

② 压缩公钥共 33 字节,第 1 字节是 0x02 或 0x03,只包含 x 坐标的 32 字节,不包含 y 坐标,一共是 66 位 16 进制数字。

(2) 第 2 笔交易输入

65ca6a307fbddf0ee5b3f7e73f3472eae035c50a80703eebee32410102e91329 //上一笔交易的 Hash 值，转大头位序排列形式为 2913e902014132eeeb3e70800ac535e0ea72343fe7f7b3e50edfbd7f306aca65

03000000 //大头位序排列形式为 00000003，表示该输入是其上一笔交易的第 4 个输出

6b //签名数据的总长度为 107 字节

48 //私钥签名的数据长度为 72 字节

3045022100cbd833a1923093c44c0959343f874fe68565f1325b6ee4755d1d28d5f0a56cf902200c3ed28b2cc56d049b94f05351ca970095e204538a29c97af70d053d54087bc801

21 //压缩公钥的长度为 33 字节

0379c473913ba1873b6403dcb864e104d8aae0b7ba11e25debe85bd10d3285bd0c

feffffff //一个交易的输入结束

(3) 第 3 笔交易输入

726ff49024d55351df36bf24fe604b62599faf84fa3a4a40f63fdf7e88ccd1c1 //上一笔交易的 Hash 值，转大头位序排列形式为 c1d1cc887edf3ff6404a3afa84af9f59624b60fe24bf36df5153d52490f46f72

00000000 //表示该输入是其上一笔交易的第 1 个输出

6a //签名数据的总长度为 106 字节

47 //私钥签名的数据长度为 71 字节

3044022034525f3f239c57d60fc4ba23322f656751b3c9b1c3dfbc5284444e097ba6d2c402206ee795c004538416326db4ebdf8ce6e39d72f47b8d6838febfb452019e5bc5e601

21 //压缩公钥的长度为 33 字节

033a872f12948388d00e7f0309fb3a62bf0297ce86ac8ca3ce4dbc788944e05124

feffffff //一个交易的输入结束

(4) 第 4 笔交易输入

ed6db3590e8ca7ded0878742610a123e836911c707440a87bbf8c7170db122d1 //上一笔交易的 Hash 值，转大头位序排列形式为 d122b10d17c7f8bb870a4407c71169833e120a61428787d0dea78c0e59b36ded

0b000000 //表示该输入是其上一笔交易的第 12 个输出【ox0b 转十进制为 11】

6a //签名数据的总长度为 106 字节

47 //私钥签名的数据长度为 71 字节

30440220061eb9a9f9118463b6870aaf563ba329d8f31fe8717f22f4e87115dcd0ba211d02200527a5774dab58050e03b86d46fb94752e9a2974d700da49103cff87faa880cb01

21   //压缩公钥的长度为33字节

02d2ad1c5e52587b25cdf7aa47beb2193082892100f271b90276b73783910a3806

feffffff   //一个交易输入结束

4. 交易中输出的数量

02   //交易中输出的数量为2个

5. 交易中输出的列表信息

（1）第1个交易输出

2a270f00 00000000   //交易输出的比特币数量【大头位序排列形式为000f272a，转十进制为993066聪，0.00993066BTC】

19   //表示交易输出中锁定脚本的字节数【0x19转十进制为25】

76   //OP_DUP(16进制为0x76)

a9   //HASH_160(16进制为0xa9)

14   //PUSHDATA(20)，将下面20字节压入堆栈【0x14转十进制为20】

699e1f5151888cac808ad0f9fad071d7780a945c   //压入堆栈的压缩公钥HASH160（先SHA-256，再RIPEMD-160）之后的值

88   //OP_EQUALVERIFY(16进制为0x88)

ac   //OP_CHECKSIG(16进制为0xac)

（2）第2个交易输出

ce9d3900 00000000   //交易输出的比特币数量【大头位序排列形式为00399dce，转十进制为3775950聪，0.0377595BTC】

19

76

a9

14

f4a10ac7a5ad02c75066f2cb2261176062163b31

88

ac

6. 锁定时间

cff70700   //锁定时间

将 cff70700 大头位序排列后为 0007F7CF,转十进制为 522191。该数值是区块高度值,在该区块高度产生之前交易被锁定,只有该区块产生之后,本次交易才被打包进区块链中。本次交易实际被包含在区块高度 522193 中。

6.4.3　P2PKH 交易记录的 JSON 格式

1. 交易记录的查询网址

☆ JSON 格式:https://blockchain.info/rawtx/641224c9b3e0cb910f71d232f38791f07aef6d5e3a53e18424a6a652dbcb9154。

☆ 浏览器地址 1:https://www.blockchain.com/btc/tx/641224c9b3e0cb910f71d232f38791f07aef6d5e3a53e18424a6a652dbcb9154。

☆ 浏览器地址 2:https://blockchain.info/tx-index/347560309。

2. 交易记录的 JSON 格式

交易 Hash:641224c9b3e0cb910f71d232f38791f07aef6d5e3a53e18424a6a652dbcb9154。

JSON 格式的数据:

```
{
    "ver":2,
    "inputs":[
        {
            "sequence":4294967294,
            "witness":"",
            "prev_out":{
                "spent":true,
                "tx_index":339205324,
                "type":0,
                "addr":"1JVDEyDUQiXKpeGeNP6cBmidW4YPVSJqgL",
                "value":919623,
                "n":0,
                "script":"76a914bfd000ded67e25cb0fcf005138294e4e9bf9313488ac"
            },
            "script":"483045022100e1dc11676ac5ce31ea9ee8c9de7352833346
```

```
668c1ecbb31b4e272be83b166ee202206665c58689dd9f58279d4467197c91f90d2f3a
7eb15694228796d135d8252f46012102510b64a6f86d4c00f43c317729d62f070dbb8a
99ff82d7990801e4814c1f1c49"
        },
        {
            "sequence":4294967294,
            "witness":"",
            "prev_out":{
                "spent":true,
                "tx_index":345632064,
                "type":0,
                "addr":"1MJSXjQQUe18HGxpyt7vWhYbroPfeDCpQf",
                "value":1286013,
                "n":3,
                "script":"76a914deaee5f4edf4b00286824781fdc790735644e4
0688ac"
            },
            "script":"483045022100cbd833a1923093c44c0959343f874fe6856
5f1325b6ee4755d1d28d5f0a56cf902200c3ed28b2cc56d049b94f05351ca970095e20
4538a29c97af70d053d54087bc801210379c473913ba1873b6403dcb864e104d8aae0b
7ba11e25debe85bd10d3285bd0c"
        },
        {
            "sequence":4294967294,
            "witness":"",
            "prev_out":{
                "spent":true,
                "tx_index":340474468,
                "type":0,
                "addr":"1AemjDttiJ5ZjQi2Toczhb2MDawsgXdBLU",
                "value":1285165,
                "n":0,
                "script":"76a91469dddc135829972cce6cba7803b029106bfd98
1188ac"
            },
```

```
        "script":"473044022034525f3f239c57d60fc4ba23322f656751b3c9
b1c3dfbc5284444e097ba6d2c402206ee795c004538416326db4ebdf8ce6e39d72f47b
8d6838febfb452019e5bc5e60121033a872f12948388d00e7f0309fb3a62bf0297ce86
ac8ca3ce4dbc788944e05124"
      },
      {
        "sequence":4294967294,
        "witness":"",
        "prev_out":{
          "spent":true,
          "tx_index":342548106,
          "type":0,
          "addr":"1LCutaEQorwcz7g2u5UfUGnFEoX5jD4brS",
          "value":1285149,
          "n":11,
          "script":"76a914d2ab1d7a01c5d9fbee7c21ee5069a24dc69916
3688ac"
        },
        "script":"4730440220061eb9a9f9118463b6870aaf563ba329d8f31f
e8717f22f4e87115dcd0ba211d02200527a5774dab58050e03b86d46fb94752e9a2974
d700da49103cff87faa880cb012102d2ad1c5e52587b25cdf7aa47beb2193082892100
f271b90276b73783910a3806"
      }
    ],
    "weight":2672,
    "block_height":522193,
    "relayed_by":"0.0.0.0",
    "out":[
      {
        "spent":false,
        "tx_index":347560309,
        "type":0,
        "addr":"1AdTNg8NutmB1CvTFg1QwdoSgZefx2ADfE",
        "value":993066,
        "n":0,
```

```
            "script":"76a914699e1f5151888cac808ad0f9fad071d7780a945c88
ac"
        },
        {
            "spent":true,
            "tx_index":347560309,
            "type":0,
            "addr":"1PJUoD6RsauaMiakQ4TKANDYtwRWyhYcN1",
            "value":3775950,
            "n":1,
            "script":"76a914f4a10ac7a5ad02c75066f2cb2261176062163b3188
ac"
        }
    ],
    "lock_time":522191,
    "size":668,
    "double_spend":false,
    "time":1526034944,
    "tx_index":347560309,
    "vin_sz":4,
    "hash":"641224c9b3e0cb910f71d232f38791f07aef6d5e3a53e18424a6a652
dbcb9154",
    "vout_sz":2
}
```

6.5 P2PK 交易的数据结构解析

6.5.1 P2PK 交易的原始数据

1. 原始记录

交易记录的查询网址：https://blockchain.info/rawtx/5c76eb4dfb0941856a2
29833ef05b2f5c669dadc98ed2a34ea11974cacba9dc7?format=hex。

2. 交易记录的 16 进制文件

交易 Hash：5c76eb4dfb0941856a229833ef05b2f5c669dadc98ed2a34ea11974cacba9dc7。

16 进制文件如下：

0100000001107f46ae8f3ba0f1f9c5170f950a6fb0d6461a92718b5aa06ee776c4e114afdb000000004847304402014d647cd08f1ea5b31d1e6539b6cbceb9182f6e7b2e29fb969354ef7e3434923022028bb4eda36af410149baa936322e7c0e46cc5540a3aa89c811bc3c360028bfd301ffffffff020a372f2d010000001976a9148ff0d9ee3c2c4b86d19d265cbd360e95c5191e3d88ac32ee9f00000000001976a9145c11f917883b927eef77dc57707aeb853f6d389488ac00000000

6.5.2 P2PK 交易数据结构解析

1. 版本号

01000000　　//转成大头位序排列形式为 00000001，版本号为 1

2．交易中输入的数量

01　　//交易中输入的数量为 1 个

3. 交易中输入的列表信息

第 1 笔交易输入：

107f46ae8f3ba0f1f9c5170f950a6fb0d6461a92718b5aa06ee776c4e114afdb//占 32 字节，上一笔交易的 Hash 值

00000000　　//占 4 字节，表示该输入是其上一笔交易的第 1 个输出

48　　//签名数据的总长度为 72 字节（私钥签名 + 1 字节的标记位）【0x48 转十进制为 72】

47　　//私钥签名的数据长度，占 71 字节

3044022014d647cd08f1ea5b31d1e6539b6cbceb9182f6e7b2e29fb969354ef7e3434923022028bb4eda36af410149baa936322e7c0e46cc5540a3aa89c811bc3c360028bfd301　　//71 字节的私钥签名 DER 编码格式，以"30"开头，常以"01"结尾

ffffffff　　//发送者定义的交易版本，对应 JSON 格式中的 sequence，转十进制为 4294967295，常用于表示一个交易的输入结束

4．交易中输出的数量

02 //交易中输出的数量为2个

5．交易中输出的列表信息

（1）第1个交易输出

0a372f2d01000000 //转大头排序形式为 000000012d2f370a，十进制为 5053036298，50.53036298BTC

  19 //表示交易输出中锁定脚本的字节数【0x19 转十进制为 25】

  76 //OP_DUP(16 进制为 0x76)

  a9 //HASH_160(16 进制为 0xa9)

  14 //PUSHDATA(20)，将下面 20 字节压入堆栈【0x14 转十进制为 20】

  8ff0d9ee3c2c4b86d19d265cbd360e95c5191e3d //压入堆栈的压缩公钥 HASH160(先 SHA-256，再 RIPEMD-160)之后的值

  88 //OP_EQUALVERIFY(16 进制为 0x88)

  ac //OP_CHECKSIG(16 进制为 0xac)

（2）第2个交易输出

32ee9f0000000000 //转大头排序格式为 00000000009fee32，十进制为 10481202，0.10481202BTC

  19 //表示交易输出中锁定脚本的字节数【0x19 转十进制为 25】

  76 //OP_DUP(16 进制为 0x76)

  a9 //HASH_160(16 进制为 0xa9)

  14 //PUSHDATA(20)，将下面 20 字节压入堆栈【0x14 转十进制为 20】

  5c11f917883b927eef77dc57707aeb853f6d3894 //压入堆栈的压缩公钥 HASH160(先 SHA-256，再 RIPEMD-160)之后的值

  88 //OP_EQUALVERIFY(16 进制为 0x88)

  ac //OP_CHECKSIG(16 进制为 0xac)

6．锁定时间

00000000 //锁定时间

如果锁定时间为 00000000，则表示交易立即执行。

6.5.3 P2PK 交易记录的 JSON 格式

1. 交易记录的查询网址

☆ JSON 格式:https://blockchain.info/rawtx/5c76eb4dfb0941856a229833ef05b2f5c669dadc98ed2a34ea11974cacba9dc7。

☆ 浏览器地址 1:https://blockchain.info/tx/5c76eb4dfb0941856a229833ef05b2f5c669dadc98ed2a34ea11974cacba9dc7。

☆ 浏览器地址 2:https://blockchain.info/tx-index/9985797。

2. 交易记录的 JSON 格式

交易 Hash:5c76eb4dfb0941856a229833ef05b2f5c669dadc98ed2a34ea11974cacba9dc7。

JSON 格式的数据如下:

```
{
    "ver":1,
    "inputs":[
        {
            "sequence":4294967295,
            "witness":"",
            "prev_out":{
                "spent":true,
                "tx_index":9741630,
                "type":0,
                "addr":"1MdYC22Gmjp2ejVPCxyYjFyWbQCYTGhGq8",
                "value":5063517500,
                "n":0,
        "script":"4104b0bd634234abbb1ba1e986e884185c61cf43e001f9137f23c2c409273eb16e6537a576782eba668a7ef8bd3b3cfb1edb7117ab65129b8a2e681f3c1e0908ef7bac"
            },
        "script":"473044022014d647cd08f1ea5b31d1e6539b6cbceb9182f6e7b2e29fb969354ef7e3434923022028bb4eda36af410149baa936322e7c0e46cc5540a3aa89c811bc3c360028bfd301"
```

```
        }
    ],
    "weight":764,
    "block_height":201417,
    "relayed_by":"173.242.112.53",
    "out":[
        {
            "spent":true,
            "tx_index":9985797,
            "type":0,
            "addr":"1E86A5E6ANEVPuayP2XLGVzsXjaxT5MbRm",
            "value":5053036298,
            "n":0,
            "script":"76a9148ff0d9ee3c2c4b86d19d265cbd360e95c5191e3d88ac"
        },
        {
            "spent":true,
            "tx_index":9985797,
            "type":0,
            "addr":"19PphSFfxzmsSZ3JiRacQArEgN1b67ar83",
            "value":10481202,
            "n":1,
            "script":"76a9145c11f917883b927eef77dc57707aeb853f6d389488ac"
        }
    ],
    "lock_time":0,
    "size":191,
    "double_spend":false,
    "time":1349117405,
    "tx_index":9985797,
    "vin_sz":1,
    "hash":"5c76eb4dfb0941856a229833ef05b2f5c669dadc98ed2a34ea11974cacba9dc7",
    "vout_sz":2
}
```

6.6 比特币交易构造过程

在前面我们学习了比特币交易的本质、生命周期、交易规则及交易脚本，本节我们借助 bitcoind 来演示比特币交易的完整构造过程，这样可以让我们更直观地认识比特币交易的流程。为了更方便地模拟交易过程，我们选择在 regtest 模式下搭建测试私链。

6.6.1 在 regtest 模式下搭建测试私链

1. 比特币的 3 种网络模式

① mainnet：比特币主网络。
② testnet：比特币测试网络。
③ regtest：比特币还原测试（回归测试）模式。

2. regtest 模式与 testnet 模式的区别

① testnet：一个几乎完全模仿比特币主网络的全球测试环境。
② regtest：本地搭建的测试私有链。

3. regtest 模式下的常规操作

① 运行命令：

`bitcoin-cli-regtest getblockchaininfo`

查看私有链节点信息。
② 执行命令：

`bitcoin-cli-regtest generate 整数值 n`

☆ 该命令的作用是使用 regtest 模式下的 RPC 命令创建 n 个区块。
☆ 使用比特币默认规则创建比特币私有链，在 regtest 模式下的私链前 150 个区块能得到 50 个比特币奖励，接下来的 150 个区块则可获取 25 个比特币奖励，此后的每 150 个区块的奖励减半。
☆ 每个区块要得到 100 个确认后才能消费被奖励的比特币。
③ 通过 bitcoin-cli-regtest getbalance 查看当前余额。
④ 通过 bitcoin-cli-regtest listunspent 查看 UTXO（未花费交易的输入）。
⑤ 通过 bitcoin-cli-regtest getblockcount 查看区块总数。

6.6.2 比特币交易流程

1. 整体流程

① 查找未花费交易输出（UTXO）：

listunspent

② 构造原始交易：

createrawtransaction

③ 交易签名：

signrawtransactionwithwallet

④ 广播交易：

sendrawtransaction

2. bitcoin-cli 命令语法

listunspent (minconf maxconf ["addresses",…] [include_unsafe] [query_options])

createrawtransaction [{"txid":"id","vout":n},…] [{"address":amount},{"data":"hex"},…] (locktime) (replaceable)

signrawtransactionwithwallet "hexstring"

sendrawtransaction "hexstring"

6.6.3 bitcoin-cli 实现比特币交易

1. bitcoin-cli-regtestlistunspent

返回结果：

```
{
    "txid":"c40f5cd5b4cb6e523d6a0e1e68ff502bafedf9495849e8617b0ff3b504795a03",
    "vout": 0,
    "address":"mm9xHpzw3T1LK3fFdsUJgf6jBkwPVpkEJJ",
    "scriptPubKey":"2102aeab18f6c30fcdcbe227a7d4ce7a881a7a56858bf4011f5b3cb64b0919de9910ac",
    "amount": 50.00000000,
```

```
        "confirmations": 780,
        "spendable": true
    },
    {
        "txid": "a9f150e64e24fe31050d3170be39714f20bed53708601aa8352d4aae443390fe",
        "vout": 0,
        "address": "mjWZLQ4PfYqcAo8wKyEdBwyEQsygPdcaC8",
        "scriptPubKey": "2103bc49aa4bd30309d07c0293e5156826b39e768d18d75f823a112547673d0fab83ac",
        "amount": 50.00000000,
        "confirmations": 1005,
        "spendable": true
    }
```

备注

列出来的是一组 UTXO 数据，有用的是其中的 txid、vout，这些数据将在执行 createrawtransaction 的时候作为参数使用。

2. bitcoin-cli-regtestcreaterawtransaction

`'[{"txid":"a9f150e64e24fe31050d3170be39714f20bed53708601aa8352d4aae443390fe","vout":0},{"txid":"c40f5cd5b4cb6e523d6a0e1e68ff502bafedf9495849e8617b0ff3b504795a03","vout":0}]' '{"mm9xHpzw3T1LK3fFdsUJgf6jBkwPVpkEJJ":100}'`

返回结果：

0100000002fe903344ae4a2d35a81a600837d5be204f7139be70310d0531fe244ee650f1a90000000000ffffffff035a7904b5f30f7b61e8495849f9edaf2b50ff681e0e6a3d526ecbb4d55c0fc40000000000ffffffff0100e40b54020000001976a9143dd80429758dc027c5720bd8883b05e86c072ebd88ac00000000

备注

通过 decoderawtransaction 命令查看交易细节：

bitcoin-cli-regtest decoderawtransaction 0100000002fe903344ae4a2d35a81a600837d5be204f7139be

70310d0531fe244ee650f1a90000000000ffffffff035a7904b5f30f7b61e8495849f9edaf2b50ff681e0e6a3d526ecbb4d55c0fc40000000000ffffffff0100e40b54020000001976a9143dd80429758dc027c5720bd8883b05e86c072ebd88ac00000000

返回结果：

```
{
    "txid": "98735c7295a8cd078a820d5ab0adc5372068c751a626e6fbb881d584da72d739",
    "size": 126,
    "version": 1,
    "locktime": 0,
    "vin": [
      {
        "txid": "a9f150e64e24fe31050d3170be39714f20bed53708601aa8352d4aae443390fe",
        "vout": 0,
        "scriptSig": {
          "asm": "",
          "hex": ""
        },
        "sequence": 4294967295
      },
      {
        "txid": "c40f5cd5b4cb6e523d6a0e1e68ff502bafedf9495849e8617b0ff3b504795a03",
        "vout": 0,
        "scriptSig": {
          "asm": "",
          "hex": ""
        },
        "sequence": 4294967295
      }
    ],
    "vout": [
      {
```

```
        "value": 100.00000000,
        "n": 0,
        "scriptPubKey": {
          "asm": "OP_DUP OP_HASH160 3dd80429758dc027c5720bd8883b05e86c072ebd OP_EQUALVERIFY OP_CHECKSIG",
          "hex": "76a9143dd80429758dc027c5720bd8883b05e86c072ebd88ac",
          "reqSigs": 1,
          "type": "pubkeyhash",
          "addresses": [
            "mm9xHpzw3T1LK3fFdsUJgf6jBkwPVpkEJJ"
          ]
        }
      }
    ]
}
//scriptSig 区域的内容全是空的
```

3. bitcoin-cli-regtestsignrawtransactionwithwallet

```
0100000002fe903344ae4a2d35a81a600837d5be204f7139be70310d0531fe244e
e650f1a90000000000ffffffff035a7904b5f30f7b61e8495849f9edaf2b50ff681e0e
6a3d526ecbb4d55c0fc40000000000ffffffff0100e40b54020000001976a9143dd804
29758dc027c5720bd8883b05e86c072ebd88ac00000000
```

返回结果：

```
{
  "hex": "0100000002fe903344ae4a2d35a81a600837d5be204f7139be70310d0531fe244ee650f1a9000000000049483045022100bb003af7fc84eccb8eb1510ef1acedcf9ccce3bf9dcc1e5b0adcd8dc5377b47702205c2c37090b4cef1966b871acd1541996c37e9cb90290aa0f8a7a7123c9d95dd301ffffffff035a7904b5f30f7b61e8495849f9edaf2b50ff681e0e6a3d526ecbb4d55c0fc400000000484730440220 01de07b8463a2dd3ab1c000240815bc1297b068bc61b2e17a07f82907d99aa4202205d19e7ce4104b39d8bae932ddb9aff0b6c6bb5627d87eed588899064f5e8558b01ffffffff0100e40b54020000001976a9143dd80429758dc027c5720bd8883b05e86c072ebd88ac00000000",
  "complete": true
}
```

4. bitcoin-cli-regtestsendrawtransaction

0100000002fe903344ae4a2d35a81a600837d5be204f7139be70310d0531fe244e
e650f1a90000000049483045022100bb003af7fc84eccb8eb1510ef1acedcf9ccce3bf
9dcc1e5b0adcd8dc5377b47702205c2c37090b4cef1966b871acd1541996c37e9cb902
90aa0f8a7a7123c9d95dd301ffffffff035a7904b5f30f7b61e8495849f9edaf2b50ff
681e0e6a3d526ecbb4d55c0fc40000000048473044022001de07b8463a2dd3ab1c0002
40815bc1297b068bc61b2e17a07f82907d99aa4202205d19e7ce4104b39d8bae932ddb
9aff0b6c6bb5627d87eed588899064f5e8558b01ffffffff0100e40b54020000001976
a9143dd80429758dc027c5720bd8883b05e86c072ebd88ac00000000

返回结果：

//返回广播后的交易 txid
50dc0b6d578494542cea9fb68f472a5e260377afa78aa5bcfbcccc8bc38dc2d9

备注

通过 decoderawtransaction 检验签名后的交易：

bitcoin-cli -regtest decoderawtransaction
0100000002fe903344ae4a2d35a81a600837d5be204f7139be70310d0531fe244ee650
f1a90000000049483045022100bb003af7fc84eccb8eb1510ef1acedcf9ccce3bf9dcc
1e5b0adcd8dc5377b47702205c2c37090b4cef1966b871acd1541996c37e9cb90290aa
0f8a7a7123c9d95dd301ffffffff035a7904b5f30f7b61e8495849f9edaf2b50ff681e
0e6a3d526ecbb4d55c0fc40000000048473044022001de07b8463a2dd3ab1c00024081
5bc1297b068bc61b2e17a07f82907d99aa4202205d19e7ce4104b39d8bae932ddb9aff
0b6c6bb5627d87eed588899064f5e8558b01ffffffff0100e40b54020000001976a914
3dd80429758dc027c5720bd8883b05e86c072ebd88ac00000000

返回结果：

```
{
    "txid": "50dc0b6d578494542cea9fb68f472a5e260377afa78aa5bcfbcccc8bc38dc2d9",
    "size": 271,
    "version": 1,
    "locktime": 0,
    "vin": [
        {
```

```
        "txid": "a9f150e64e24fe31050d3170be39714f20bed53708601aa8352
d4aae443390fe",
        "vout": 0,
        "scriptSig": {
          "asm":
"3045022100bb003af7fc84eccb8eb1510ef1acedcf9ccce3bf9dcc1e5b0adcd8dc5377
b47702205c2c37090b4cef1966b871acd1541996c37e9cb90290aa0f8a7a7123c9d95dd
3[ALL]",
          "hex":
"483045022100bb003af7fc84eccb8eb1510ef1acedcf9ccce3bf9dcc1e5b0adcd8dc53
77b47702205c2c37090b4cef1966b871acd1541996c37e9cb90290aa0f8a7a7123c9d95
dd301"
        },
        "sequence": 4294967295
      },
      {
        "txid": "c40f5cd5b4cb6e523d6a0e1e68ff502bafedf9495849e8617b0f
f3b504795a03",
        "vout": 0,
        "scriptSig": {
          "asm":
"3044022001de07b8463a2dd3ab1c000240815bc1297b068bc61b2e17a07f82907d99a
a4202205d19e7ce4104b39d8bae932ddb9aff0b6c6bb5627d87eed588899064f5e8558b
[ALL]",
          "hex":
"473044022001de07b8463a2dd3ab1c000240815bc1297b068bc61b2e17a07f82907d9
9aa4202205d19e7ce4104b39d8bae932ddb9aff0b6c6bb5627d87eed588899064f5e85
58b01"
        },
        "sequence": 4294967295
      }
    ],
    "vout": [
      {
        "value": 100.00000000,
```

```
            "n": 0,
            "scriptPubKey": {
              "asm": "OP_DUP OP_HASH160 3dd80429758dc027c5720bd8883b05e86c072ebd OP_EQUALVERIFY OP_CHECKSIG",
              "hex": "76a9143dd80429758dc027c5720bd8883b05e86c072ebd88ac",
              "reqSigs": 1,
              "type": "pubkeyhash",
              "addresses": [
                "mm9xHpzw3T1LK3fFdsUJgf6jBkwPVpkEJJ"
              ]
            }
          }
        ]
      }
```

6.7 参考资料

- http://book.8btc.com/books/6/masterbitcoin2cn/_book/ch07.html
- http://book.8btc.com/books/6/masterbitcoin2cn/_book/appdx-scriptops.html
- http://zhibimo.com/read/wang-miao/mastering-bitcoin/Chapter05.html
- http://zhibimo.com/read/wang-miao/mastering-bitcoin/Appendix1.html

第 7 章
以太坊原理及核心概念

在前面几章中我们系统地学习了比特币的概念、基本原理和如何进行比特币开发。但比特币本身只是一套货币系统，无法满足更为复杂的业务需求。于是以太坊应运而生，以太坊解决了比特币扩展性不足等问题。

在本章我们将深入学习以太坊中的核心概念。

在本章中我们将学习以下内容：
➢ 以太坊的定义；
➢ 以太坊的架构组成；
➢ 以太坊中的核心概念（状态、账户、交易、收据、GHOST 协议、孤块与叔块、gas 等）。

7.1 以太坊的定义

7.1.1 以太坊产生的项目背景

区块链是建立信任机制的技术，是自互联网诞生以来最具颠覆性的技术。自比特币诞生以来，一直都没有很好的开发平台。想要借助区块链技术开发更多的应用还是相当困难的，直接使用比特币的架构来开发则非常复杂，因为比特币系统无法满足更为复杂的业务需求。

比特币的设计只适合加密数字货币，比特币不具备图灵完备性，缺乏保存实时状态的账户概念，其 PoW 机制带来的效率和资源浪费问题也很明显。在商业环境下，需要高效的共识机制、具备图灵完备性的交易脚本语言，并且需要满足支持智能合约等需求。于是以太坊应运而生,以太坊解决了比特币扩展性不足等问题。

7.1.2 以太坊的概念

我们从多个维度来定义以太坊(Ethereum,ETH)。第一,以太坊是一个通用的全球性区块链,属于公有链;第二,以太坊是一个加密数字货币平台,以太币(Ether)是市值第二高的加密数字货币,仅次于比特币;第三,以太坊是一个可编程的、图灵完备的区块链开发平台,具有智能合约编程语言,可以管理金融和非金融类型的应用;第四,以太坊是一个分布式的计算机系统。以太坊系统包含许多节点,其中的每一个节点都会执行字节码(其实就是智能合约),然后把结果存在区块链上。由于整个网络是分布式的,并且应用就是由一个个的状态组成的,存储了状态就有了服务,所以以太坊就能永不停机,没有一个中心化的节点,任何第三方不能干预。以太坊相当于一个去中心化的全球计算机。

1. 以太坊中包含以太坊虚拟机(EVM)

在一个编程系统之上,通常会有一些编译和执行的虚拟机来做支撑。Java 有 JVM,在以太坊里,有以太坊虚拟机,它可以执行任意复杂的算法代码。

开发者可以使用编程语言,在以太坊上创造出自己想要的应用。通过以太坊虚拟机,可以很简便地发行数字资产,编写智能合约,建立和运行去中心化的应用,成立去中心化的自治组织等。可以把以太坊想象成区块链世界中,类似于 Windows 和 Android 这样的底层操作系统。

2. 以太坊中包含燃料(gas)

为了避免以太坊区块链上充斥着垃圾合约和垃圾应用,在以太坊上建立和运行智能合约,必须用以太币(ETH)支付智能合约费用。以太币又被称为以太坊内部的燃料。和币类数字资产不同,以太坊除了用于转账,还用于支付智能合约的费用。

7.1.3 比特币和以太坊挖矿算法的优势和劣势

以太坊系统采用 PoW 共识算法。以太坊和比特币虽然都采用 PoW 挖矿机制,但是以太坊的出块机制和比特币是有所区别的。

确切点说,以太坊采用基于 PoW 共识的变种算法 Ethash 作为共识机制。为防止 ASIC 矿机矿池的算力攻击,Ethash 跟原始 PoW 的计算密集型 Hash 运算不同。Ethash 在执行的时候需要消耗大量内存,反而跟计算效率关系不大,这样就很难制造出专门针对 Ethash 的芯片。虽然 Ethash 对原始的 PoW 进行了改进,但仍然需要进行大量无效的运算。社区已经计划在未来采用更高效的 PoS 作为共识机制。相对于 PoW,PoS 无须消耗大量无用的 Hash 计算。

比特币的算法是非常简单粗暴的一种方法,纯粹由块上的输入数据加上随机幸运数共同来计算一个哈希值,其中能变的只有随机幸运数和时间戳,非常适合在芯片上优化算法,可以形成很高的算力,普通的机器无法与这些专用芯片构成的机器去竞争,这也是造成比特币算力越来越集中的原因。

以太坊的哈希值算法就是要想办法来规避算力的集中,它采用了与比特币不太一样的算法——Ethash。Ethash 不再是简单地用一些输入数据和一个随机数去生成哈希值,而是首先要根据每一个块计算一个随机的种子数据(只依赖于当前块的所有信息产生的哈希值,与比特币一致),根据这个种子数据,采用特定的算法生成一个伪随机数的数据集。这个数据集有 32 MB 大小,叫作 cache 缓存,它是所有以太坊的全部节点都要保存的数据,包括以太坊的轻节点、全节点,而后 Ethash 再基于这个缓存数据生成一个更大的约 1 GB 大小的数据集。

这个数据集的结构是 DAG(有向无环图),其每一个元素都依赖于生成的那个 32 MB 的缓存数据中的某几个数,根据缓存中的某几个数就可以计算出 DAG 数据集里的任意一个元素。有了 DAG 这个数据集以后,才可以计算以太坊所需要的哈希值,即利用算法随机地在 DAG 的数据里选取一定数量的元素,计算哈希值。如果参与挖矿的全节点想抢到挖矿权,就必须要将 DAG 生成的 1 GB 大小的数据集保存在自己的本地。如果不参与挖矿,就不需要保存。所以以太坊的随机哈希值是经过 3 个步骤计算出来的。

种子数据采用特定算法产生一个 32 MB 的伪数据集——cache 缓存,存在于所有节点上;基于数据集再生成一个 1 GB 的 DAG 数据集;按照算法,随机再到 DAG 的数据里选取一定的元素来计算 Hash 值。

与比特币项目相比,以太坊区块链的主要技术特点如下:

① 支持图灵完备的智能合约,设计了编程语言 Solidity 和虚拟机;
② 选用了内存需求较高的挖矿算法,避免出现强算力矿机、矿池的攻击;
③ 采用叔块(uncle block)激励机制,降低了矿池的优势,并减少了区块产生的间隔(从 10 min 降低到 15 s 左右);
④ 采用的账户系统是世界状态,而不是 UTXO,容易支持更复杂的逻辑;
⑤ 通过 gas 限制代码执行指令数,避免循环执行攻击;
⑥ 支持 PoW 共识算法,并计划支持效率更高的 PoS 算法。

总之,以太坊解决了比特币网络在运行中被人诟病的一些问题,让以太坊网络具备了更大的应用潜力。

7.1.4 以太坊出块速度快的原因

回顾一下比特币,比特币每 10 分钟打包一个块,一个块的大小起初是 1 MB 左右,每笔交易数据大概 250 字节左右,根据这些可以计算出比特币大概每秒只能支持 7 笔交易。后来有了隔离见证技术,区块的容量被扩展到 2 MB 左右,每秒能处理的交易可以达到 14 笔左右,这已经是比特币目前的极限状态了。

以太坊比比特币要好一些,首先它规定出块时间不再是 10 min,而是 15 s 左右。为什么比特币要定成 10 min,而以太坊会定成 15 s?实际上出块时间是由区块链的设计者来决定的,设计时主要考虑两方面的平衡:出块速度和共识速度。当下对交易速度的要求越来越高,出块时间自然是越短越好,这样就能更快更多地处理交易。但是如果出块时间太短,会导致没有足够的时间让其他的参与共识的节点来同步和确认,就很容易产生一些孤块(出的块没有时间被超过 50% 以上的其他共识节点确认同步,被作废)。所以要在这两个因素之间做一个权衡。

以太坊 15 s 的出块时间与比特币 10 min 的出现时间差距很大,为什么以太坊可以这么快?因为以太坊写的块比较小。

比特币块上存储的一个交易大概是 250 字节,每一个块储存的交易量也是比较大的,大概几千笔。但以太坊的块的大小是不固定的,最小的可以是几千字节,最大则由 gas 的数量决定,即一笔交易所能消耗的 gas 数量的上限来决定,而这个 gas 数量就决定了区块最大能有多大。目前单笔交易 gas 消耗数量的上限大概是 800 万个,而交易中的每项操作也都有固定的 gas 消耗,计算后可以得出 800 万个 gas 最大能支持的单笔交易大小(或者多笔小交易的总和大小)为 44~47 KB。以太坊区块要比比特币小很多,故以太坊去验证交易的速度,以及节点之间同步数据的速度会快很多。正是这样的因素决定了以太坊可以大幅度地缩短出块的时间。

7.1.5 以太坊的发展历程

2013 年年底,Vitalik Buterin 发布以太坊白皮书,2014 年 7 月,以太币开始预售。那时候圈内人称这种代币发行叫"币众筹"。为期 42 天的预售之后,以太坊团队通过预售 60 102 216 个以太币,募集了 3 万多个比特币;另外还对预售之前参与开发的早期贡献者、长期从事项目研究的开发者分别按照当时以太币发售总量的 9.9% 进行分配。所以以太坊正式发行时有 7 200 多万个以太币。

早在 2015 年,以太坊的创始人 Vitalik Buterin 与其团队就前瞻性地规划出了以太坊未来发展的 4 个阶段,分别命名为 Frontier(前沿)、Homestead(家园)、Metropolis(大都会)和 Serenity(宁静)。

北京时间 2016 年 6 月 17 日发生了一个攻击事件,该事件在区块链历史上留下了沉重的一笔。以太坊社区为解决 The DAO 问题,首先实施了软分叉方案,最终软分叉方案宣告失败。以太坊社区随后设计了硬分叉方案。在第 1920000 个区块中,设计一个非常规的状态变更,强行把 L 中所有地址的余额都转到一个特定的退款合约地址 C。这个合约唯一的功能就是把众筹人的 DAO 币换回以太币。最后硬分叉成功切换。之前比特币也出现过硬分叉,当时绝大多数矿工都切换到新链上,旧链自动消失。但这次以太坊硬分叉却不同,由于社区存在分歧,部分矿工还继续维持着旧链,因此旧链并未消失。后来由于交易所介入,旧链算力陡增,以太坊由此分裂为新旧两条具有相同历史账本的区块链。新链仍然称为以太坊,旧链则称为以太经典(ETC)。

2017 年 10 月 16 日,在几次推迟之后,"拜占庭"在 4370000 区块进行硬分叉,这次硬分叉称为"大都会"的多元升级。以太坊系统在以太坊主网络第 4370000 个区块诞生时通过"拜占庭"(Byzantium)代码执行一次硬分叉,这次的硬分叉在所有的节点同时开启,并在此次分叉后,以太坊的去中心化应用浏览器在重启后自动升级,以太坊的所有去中心化应用都能这样升级。"大都会"的阶段更新被视作提升以太坊平台整体可用性的重要基石。不过因为开发者的精力有限,升级至"大都会"的硬分叉分成了两个阶段进行,分别是 Byzantium(拜占庭)和 Constantinople(君士坦丁堡)。自"拜占庭"版本之后,挖矿奖励由 5 个 ETH 变更为 3 个。"君士坦丁堡"硬分叉在 2019 年 2 月执行,它主要的特性就是平滑地处理掉所有由于"拜占庭"所引发的问题,并引入 PoW 和 PoS 的混合链模式。自本版本之后,挖矿奖励由 3 个 ETH 减少到 2 个。

7.1.6 以太币的通货膨胀问题

以太坊采用工作量证明机制 PoW 进行挖矿,每年按照当时发行总量的 26% 奖励矿工。

2014 年 10 月,以太坊将区块的出块时间从 60 s 缩减到了 12 s,目前基本稳定在 15 s,每个区块奖励 5 个以太币。2017 年 10 月后奖励降低为 3 个,2019 年以后将降低为 2 个。

以太坊在做募集之前先产生了大概 7 200 万个以太币,并规定每一年通过打包区块产生的以太币的奖励数量,不能超过原始用来做募集资金的以太币数量的 30%。根据这个规定就能计算出每个块所能奖励的以太币的最大数量。这个奖励不仅包括父块的奖励,也包括叔块的奖励。目前以太坊已经产生了 1 亿多的以太币,以太坊后期要改成 PoS 机制,故每年出块的数量会大幅下降。目前大概每年出块的奖励是 1 130 万个左右以太币。

以太坊在产生奖励的机制上是没有封顶的，虽然它也会隔一段时间降低出块奖励，但实际上它的节奏和频率远不像比特币那样有规律，它并没有刻意地去减少打包区块的奖励。这是以太坊的设计初衷，它要鼓励大家加入网络中做矿工，增加以太坊的算力，来维护这个网络，确保这个网络不会有一天没有节点来维护。以太币越来越多之后怎么办？实际上有一个规定，虽然每年产生的以太币奖励是不断增加的，但是奖励还是有一个上限值的。

对于以太坊的通胀问题，以太坊在 2015 年提出了一个方法，采用难度升级的机制迫使节点切换到 PoS 机制，这个武器被称作"难度炸弹"。在这种机制下，经过某一个时间节点后，出块难度值会提高到非常高的程度，导致出块非常困难，这个时期叫作"冰河世纪"。

从 PoW 切换到 PoS 共识机制以后，每年产生的以太币奖励可能会下降到 200 万个以下。当然这对矿工的积极性是有一定打击的，以太坊几次要切换到 PoS 都会有这方面的考虑，就是怎样既能照顾到老矿工的利益，又能使用新的共识机制，这方面是要做一定的平衡的。

以太坊最近把共识机制切换到 PoS 的最终时间又推迟了，大概要推迟到 2020 年的一个时间。这一方面是技术实现上的问题，另一方面是要平衡矿工前后不一致的奖励问题。因以太坊的 PoS 机制迟迟未到，冰河期一拖再拖，故冰河期以太坊出块奖励会从 3 个降为 2 个，以降低以太币通货膨胀率。

7.2 以太坊的架构组成

7.2.1 以太坊的架构图

以太坊的模块与比特币没有本质的差别，都包括区块链账本、共识机制、核心节点、P2P 网络、可编程逻辑。

以太坊与比特币本质的差别就是实现了智能合约，支持全新的合约编程语言，并为运行合约增加了一个以太坊虚拟机。

以太坊的组成结构如图 7.1 所示。

比特币是利用区块链技术的专用计算机，以太坊是利用区块链技术的通用计算机。

$$以太坊 = 区块链 + 智能合约$$

从平台的角度讲，以太坊类似于苹果的应用商店；从技术角度讲，以太坊类似于一个区块链操作系统。如果想在以太坊的基础上实现比特币系统最核心的功能——

交易事务，只要在智能合约层开发一个与比特币逻辑一致的合约程序就可以了。当然还可以根据需要去开发任何加密数字货币系统，它们都能通过以太坊网络良好地运行。如果说比特币是二维世界，那么以太坊就是三维世界，它可以实现无数个不同的二维世界。

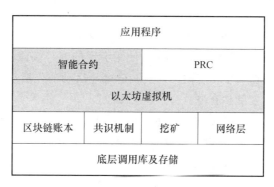

图 7.1　以太坊结构图

以太坊源码访问地址：https://github.com/ethereum。

7.2.2　以太坊中的软件组成

① Geth。go-ethereum，官方的 Go 语言客户端。
☆ 类似于比特币的 Bitcoin Core 客户端。
☆ 可以用于挖矿、组建私有链、管理账号、部署智能合约（但是不能编译智能合约）。
☆ Geth 没有界面，是一个命令行程序。
☆ go-ethereum 的独立客户端 Geth 是最常用的以太坊客户端。用户可以通过安装 Geth 接入以太坊网络并成为一个完整节点。Geth 作为一个 HTTP-RPC 服务器，对外暴露 JSON-RPC 接口，供用户和以太坊网络交互。

② cpp-ethereum。C++实现的以太坊客户端。
③ ethereum-lib。JavaScript 实现的以太坊客户端。
④ pyethereum 项目。Python 编写的以太坊客户端。
⑤ ethereumj 项目。Java 编写的以太坊客户端。
⑥ EIP。以太坊改进建议，包含核心协议说明、客户端 API 以及合约标准等。
⑦ Mist 客户端与 Ethereum Wallet（MistBrowser）。
☆ Mist 客户端目前主要是钱包客户端，或是浏览器，但是未来会被定义为一个 DApp 市场交易的客户端，类似于苹果市场。实际上 Ethereum Wallet 可以看作配置在 MistBrowser 上的一个应用，因此通常也叫作 Mist/Ethereum

Wallet。

☆ Ethereum Wallet 是官方提供的一套包含图形界面的钱包客户端,除了可用于进行交易外,也支持直接编写和部署智能合约。所编写的代码编译发布后,可以部署到区块链上,使用者可通过发送调用相应合约方法的交易来执行智能合约。

☆ Mist 一般是配合 go-ethereum 或者 cpp-ethereum 运行的。如果在 Mist 启动时没有运行以太坊客户端,Mist 会使用绑定的客户端,默认是 Geth。如果想要 Mist 运行在一个私有网络,只要在 Mist 启动前先启动 Geth,Mist 就可以通过 RPC 连接到私有链。

⑧ Solidity 项目。Solidity 项目是使用 C++开发的,客户端文件是 solc,跨平台,使用命令行界面。Solidity 是以太坊智能合约的编程语言。

⑨ browser-solidity 项目。browser-solidity 是智能合约浏览器版本的开发环境,可以直接在浏览器中用 Solidity 开发、调试、编译智能合约。

⑩ Remix。Remix 是智能合约的开发 IDE,采用图形化界面,可以支持智能合约的编写、调试、部署。Remix 目前与 browser-solidity 集成在一起使用。

除 Remix 外,以太坊社区还出现了许多服务于编写智能合约和 DApp 的 IDE,例如:

☆ Truffle,功能丰富的以太坊应用开发环境;

☆ Embark,DApp 开发框架,支持集成以太坊、IPFS 等。

7.2.3 学习以太坊的网站资源

☆ ethstats.net。实时查看网络的信息,如区块、价格、交易数等。

☆ ethernodes.org。显示整个网络的历史统计信息,如客户端的分布情况等。

☆ dapps.ethercasts.com。查看运行在以太坊上的 DApp 信息,包括简介、所处阶段和状态等。

7.3 以太坊中的核心概念

7.3.1 状态

区块链就是一个具有共享状态(state)的密码性安全交易的单机(cryptographically secure transactional singleton machine with shared-state)。"密码安

全(cryptographically secure)"是指用一个很难被解开的复杂数学机制算法来保证数字货币生产的安全性。它类似于防火墙,使得欺骗系统近乎是一个不可能的事情(比如:构造一笔假的交易,消除一笔交易,等等)。

"交易的单机(transactional singleton machine)"是指只有一个权威的机器实例为系统中产生的交易负责任。换句话说,只有一个全球真相是大家所相信的。"具有共享状态(with shared-state)"是指在这台机器上存储的状态是共享的,对每个人都是开放的。以太坊实现了区块链的这个范例。

举例说明:在标准的银行系统中,状态就是一个资产负债表。A 账户向 B 账户转账 X 元就是一笔交易。状态转换函数将从 A 账户中减去 X 元,向 B 账户增加 X 元。如果 A 账户的余额小于 X 元,状态转换函数就返回错误提示。

从技术角度讲,比特币账本可以看作一个状态转换系统。该系统包括所有现存的比特币所有权状态和状态转换函数。状态转换函数以当前状态和交易为输入,输出新的状态。比特币系统的状态是所有已经被挖出的、没有花费的比特币(UTXO)的集合。

下面介绍以太坊状态模型。以太坊的本质就是一个基于交易的状态机(transaction-based state machine)。在计算机科学中,一个状态机是指可以读取一系列的输入,然后根据这些输入,转换成一个新的状态出来,如图 7.2 所示。根据以太坊的状态机,我们从创世状态(genesis state)开始。这类似于一张白纸,在网络中还没有任何交易产生状态。当交易被执行后,这个创世状态就会转变成最终状态。而这个最终状态代表着以太坊当前的状态。

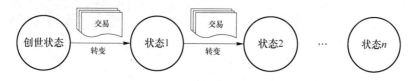

图 7.2 以太坊状态

以太坊的状态因交易而变化。这些交易被打包到一个区块中,一个区块包含了一系列的交易,每个区块都与它的前一个区块链接起来。

7.3.2 账户

比特币在设计中并没有账户(accounts)的概念,而是采用了 UTXO 模型记录整个系统的状态。以太坊中由于具备账户的概念,可以直接获得当前的余额,这个余额相当于用户资产的当前状态。

比特币只有流水账,要获得当前余额,只能通过交易历史来推算该用户的余额信息。以太坊采用了不同的做法,直接用账户来记录系统状态。每个账户存储余额信息、智能合约代码和内部数据等。以太坊支持在不同账户之间转移数据,以实现更为复杂的逻辑。

以太坊的全局"共享状态"是由很多小对象(账户)组成的,这些账户可以通过消息传递来与对方进行交互。每个账户都有一个与之关联的状态和一个 20 字节的地址(address)。在以太坊中用一个 160 位标识符的地址来识别账户。

以太坊账户分两种类型:外部账户(Externally Owned Accounts,EOA)和合约账户(Contracts Accounts,CA),如图 7.3 所示。

☆ 外部账户。以太币拥有者账户,被私钥控制且没有任何代码与之关联。

☆ 合约账户。合约在部署时,就会创建一个合约账户,合约的可执行字节码(bytecode)保存在合约账户中。合约账户被它们的合约代码控制。

合约账户上存储执行的智能合约代码,只能被外部账户调用激活。

当合约账户被调用时,存储其中的智能合约会在矿工节点的虚拟机中自动执行,并消耗一定的燃料。燃料通过外部账户中的以太币进行购买。

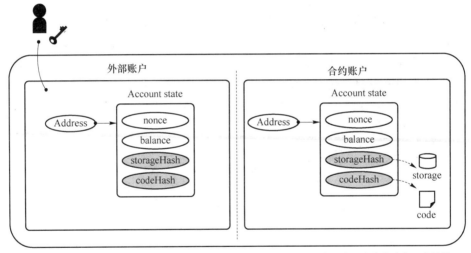

图 7.3 以太坊两种账户类型

不论哪种类型的账户,都存在 4 个属性,如图 7.4 所示。

(1) nonce

如果账户是一个外部账户,nonce 代表从此账户地址发送的交易序号。

如果账户是一个合约账户,nonce 代表此账户创建的合约序号。

(2) balance

balance 表示此地址拥有 Wei 的数量(1 Ether$=10^{18}$ Wei,1 Ether$=10^{9}$ GWei)。

(3) Root（storageRoot）

Root Merkle Patricia 树（MPT）的根节点 Hash 值默认是空值。

storageRoot 对应合约存储结构的 MPT 的根节点 Hash 值，通过它能够在数据库中检索到合约的变量信息。

数据主要存储在账户 storageRoot 指向的存储区域；所有的基础存储目前都基于 LevelDB，一种 KV 型（键值对型）数据库。

(4) codeHash

对于合约账户来说，codeHash 就是合约账户将合约代码进行 Hash 计算后的字节码和位码；对于外部账户来说，codeHash 是一个空字符串的 Hash 值。

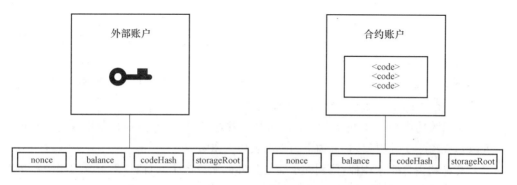

图 7.4　账户的组成部分

外部账户的特点是：

☆ 可以存储以太币；

☆ 可以发起交易，其中包括以太币的交易和部署运行智能合约；

☆ 用户创建账户密钥并管理账户；

☆ 不支持智能合约代码。

合约账户的特点是：

☆ 可以存储以太币；

☆ 可以支持智能合约代码；

☆ 可响应其他用户或合约执行此智能合约的请求，并返回结果；

☆ 可以调用别的智能合约。

外部账户与合约账户的比较：

☆ 一个外部账户可以通过创建交易和签名交易，来发送消息给另一个外部账户或合约账户；

☆ 在两个外部账户之间传送消息只是一个简单的价值转移；

☆ 从外部账户到合约账户的消息会激活合约账户的代码,允许它执行各种动作(比如,转移代币,写入内部存储,挖出一个新代币,执行一些运算,创建一个新的合约,等等);

☆ 合约账户不可以自己发起一个交易,合约账户只有在接收到一个交易之后(从一个外部账户或另一个合约账户处),为了响应此交易而触发一个交易,因此,在以太坊上任何的动作都是被外部账户触发的交易所发动的,换句话说,所有被记录在以太坊区块链上的活动都是由外部账户发起的。

7.3.3 交易

以太坊中交易(transaction)的概念是比较广义的,因为以太坊不仅支持转账交易这样的合约功能。

交易是指一个外部账户将一个经过签名的数据包发送到另一个账户的过程,这个过程中产生的账户状态变化将被存储到区块链上。

在以太坊中交易还可以是一个合约账户发送到另一个账户的"消息",消息数据可以是合约的二进制编码、合约中的方法及传入参数。

交易和消息非常相似,区别在于交易是外部账户产生的,消息是由合约账户产生的。一般情况下,常将两者统一理解为交易。

交易数据在以太坊中是以交易树的形式保存的。

在发送交易时,用户需要缴纳一定的交易费用,通过以太币方式进行支付和消耗。目前以太坊网络支持每秒几十笔交易的交易速度。交易需要确认,以太坊要求交易必须在 12 个区块产生之后才能最终确认。但是只要有一个区块确认了合约,就可以调用合约的函数了。此时并不代表交易得到了最终确认,只是临时确认。当 12 个区块确认完成后,合约才被真正保存到区块链上,即部署到以太坊的网络上并可以被调用。

以太坊中有 3 种交易类型。

1. 转账交易

☆ 转账交易指从一个账户到另一个账户发送以太币,要有发送方、接收方、转账金额。

☆ 指令格式:web3.eth.sendTransaction({from:"" , to:"" , value: })。

☆ 注意计量单位转换。默认的以太币计量单位是 Wei,而钱包客户端是 Ether。

☆ web3.toWei(3, "ether")。

☆ 1 Ether=10^{18} Wei。

2. 合约创建交易

☆ 以太坊中的交易是指签名的数据包。合约在创建时需要消耗 gas,所以合约创建也是一种交易。
☆ 指令格式:web3.eth.sendTransaction({from:"",data:""})。
☆ from 是合约创建者的地址,data 是合约程序的二进制编码。

3. 合约执行交易

☆ 合约一旦部署完成,就可以调用合约中的方法,就是执行合约。执行合约也是一种交易。
☆ 指令格式:web3.eth.sendTransaction({from:"",to:"",data:""})。
☆ from 是合约调用者的地址,to 是合约的地址,data 是合约中具体的调用方法以及传入参数。
☆ 本质上转账交易也是一种合约执行交易。

交易结构体包含以下属性。

① AccountNonce。交易的发送者已经发送过的交易数(发送者发送交易数的计数)。
② Price。燃油单价(发送者愿意支付执行交易所需的每个 gas 的 Wei 数值)。
③ GasLimit。发送者愿意为执行交易支付 gas 的最大值。这个数量被设置之后,在计算完成之前 gas 就会被提前扣掉。交易在执行过程中如果实际所需的燃料超出设置的 gas 限制,交易会中断执行,出错回滚。
④ Recipient。接收方的地址。
⑤ Amount。发送的以太币金额,单位为 Wei。
⑥ Payload。交易携带的数据,不同的交易类型有不同的用法。
⑦ R、S、V。交易的签名数据。

7.3.4 收据

收据这个概念是以太坊中特有的。收据和交易、状态一样,都是一棵树。以太坊支持 3 种默克尔树:交易树、状态树、收据树。其目的无非就是为了方便进行各种数据查询,提高账本数据的统计查询效率。
收据结构体用来描述交易事务产生的结果。收据结构体解释说明如下。
① PostState。状态树的根 Hash 值,并非直接存储的 Hash 值,而是转换为字节码存储。
② Status。

③ CumulativeGasUsed。累计的 gas 消耗,就是所在区块的 gas 消耗之和。

④ TxHash。交易事务的 Hash 值。

⑤ ContractAddress。合约地址,如果是普通的转账交易则为空。

⑥ GasUsed。本条交易消耗的 gas。

7.3.5 区块头

区块头是一个区块的一部分,以太坊的区块头包含以下 15 个信息。

```
type Header struct {
    ParentHash    common.Hash     'json:"parentHash"        gencodec:"required"'
    UncleHash     common.Hash     'json:"sha3Uncles"        gencodec:"required"'
    Coinbase      common.Address  'json:"miner"             gencodec:"required"'
    Root          common.Hash     'json:"stateRoot"         gencodec:"required"'
    TxHash        common.Hash     'json:"transactionsRoot"  gencodec:"required"'
    ReceiptHash   common.Hash     'json:"receiptsRoot"      gencodec:"required"'
    Bloom         Bloom           'json:"logsBloom"         gencodec:"required"'
    Difficulty    *big.Int        'json:"difficulty"        gencodec:"required"'
    Number        *big.Int        'json:"number"            gencodec:"required"'
    GasLimit      uint64          'json:"gasLimit"          gencodec:"required"'
    GasUsed       uint64          'json:"gasUsed"           gencodec:"required"'
    Time          *big.Int        'json:"timestamp"         gencodec:"required"'
    Extra         []byte          'json:"extraData"         gencodec:"required"'
    MixDigest     common.Hash     'json:"mixHash"           gencodec:"required"'
    Nonce         BlockNonce      'json:"nonce"             gencodec:"required"'
}
```

结构体解释说明如下。

☆ ParentHash。指向父区块(parentBlock)的指针。除了创世区块(genesis block)外,每个区块有且只有一个父区块。

☆ Coinbase。挖掘出这个区块的矿工地址。在每次执行交易时系统会给予一定补偿的 Ether,这笔金额就是发给这个地址的。

☆ UncleHash。Block 结构体的成员 uncles 的 RLP 哈希值。uncles 是一个 Header 数组,它的存在颇具匠心。

☆ Root。StateDB 中的"state Trie"的根节点的 RLP 哈希值。在 Block 中,每个账户以 stateObject 对象表示,账户以 Address 为唯一标识,其信息在相关交易(transaction)的执行中被修改。所有账户对象可以逐个插入一个 Merkle Patrica Trie(MPT)结构中,形成"state Trie"。

☆ TxHash。Block 中"tx Trie"的根节点的 RLP 哈希值。Block 的成员变量 transactions 中所有的 tx 对象,被逐个插入一个 MPT 结构中,形成"tx Trie"。

☆ ReceiptHash。Block 中的"Receipt Trie"的根节点的 RLP 哈希值。Block 的所有 transaction 执行完后会生成一个 Receipt 数组,这个数组中的所有 Receipt 被逐个插入一个 MPT 结构中,形成"Receipt Trie"。

☆ Bloom。Bloom 过滤器(filter)用来快速判断一个参数 Log 对象是否存在于一组已知的 Log 集合中。

☆ Difficulty。区块的难度。Block 的 Difficulty 由共识算法基于 parentBlock 的 Time 和 Difficulty 计算得出,它会应用在区块的"挖掘"阶段。

☆ Number。区块的序号。Block 的 Number 等于其父区块 Number 加 1。

☆ Time。区块"应该"被创建的时间。由共识算法确定,一般来说,要么等于 parentBlock.Time + 10 s,要么等于当前系统时间。

☆ GasLimit。区块内所有 gas 消耗的理论上限。该数值在区块创建时设置,与父区块有关。具体来说,根据父区块的 GasUsed 同 GasLimit * 2/3 的大小关系计算得出。

☆ GasUsed。区块内所有 transaction 执行时实际消耗的 gas 总和。

☆ nonce。一个 64 bit 的哈希数,它被应用在区块的"挖矿"阶段,并且在使用中会被修改。

注意每个区块包含 3 个树结构,3 个树结构分别对应:

☆ 状态(stateRoot,Root);

☆ 交易(transactionsRoot,TxHash);

☆ 收据(receiptsRoot,ReceiptHash)。

这 3 个树结构就是 MPT。

以太坊区块头如图 7.5 所示。

7.3.6 燃料

1. 需要燃料的原因

智能合约一旦部署在以太坊上就无法再被修改。为了防止恶意用户部署无限循环运行的合约,以太坊要求用户为所部署合约的每一步支付费用。这些费用的基础单位就是燃料。

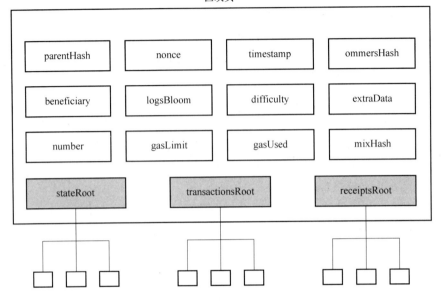

图 7.5 以太坊区块头

以太坊是一个"图灵完备语言",这就允许有循环,并使以太坊受到停止问题的影响,这个问题让用户无法确定程序是否无限制地运行。如果没有费用的话,恶意的执行者通过执行一个包含无限循环的交易就可以很容易地让网络瘫痪,而不会产生任何反响。因此,费用保护网络不受蓄意攻击。简单来说,设计 gas 的目的是:防止错误的循环程序与恶意攻击。

gas 就是部署和执行智能合约所需要的燃料,没有燃料,合约就无法执行。这种燃料机制维持着以太坊经济体系的运行,用户只能通过挖矿或购买以太币来补充燃料。燃料可以通过燃料价格转化为以太币。

2. 燃料价格

gas price(燃料价格)是消耗每个 gas 需要的以太币。

燃料价格定得越高,交易被确认得就越快,反之则越慢。

gas 的价格是由以太坊运行的状态决定的。最便宜的 gas price 是 1 GWei,通常转账所需要的 gas 都是以多少 GWei(1 GWei 相当于 10^9 Wei)来声明的。目前大多数情况下,以太坊需要 3~4 GWei 水平的 gas price。

在以太坊应用各种交易特别多的时候,会产生一种现象叫拥堵,这时候的 gas price 就会变得非常高,不只是 3~4 GWei,可能是几十或上百 GWei。

交易时,gas 的价格可由用户自行调整,基准价格会随着以太币的市值波动。以太币升值则 gas 的价格适当降低。

gas fee(燃料费用)是 gas×gas 价格,单位是以太币。

gas limit 代表用户愿意花费在 gas 上的最大值。如果在他们的账户余额中有足够的 Ether 来支付这个最大值费用,那么就没问题。在交易结束时任何未使用的 gas 都会被返回给发送者,以原始费率兑换。图 7.6 是交易手续费的计算公式。

图 7.6　交易手续费计算公式

gas 的钱到底去了哪里?发送者在 gas 上花费的所有钱都发送给了"受益人"地址,通常情况下就是矿工的地址。因为矿工为了计算和验证交易做出了努力,所以矿工接收 gas 的费用作为奖励。

通常,发送者愿意支付更高的 gas price,矿工从这笔交易中就能获得更多的价值,因此,矿工也就更加愿意选择这笔交易。为了引导发送者应该设置多少 gas price,以太坊钱包会建议一个最小的 gas price。

也可以访问 https://ethgasstation.info/ 等网站,查看目前的标准燃料价格(见图 7.7)和最低安全燃料价格。

图 7.7　查看当前燃料价格

每执行一条合约指令会消耗固定的燃料。当某个交易还未执行结束,而燃料消耗完时,合约执行终止并回滚状态。因此燃料控制了交易执行指令的上限。

如果没有足够的 gas 来执行交易,那么交易在执行中就会出现"gas 不足"的情况,然后该交易被认为是无效的。在这种情况下,交易处理就会被终止,以及所有已改变的状态将会被恢复,最后我们就又回到了交易之前的状态——就像这笔交易从来没有发生过。因为机器在耗尽 gas 之前还是为计算做出了努力,所以理论上将不会有任何的 gas 被返回给发送者。

3. 以太坊中存储也需要消耗 gas

gas 不仅用来支付每一步计算的费用,而且也用来支付存储的费用。存储的总费用与所使用的 32 位字节的最小倍数成比例。

计算的操作在以太坊虚拟机上是非常昂贵的。因此,以太坊智能合约最好是用来执行最简单的任务,比如运行一个简单的业务逻辑或者验证签名和其他密码对象,而不是用于复杂的操作,比如文件存储、电子邮件或机器学习,这些会给网络造成压力。施加费用可以防止用户使网络超负荷。

为什么我们还需要为存储付费?其实就像计算一样,以太坊网络上的存储是整个网络都必须要负担的成本。

每字节消耗 gas 数大约为 68。每笔交易最大的字节数:32×1 024 字节。

gas 可以跟以太币进行兑换。以太币的价格是波动的,但是运行某段智能合约的燃料费用可以是固定的,通过设定 gas 价格进行调节。

每一个操作要花费多少 gas,都有固定的标准。例如,执行加减运算耗费 3 gas,执行乘除运算耗费 5 gas。

4. Ether 与 gas 的关系

当花费 gas 时,我们也设定了 gas 的价格,gas 的价格用 GWei 来测量。

gas 的价格是一个根据供需情况进行调整的动态数据。如果很多人同时试图去使用网络,并且矿工数量有限,那么 gas 的价格自然会上涨。

我们可以看到 EthGasStation(https://ethgasstation.info/)等网站目前的燃料价格,比如:1 gas≈3 GWei。

如果我们想确定进行最基本类型的交易(使用 21 000)所需的燃料,我们可以这样来计算:3×21 000=63 000 GWei。

目前 Ether 的价格大约是 626 元,这意味着交易的平均成本大约在 626×63 000/10^9=0.039 元(每笔简单交易的手续费为 4 分钱左右)。

5. 燃料消耗举例说明

智能合约中有以下功能:

```
function doMath() {
  1 + 1;
  3 * 2;
}
```

该例子中,执行一个加法和一个乘法。因此,运行 doMath 函数所需的 gas 是 3+5=8。每一笔以太坊交易的最小 gas 为 21 000,这就相当于出租车的起步价。所以上面的例子总共的花费是 21 008 gas。

通过这种方式对操作进行分类,我们将始终能够计算以太坊函数调用花费的 gas,这是评估以太网成本的第一步。

6. 燃料手续费的计算

① gas price 是燃料单价,是以太坊中消耗一个 gas 对应的 GWei 值。

② gas limit 指发动一次汽车需要的最大汽油量。默认标准的 ETH 转账的 gas limit 是 21 000。

③ gas used by Txn 指实际交易执行中使用的 gas，一般也是 21 000。

④ 如果 gas limit 不够矿工消耗，会导致代码执行中断。尽管执行中断，矿工还是会把手续费收走。

⑤ 交易手续费 = gas price × gas used by Txn。

⑥ 每笔交易最大的 gas 是 800 万。

⑦ 每笔交易最大的字节数：32×1 024 字节。

下面举例说明。

网址：https://ropsten.etherscan.io/tx/0xe48c9c80e3b0e0e50a8c53b98e08335978cc1fc53ec32639a1e0395865b6adac。

交易号：0xe48c9c80e3b0e0e50a8c53b98e08335978cc1fc53ec32639a1e0395865b6adac。

燃料限制：2 731 452。

交易燃料费用：1 774 176。

燃料价格：0.000 000 004 以太币（4 GWei）。

实际支付的矿工费：0.007 096 704 以太币。

实际数据传输字节：25 782 B。

每笔交易至少消耗 gas 数：21 000 gas。

每字节消耗 gas 数：(1 774 176 − 21 000)/25 782 = 68。

7.3.7 以太坊挖矿 Ethash 算法的原理

1. 挖矿

为了让一个状态转换成下一个状态，必须通过交易来实现，交易必须是有效的。为了让一个交易被认为是有效的，它必须要验证、打包、上链，被所有节点同步。上链的过程需要争夺记账权，争夺记账权的过程就是挖矿。挖矿就是一组节点（即计算机）用它们的计算资源来创建一个包含有效交易的区块。

任何在网络上宣称自己是矿工的节点都可以尝试创建和验证区块。世界各地的很多矿工都在同一时间创建和验证区块。每个矿工在提交一个区块到区块链上的时候都会提供一个数学机制的"证明"，这个证明就像一个保证：如果这个证明存在，那么这个区块一定是有效的。

为了让一个区块添加到主链上，一个矿工必须要比其他矿工更快地提供这个"证明"。通过矿工提供的一个数学机制的"证明"来证实每个区块的过程称之为工作量证明(proof of work)。

2. Ethash 的概念

Ethash 是以太坊目前使用的共识算法，其前身是 Dagger-Hashimoto 算法，但是进行了很大的改动。Ethash 是一种"memory-hard 计算"和"memory-easy 验证"的哈希算法，通过内存访问速度的瓶颈抵抗 ASIC 矿机，同时利用两级数据集实现挖矿和轻客户端验证的分离。Dagger-Hashimoto 算法想要达到以下几个目标：

① 抵制 ASIC 矿机；

② 轻客户端验证；

③ 全链数据存储。

实际上 Dagger-Hashimoto 是由两种不同的算法 Dagger 和 Hashimoto 融合而成的。

（1）Hashimoto

Hashimoto 算法由 Thaddeus Dryja 发明，旨在通过"内存读取"瓶颈来抵制 ASIC 矿机。ASIC 矿机可以通过设计专用电路来提升计算速度，但是很难提升"内存读取"速度，因为经历了这么多年的发展，内存访问已经经过了极致的优化。Hashimoto 算法直接采用区块链数据，也就是区块中的交易作为输入源。

注意：为了减小计算量，Dagger-Hashimoto 中实际上只使用了低 64 位参与移位。

（2）Dagger

Dagger 算法由 Vitalik Buterin 发明，旨在通过 DAG（有向无环图）来同时获得"memory-hard 计算"和"memory-easy 验证"这两个特性，其主要原理是针对每一个单独的 nonce 只需要访问数据集中的一小部分数据。Dagger 曾经被认为可以替代一些 memory-hard 算法（如 Scrypt），但是后来被 Sergio Lerner 证明该算法易遭受共享内存硬件加速的攻击，从而逐渐被废弃。

3. Ethash 算法的主要步骤

① 根据区块信息生成一个 seed。

② 根据 seed 计算出一个 16 MB 的伪随机 cache，由轻客户端存储。

③ 根据 cache 计算出一个 1 GB 的 dataset，其中的每一个数据都是通过 cache 中的一小部分数据计算出来的。该 dataset 由完整客户端或者矿工存储，大小随时间线性增长。

④ 矿工会从 dataset 中随机取出数据计算 Hash 值。

⑤ 验证者会根据 cache 重新生成 dataset 中所需要的那部分数据，因此只需要存储 cache 就可以了。

4. 使用 PoW 变种算法 Ethash 的原因

以太坊的共识机制是 PoW，使用的算法是 Ethash，这种算法是 Dagger-Hashimoto 算法的改良版本。

原始 PoW 算法是一个 SHA-256 哈希函数。这种函数的优点就是它使用特殊的硬件（也被称之为 ASIC 矿机），可以快速高效地解决 nonce 问题。ASIC（Application Specific Integrated Circuits，专用集成电路）是指应特定用户要求或特定电子系统的需要而设计制造的集成电路。

Ethash 算法跟原始 PoW 的密集型 Hash 运算不同，跟计算效率关系不大。Ethash 被设计为，若要计算出要求的 nonce 需要大量的内存和带宽。大量内存的需求让计算机平行地使用内存同时计算多个 nonce 变得极其困难，高带宽的需求让即使是超级计算机同时计算多个 nonce 也变得十分艰难。这样就很难制造出专门针对 Ethash 算法的芯片，从而防止了 ASIC 矿机的算力攻击。这种方式降低了中心化的风险，并为所有的节点提供了公平的竞争环境。

7.3.8　Keccak-256 Hash：以太坊中的 Hash 算法

1. SHA-3 算法

SHA-3 算法之前名为 Keccak 算法，Keccak 算法的输出度分别为 512、384、256、224。SHA-3 并不是要取代 SHA-2，因为 SHA-2 并没有出现明显的弱点。由于对 MD5 出现成功的破解，以及对 SHA-1 出现理论上破解的方法，NIST（美国国家标准与技术研究院）需要一个与之前算法不同的、可替换的加密杂凑算法，也就是现在的 SHA-3。

2. Keccak 和 SHA-3 算法

SHA-3 采用的就是 Keccak 算法，在很多场合下 Keccak 和 SHA-3 是同义词。但在 2015 年 8 月 SHA-3 最终完成标准化时，NIST 调整了填充算法，标准的 SHA-3 和原先的 Keccak 算法就有所区别了。

在早期的 Ethereum 相关代码中，普遍使用 SHA-3 代指 Keccak-256，为了避免和 NIST 标准的 SHA-3 混淆，现在的代码直接使用 Keccak-256 作为函数名。

总结为一句话：Ethereum 和 Solidity 智能合约代码中的 SHA-3 是指 Keccak-256，而不是标准的 NIST-SHA-3，为了避免混淆，直接在合约代码中写成 Keccak-256 是最清晰的。

7.3.9 GHOST 协议

1. GHOST 的基本概念

区块链是一个具有共享状态的交易单机。正确的当前状态是一个全球真相,所有人都必须接受它。如果存在多个状态(或多个链)会摧毁这个系统,因为哪个是正确状态不可能得到统一结果。如何确保每个节点都只在同一条主链上,而不产生分叉呢?为了确定哪个路径才是最有效的,从而防止多条链的产生,以太坊使用了 GHOST(Greedy Heaviest Observed Subtree,贪婪最重可观察子树)协议的数学机制。

简单来说,GHOST 协议就是让我们必须选择一个在其上完成计算最多的路径。一个确定路径的方法就是使用最近一个区块(叶子区块)的区块号,区块号代表着当前路径上总的区块数(不包含创世区块)。区块号越大,路径就会越长,就说明越多的挖矿算力被消耗在了此路径上。使用这种推理就可以得到当前状态的权威版本(canonical blockchain),如图 7.8 所示。

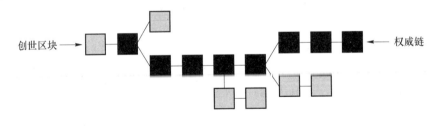

图 7.8 以太坊主链

2. GHOST 协议详情

在以太坊中区块分叉是一个司空见惯的情况,因此区块链发生分叉之后尽快合并以维护区块链的统一显得尤为重要。

(1) 发生分叉后尽快合并统一

在图 7.9 中,假设一个大型矿池 A 打包了一个黑色的 3 号区块,并将 3 号区块发送出去,告知其他矿工 3 号区块已经被 A 挖掘出来了。以太坊中的出块时间是 15 s,在 15 s 内这个 3 号区块并没有完全扩散到整个区块链网络中,因此其他没有收到这个区块的节点会继续挖 3 号区块。发布了 3 号区块之后,A 准备继续挖 4 号区块,在此过程中 A 收到了其他节点挖出 3 号区块的通知,图 7.9 中假设 A 收到了来自其他 4 个节点发布的 3 号区块(在图 7.9 中用灰色表示,分别是 3A、3B、3C 和 3D),A 收到这 4 个区块之后意识到必须尽快挖出 4 号区块以证明自己所在的链才是主链,让其他节点在 A 发布的 3 号黑色区块上继续挖掘 4 号区块。

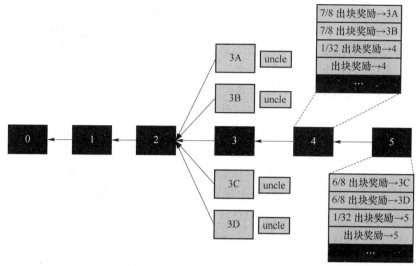

图 7.9 以太坊叔块的出块奖励

有什么办法让其他节点认同并且合并到 A 发布的 3 号区块呢？A 在正挖掘的 4 号区块中添加了 2 笔铸币交易（为什么是 2 笔？因为以太坊规定每个区块最多包含 2 个对叔块的奖励），这 2 笔铸币交易分别给了发布 3A 和 3B 区块的矿工，两笔交易的价值分别是出块奖励的 7/8，A 自己本身因为招安了两个分叉区块，除了出块奖励之外，可以额外得到出块奖励的 1/32。

A 打包好 Block 信息后，开始努力挖矿，因为 A 是一个较大的矿池，拥有很强的算力，所以 A 很快挖到了 4 号区块。当 A 将 4 号区块发布出去后，一些还在挖掘 4 号区块或者 3 号区块的节点（尤其是 3A 和 3B 区块所在的矿工）收到这个区块后，立刻停下来检查 A 发布的 4 号区块的合法性，验证通过后都会停下手头的挖矿工作，认为 A 发布的 4 号区块是最长的合法链，于是会在 A 发布 4 号区块之后开始挖矿。

对于 3A 和 3B 来说，为什么会放弃原本的区块链而转到 A 所在的 4 号区块上继续挖矿呢？因为它们分别获得了出块奖励的 7/8，和 A 继续竞争主链成功的概率不大，苦苦挣扎不如坦然接受招安，于是发布 3A 和 3B 的区块就继续在 4 号区块之后挖矿。而 3B 和 3C 也是几乎和 3A、3B 同时发布的区块，3A 和 3B 区块得到了奖励，3C 和 3D 难道就要被主链抛弃了吗？辛辛苦苦挖矿到毫无所获，这也不合适。以太坊设计的时候就想到了这种情况，一个区块上的分叉会出现很多个，因此在 4 号区块之后的 5 号区块，可以继续选择招安主链上的两个分叉区块，但最多招安 2 个分叉区块。于是 5 号节点的铸币交易中分别转给发布 3C 和 3D 区块的两个矿工出块奖励的 6/8。

3C 和 3D 的奖励比 3A 和 3B 少了 1/8,这是为什么呢？因为 3C 和 3D 是 4 号区块的 uncle 区块,但是对于 5 号来说,和 3C、3D 的距离增加了 2 代,因此 5 号区块转给 3C 和 3D 的区块奖励就一共少了 2/8。而 5 号区块也乐意参加招安工作,除了出块奖励之外,还可以得到额外 1/32 的出块奖励,不需要做很多工作就可以拿到一些奖励,岂有不招安之理？

(2) GHOST 协议尽快招安分叉区块以组成统一的区块链

在图 7.10 中,矿工挖掘第 $N+8$ 个区块的时候,搜索主链上还没有需要被招安的叔块,给这些挖出分叉叔块的矿工一定的奖励。叔块距离第 $N+8$ 个区块越近,其矿工得到的奖励越多。最近的叔块(灰色的 $N+7$ 号区块所在的矿工)可以拿到 7/8 的出块奖励,每隔一代,区块奖励就会减少 1/8,直到间隔 8 代以后的叔块不再获得奖励。在这个过程中,每个区块最多招安 2 个叔块。因此,在以太坊中,每个区块的出块奖励是

实际出块奖励＝标准出块奖励＋1/32×标准出块奖励×
招安的出块数(每次最多招安 2 个)

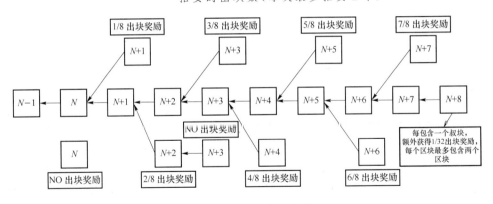

图 7.10 以太坊叔块招安

每个叔块被包含之后最多得到 7/8 的出块奖励,最少为 0。叔块后面继续挖出来的区块不会得到任何奖励,这是为了激励其他区块在发现最长的区块链之后尽快进行合并。

以太坊区块链中 7 代及其以内的叔块都能得到奖励,超过 7 代的叔块将不会得到奖励,这样是为了避免有些矿工专门在之前的链上制造分叉后坐等被后面的节点招安的情况。

以太坊中的出块奖励不会随着区块数量的增多而减少,以太坊中无论何时出块都会获得出块奖励,而比特币中区块的数目超过 2 100 万以后就没有出块奖励,此后矿工挖矿的动力来自交易费。

> **备注**
> 如果要打包叔块到区块 B，要满足以下几点：
> ① 叔块必须是 B 的第 k 层祖先，$2 \leqslant k \leqslant 7$；
> ② 叔块必须有合法的区块头；
> ③ 叔块必须是没有被包进区块过的。

7.3.10　孤块和叔块

比特币里面是没有叔块概念的，叔块是在以太坊中引进的，至于为什么要引进叔块的概念，这与以太坊的缩短出块时间有关。

比特币平均出块时间间隔为 10 min，出现叔块的情况概率比较小，当时中本聪设定这种情况的叔块是做无用功的，不会有任何奖励。

"中心化歧视"：以太坊极大地提升了出块时间，这引起的一个明显的问题就是频繁的区块链分叉，在 15 s 内有很大可能多个节点同时挖出一个区块，这些节点中到底谁挖出的区块能成为主链呢？如果继续沿用比特币中的区块奖励方法，假如几乎同时有多个矿工挖出了一个区块，此时网络中占据较大算力的矿池其算力巨大，而且通常地理位置优越，其网络与更多的节点相连，其发布的区块能更快地在网络中传播，因此在出现区块链分叉时，其所在的分叉更有可能成为主链。这种情况下，其他算力较低的矿池或者个体节点就不能得到出块奖励，在以太坊中经常发生区块链分叉的情况，但最后区块链的出块奖励大部分情况下都被大型矿池拿走，而算力小的节点通常很少拿到奖励，这种情况叫作"centralization bias"，就是中心化歧视的意思。

以太坊中叔块产生的概率比较高，如果矿工因为生产了叔块而获取不到任何奖励，矿工的积极性会降低，不利于以太坊的生态发展，所以引入了叔块的概念，这种情况下矿工打包叔块进区块，叔块生产者和打包叔块的矿工都会有一定的奖励。

GHOST 协议支付报酬给叔块，这激励了矿工在新发现的块中去引用叔块，引用叔块使主链更重。

"ommers"到底是什么？

由于以太坊的构造，它的区块生产时间（大概 15 s）比其他的区块链（例如 Bitcoin，大概 10 min）要快很多，这使得交易的处理更快。但是，更短的区块生产时间引起的一个缺点就是：更多的竞争区块会被矿工发现。这些竞争区块同样也被称为"孤区块"（也就是会被挖出来但是不会被添加到主链上的区块，以下简称"孤块"），孤块又被叫作 ommers。

比特币的孤块没有任何区块奖励,但是在以太坊中,孤块可以被引用,被引用的孤块称为"叔块"(uncle block),它们打包的数据也会记录在区块链中。和比特币不一样,以太坊的叔块有奖励,每个叔块最多可以获得 4.375 个以太币的奖励。

ommers 的目的就是为了奖励矿工纳入这些孤块。矿工包含的 ommers 必须是有效的,也就是 ommers 必须在父块的第 6 个子区块之内或更小的范围内。在第 6 个子区块之后,陈旧的孤块将不会再被引用(因为包含老旧的交易会使事情变得复杂一点)。

叔块的奖励计算如表 7.1 和表 7.2 所示。2017 年 10 月前,挖矿奖励 5 个 Ether。

表 7.1　2017 年 10 月前挖矿奖励

间隔层数	报酬比例	报酬/Ether
1	7/8	4.375
2	6/8	3.75
3	5/8	3.125
4	4/8	2.5
5	3/8	1.875
6	2/8	1.25

2017 年 10 月后挖矿奖励降低为 3 个 Ether。2019 年 2 月降低到 2 个 Ether。

表 7.2　挖矿奖励(2019 年 2 月)

间隔层数	报酬比例	报酬/Ether
1	7/8	2.625
2	6/8	2.25
3	5/8	1.875
4	4/8	1.5
5	3/8	1.125
6	2/8	0.75

7.3.11　以太币

以太币是以太坊网络中的加密数字货币。以太币主要用于购买燃料,支付给矿工,以维护以太坊网络运行智能合约的费用。以太币同样可以通过挖矿来生成,成功生成一个新区块,矿工可以获得 5 个以太币的奖励,以及包括该区块中所有交易的燃料费用。用户也可以通过交易市场来直接购买以太币。目前,每年大约可以通过挖矿生成1 000万个以太币。

以太币的最小单位是Wei,一个以太币等于10^{18} Wei,Wei是以太坊网络的最小货币元素。

7.4 参考资料

➢ https://www.jianshu.com/p/8fd649d41263

➢ https://ethfans.org/wikis/%E4%BB%A5%E5%A4%AA%E5%9D%8A%E7%99%BD%E7%9A%AE%E4%B9%A6

➢ https://github.com/ethereum/yellowpaper

➢ https://medium.com/@preethikasireddy/how-does-ethereum-work-anyway-22d1df506369

➢ https://www.ethereum.org/

➢ https://www.jianshu.com/p/e6b2f6500fdf

➢ https://www.jianshu.com/p/be661f7ee16b

➢ https://www.jianshu.com/p/0884aefada04

第 8 章
以太坊数据存储

在前面几章中我们系统地学习了比特币的概念、基本原理和如何进行比特币开发。比特币本身只是一套货币系统,无法满足更为复杂的业务需求,于是以太坊应运而生,以太坊解决了比特币扩展性不足等问题。

在本章中我们将学习以下内容:
- 以太坊数据存储基础;
- RLP;
- Trie 和 Patricia Trie;
- MPT;
- 状态的存储;
- 交易的存储;
- 收据的存储。

8.1 以太坊数据存储基础

8.1.1 以太坊数据存储概述

① 在以太坊中,数据的存储大致分为 3 个部分,分别是状态数据、区块链数据和底层数据库。

② 底层数据库存放以太坊中的全部数据,存储形式是[key,value]键值对,使用的数据库是 LevelDB。所有与交易、操作相关的数据,都存储在链上;StateDB 是用来管理账户的,每个账户都是一个 stateObject。

③ 以太坊数据存储的路径：
☆ 以太坊数据的存储位置为 datadir/geth/chaindata；
☆ 以太坊区块在储存时 header 和 body 是分开的。
以太坊数据模拟如图 8.1 所示。

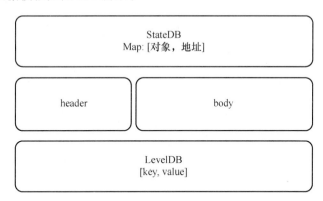

图 8.1　以太坊数据模拟

8.1.2　以太坊 LevelDB 中的数据格式

（1）交易信息（区块体数据）
☆ key:"b" + 区块索引 + 区块哈希。value:当前区块所有交易对象进行 RLP 编码。
☆ blockBodyPrefix + num (uint64 big endian) + hash -> block body。
（2）收据信息
☆ key:"r" + 区块索引 + 区块哈希。value:当前区块所有收据对象进行 RLP 编码。
☆ blockReceiptsPrefix + num (uint64 big endian) + hash -> block receipts。
（3）状态信息
key:RLP 编码的哈希值。value:节点数据的 RLP 编码。
（4）区块头数据
☆ key:"h" + 区块索引 + 区块哈希。value:header 对象进行 RLP 编码。
☆ headerPrefix + num (uint64 big endian) + hash -> header。
① 区块整体难度"t"
☆ key:"h" + 区块索引 + 区块哈希 + "t"。value:区块整体难度。
☆ headerPrefix + num (uint64 big endian) + hash + headerTDSuffix -> td。

② 区块 hash "n"

☆ key:"h" ＋ 区块索引 ＋ "n"。value:区块哈希。

☆ headerPrefix ＋ num (uint64 big endian) ＋ headerHashSuffix -> hash。

③ 区块高度 "H"

☆ key:"H" ＋ 区块哈希。value:区块高度。

☆ headerNumberPrefix ＋ hash -> num (uint64 big endian)。

(5) 交易查询索引信息 "l"

☆ key:"l" ＋ 区块哈希。value:交易检索的元数据(区块哈希、区块索引、交易索引)。

☆ txLookupPrefix ＋ hash -> transaction/receipt lookup metadata。

(6) 布隆过滤器 "B"

bloomBitsPrefix ＋ bit (uint16 big endian) ＋ section (uint64 big endian) ＋ hash -> bloom bits。

(7) 布隆过滤器索引 "iB"

BloomBitsIndexPrefix 是一个用来跟踪进程的链索引器的数据表。

8.2 RLP

RLP(Recursive Length Prefix,递归长度前缀)是一种数据格式,用来编码二进制数据嵌套数组。以太坊使用 RLP 格式序列化对象。

比如,交易数据从一个节点发送到另一个节点时,要被编译为一种特别的数据结构,这种结构称为 Trie,也叫前缀树。这棵树的每一个数据项都会使用 RLP 编码方式。

编码方式就是一种约定的规则,是将二进制数据通过某种格式进行组装,以便于数据传输的过程。

(1) 单字节数据的编码

如果表示的值范围是[0x00,0x7f],则它的 RLP 编码就是自身。这个范围其实就是 ASCII 编码。

(2) 字符串长度是 0~55 字节的编码

☆ RLP 编码 ＝ 单字节前缀 ＋ 字符串本身。

☆ 前缀的值 ＝ 0x80 ＋ 字符串的字节长度。

☆ 55 转 16 进制是 0x37,0x80＋0x37＝0xb7。

☆ 编码的第一个字节的取值范围是[0x80 ,0xb7]。

(3) 字符串长度大于 55 字节的编码

☆ RLP 编码 = 单字节前缀 + 字符串长度 + 字符串本身。
☆ 前缀的值 = 0xb7 + 字符串长度的二进制形式的字节长度。
☆ 字符串长度的二进制形式,最少是 1 字节,最多是 8 字节。
☆ 0xb7+1=0xb8,0xb7+8 = 0xbf。
☆ 编码的第一个字节的取值范围是[0xb8,0xbf]。

(4) 列表总长度为 0~55 字节的编码

☆ RLP 编码 = 单字节前缀 + 列表中各元素项的 RLP 编码。
☆ 前缀的值 = 0xc0 + 列表总长度。
☆ 列表总长度 = 包含项的数量 + 各项长度之和。
☆ 55 转 16 进制是 0x37,0xc0+0x37=0xf7。
☆ 编码的第一个字节的取值范围是[0xc0,0xf7]。

(5) 列表总长度大于 55 字节的编码

☆ RLP 编码 = 单字节前缀 + 列表总长度 + 列表中各元素项的 RLP 编码。
☆ 列表总长度 = 包含项的数量 + 各项长度之和(如果各元素都是非单字节数据,则长度再加 1)。
☆ 前缀的值 = 0xf7 + 列表总长度的二进制形式的字节长度。
☆ 0xf7+1=0xf8,0xf7+8 = 0xff。
☆ 编码的第一个字节的取值范围是[0xf8,0xff]。

8.3　Trie 和 Patricia Trie

8.3.1　Trie 的基本概念

Trie[字典树、前缀树(prefix tree)、单词查找树]是数据结构中很常见的一种树形结构,是一种哈希树的变种,如图 8.2 所示。其典型应用是统计、排序和保存大量的字符串(但不限于字符串),所以经常被搜索引擎系统用于文本词频统计。Trie 的应用:串的快速检索和"串"排序。

Trie 的优点是利用字符串的公共前缀来减少查询时间,最大限度地减少了无谓的字符串比较,查询效率比哈希树高。

Trie 的基本性质可以归纳为:

☆ 根节点不包含字符,是空节点,除根节点以外每个节点只包含一个字符;

☆ 从根节点到某一个节点，路径上经过的字符连接起来，就是存储的字符串；
☆ 每个节点的所有子节点包含的字符串不相同；
☆ 为检索数据带来了便利，只要定位一个前缀，所有具有同一个前缀的数据就都在一起了。

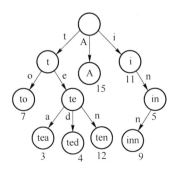

图 8.2　Trie 结构示意图

8.3.2　传统 Trie 的局限

1. 存储效率低

常见的用来存英文单词的 Trie 每个节点都是一个长度为 27 的指针数组，index0～25 分别代表字符 a～z，26 为标志域。这种节点叫作分支节点，每个节点最终只存储单个字符，如图 8.3 所示。

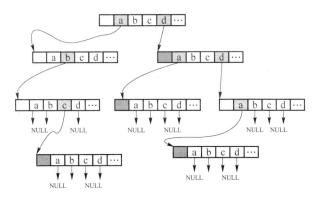

图 8.3　Trie 结构节点示意图

2. 高度不可控

如果有一个字符串很长，并且跟其他字符串没有公共前缀，就会形成一棵极其不平衡的树,整棵树的性能会被少量这样的字符串拖慢,并且给攻击者提供了攻击的可能,如图 8.4 所示。

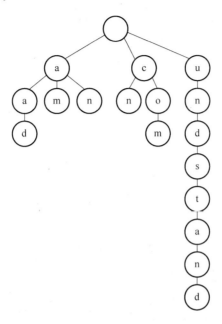

图 8.4 Trie 结构高度不可控

3. 安全系数不高

传统的 Trie 是由内存指针来连接节点的,并且字符串的值就相当于存储在这棵树中,内存指针地址和字符串值完全暴露在外,安全性不高。

8.3.3 Patricia Trie

Patricia Trie〔Patricia Tree,帕特里夏树、帕夏尔树、基数树(radix tree)或紧凑前缀树(compact prefix tree)〕是一种更节省空间的 Trie,即空间使用率经过优化的 Trie,其结构如图 8.5 所示。

Trie 是一种单词查找树结构,Patricia Trie 是基于 Trie 的一种结构。与 Trie 不同的是,Patricia Trie 里如果存在一个父节点只有一个子节点,那么这个父节点将与其子节点合并,这样可以缩短 Trie 中不必要的深度,大大加快搜索节点的速度。

☆ 对于树的每个节点,如果该节点是唯一的子节点,就和父节点合并。
☆ Trie 通常每个节点只存储单个字符,而 Patricia Tree 的每个节点可以存储字符串,这样使得 Patricia Tree 可以存储更为一般化的数据,而不仅是单词。

帕特里夏树主要依靠共享的前缀来提高树结构的处理性能。

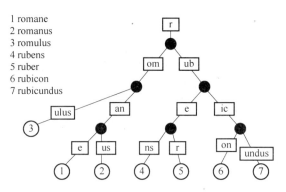

图 8.5　Patricia Trie 结构示意图

8.4　MPT

8.4.1　基本概念

知道了 Merkle Tree 和 Patricia Tree，顾名思义，MPT（Merkle Patricia Tree，默克尔-帕特里夏树）就是这两者混合后的产物。

比特币只支持转账交易，需要构造的默克尔树也就是一棵二叉哈希树，所以比特币中的 Merkle 树又叫作二叉默克尔树。

以太坊则支持更广泛的智能合约，增加了更多概念（账户、状态、收据），数据种类复杂了很多。为了更方便地进行数据存储和查询，许多树状结构被设计了出来。以太坊中有 3 个树状结构，分别是状态树、交易树、收据树。以太坊中的树则是默克尔-帕特里夏树。

8.4.2　以太坊中的 MPT 对 Trie 的改进

1. 压缩路径

传统的 Trie 只有一种节点，该种节点是一个数组，index 是指向子节点的指针，这种节点其实就是分支节点。

以太坊增加了两个新的节点，称为叶子节点和扩展节点。

MPT 树状结构中的叶子节点和扩展节点的形式一样，其中存储的都是

key-value 格式的键值对数据。叶子节点和扩展节点的区别在于 value,叶子节点的 value 就是节点的数值,而扩展节点的 value 则是一个指向其子节点的指针。

分支节点、扩展节点、叶子节点的数据最终都会被存储在一个本地数据库 LevelDB 中。LevelDB 是 Google 实现的一种高效的键值对存储数据库。

2. 安全性

MPT 中的节点是一个 key-value 的组合,但并非是直接存储值,而是存储经过 RLP 编码后的值(叶子节点)或是指向其他节点的哈希值(扩展节点和分支节点),故 MPT 比传统 Trie 的安全性高。

3. 其他特性

MPT 的根只取决于数据,和其中的更新顺序无关。换个顺序进行更新,甚至重新从头计算树,并不会改变根。

8.4.3 MPT 中的 4 种节点

(1) 空节点

空节点表示空的意思,value 中是一个空串,代码中用 null 表示。

(2) 叶子节点(leaf node)

① 叶子节点表示为[key,value]的一个键值对。

② key 是数据项的后缀部分,例如以太坊 address 的最后一部分 16 进制编码。

③ value 是数据项的 RLP 编码。

④ 叶子节点用来存储业务数据,叶子节点下面不再有子节点。

(3) 扩展节点(extension node)

① 扩展节点表示为[key,value]的一个键值对。

② key 是共享前缀,起到前缀的作用,例如以太坊 address 中作为共同前缀的 16 进制编码。

③ value 是指向其他节点的哈希值,通过这个哈希值可以直接定位到其子节点。所以说扩展节点相当于一个指针节点,用来指向其他的节点。

(4) 分支节点(branch node)

① 因为 MPT 中的 key 被编码成一种特殊的 16 进制,需要一个长度为 16 的列表,再加上最后的 value,所以分支节点是一个长度为 17 的列表。

② 前 16 个元素对应着 key 中的 16 个可能的 16 进制字符,如果有一个[key, value]在这个分支节点终止,最后一个元素代表一个值,即分支节点既可以是路径的中间节点,也可以是路径的终止节点。分支节点的父节点必然是扩展节点。

MPT 结构如图 8.6 所示。

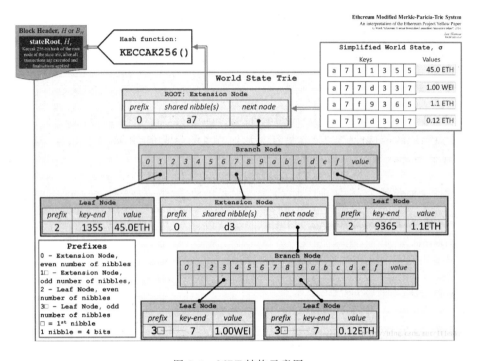

图 8.6　MPT 结构示意图

我们从源码中可以看出，MPT 包含 fullNode、shortNode、hashNode、valueNode 等节点。

（1）fullNode

☆ fullNode 对应分支节点，是一个长度为 17 的列表。

☆ fullNode 是可以拥有多个子节点、长度为 17 的 node 数组，前 16 位对应 16 进制。

（2）shortNode

☆ shortNode 是仅有一个子节点的父节点。

☆ shortNode 的设计体现了 Patricia Trie 的特点，通过合并只有一个子节点的父节点和它的子节点来缩短 Trie 的深度，结果就使得有些节点的 key 比较长。

☆ shortNode 对应扩展节点和叶子节点。

☆ 如果 shortNode.Val 指向下一个 node，它就是扩展节点。

☆ 如果 shortNode.Val 的类型为 valueNode，当前节点就是叶子节点。

（3）hashNode

☆ hashNode 实际上存储的是另外节点的哈希值。通过这样的对应关系，可以使用扩展节点连接到其子节点上。
- ☆ 在 MPT 中,hashNode 几乎不会单独存在,hashNode 其实是 fullNode 或 shortNode 对象的 value,hashNode 是以 nodeFlag 结构体的成员(nodeFlag.hash)的形式,被 fullNode 和 shortNode 间接持有。
- ☆ 无论 fullNode 或 shortNode 的成员变量(包括子结构)发生任何变化,它们的 hashNode 都一定需要更新。所以在 trie.Trie 结构体的 insert()、delete() 等函数的实现中,可以看到除了新创建的 fullNode、shortNode,那些子结构有所改变的 fullNode、shortNode 的 nodeFlag 成员也会被重设,hashNode 会被清空。在下次 trie.Hash()被调用时,在整个 MPT 自底向上的遍历过程中,所有清空的 hashNode 会被重新赋值。这样 trie.Hash() 结束后,我们可以得到一个根节点 root 的 hashNode,它就是此时此刻这个 MPT 的根哈希。

(4) valueNode

valueNode 充当 MPT 的叶子节点。

8.4.4　16 进制前缀

1. 需要 16 进制前缀的原因

分支节点很容易判断,如果节点数组的长度为 17,则为分支节点。但是扩展节点和叶子节点的长度都是 2,为了区分这两种节点,于是在这两种节点的 key 部分增加了一个 16 进制前缀,这个前缀用于表示该节点是叶子节点还是扩展节点。

2. 叶子节点和扩展节点的 16 进制前缀

① 扩展节点前缀是 00 和 1,叶子节点前缀是 20 和 3。
② key 的长度为偶数,则扩展节点前缀是 00。
③ key 的长度为奇数,则扩展节点前缀是 1。
④ key 的长度为偶数,则叶子节点前缀是 20(实际上是 02 的 big endian 排列方式)。
⑤ key 的长度为奇数,则叶子节点前缀是 3。

8.4.5　MPT 存储的 3 种编码格式

1. KeyBytes 编码

- ☆ KeyBytes 即原始关键字,比如后边的图 8.8 中的 0x811344、0x879337 等。每

字节中包含 2 nibble(半字节,4 bit),每个 nibble 的数值范围是 0x0～0xf。
- ☆ KeyBytes encoding 这种编码格式就是原生的 key 字节数组,大部分 Trie 的 API 都使用这种编码格式。
- ☆ KeyBytes 为按完整字节(8 bit)存储的正常信息。

2. Hex 编码

- ☆ 由于我们需要以 nibble 为单位进行编码并插入 MPT,因此需要把 1 字节拆分成 2 nibble,转换为 Hex 编码。
- ☆ Hex encoding 这种编码格式每一个字节包含了 key 的一个半字节,尾部接上一个可选的'终结符','终结符'代表这个节点到底是叶子节点还是扩展节点。当节点被加载到内存里面的时候,使用的是这种节点,因为它方便访问。
- ☆ Hex 为按照半字节(4 bit)储存信息的格式,供 Compact 使用。

3. Compact 编码

- ☆ Compact encoding 这种编码格式就是以太坊黄皮书里面说到的 Hex-Prefix encoding(16 进制前缀编码),这种编码格式可以在存储到数据库的时候节约磁盘空间。
- ☆ 当我们需要把内存中 MPT 存储到数据库中时,还需要再把两字节合并为一字节进行存储,这时候会碰到 2 个问题:关键字长度为奇数,有一个字节无法合并;需要区分节点是扩展节点还是叶子节点。

为了解决以上问题,以太坊设计了一种 Compact 编码方式,具体规则如下:

- 扩展节点,关键字长度为偶数,前面加 00 前缀。
- 扩展节点,关键字长度为奇数,前面加 1 前缀(前缀和第 1 个字节合并为一个字节)。
- 叶子节点,关键字长度为偶数,前面加 20 前缀(因为是 nig endian)。
- 叶子节点,关键字长度为奇数,前面加 3 前缀(前缀和第 1 个字节合并为一个字节)。

8.5 状态的存储

8.5.1 StateDB

① 在以太坊中,账户的呈现形式是一个 stateObject,所有账户受 StateDB

管理。

② StateDB 是用来管理账户的，每个账户都是一个 stateObject。StateDB 中存储了很多 stateObject，每一个 stateObject 都包含了账户的地址、余额、nonce、合约代码 Hash 等状态信息。

③ 所有账户的当前状态在以太坊中被称为"世界状态"，在每次挖出或者接收到新区块时需要更新世界状态。

④ 为了能够快速地检索和更新账户状态，StateDB 采用了三级存储机制，如图 8.7 所示，其中两级为缓存，一级为数据库持久化存储。当上一级缓存中没有所需的数据时，会从下一级缓存或者数据库中进行加载。

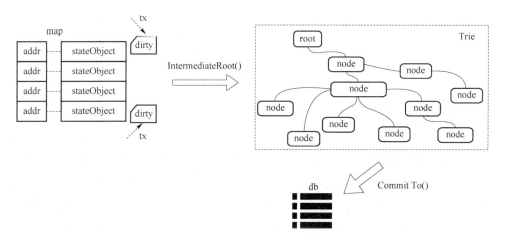

图 8.7 StateDB 采用了三级存储机制

8.5.2 结构体源码分析

StateDB 中包含 Trie 和 Database 两种接口。Trie 接口主要用于操作内存中的 MPT，而 Database 接口主要用于操作 LevelDB，并做持久化存储。

StateDB 中的 Trie 存储 stateObject，每个 stateObject 都有 20 字节的地址作为 key。

另外 StateDB 中还有一个 map 结构，也是存放 stateObject 的，每个 stateObject 的地址作为 map 的 key。

每当一个 stateObject 有改动，即"账户"信息有变动时，这个 stateObject 对象会更新，并且会将这个 stateObject 标记为 dirty。

当 IntermediateRoot() 调用时，所有被标为 dirty 的 stateObject 会被一起写入 Trie。

整个 Trie 中的内容只有在 CommitTo() 调用时被一起提交到底层数据库。

map 被用作本地的一级缓存，Trie 是二级缓存，底层数据库是三级缓存，各级数据结构的界限非常清晰。

StateDB 中保存合约数据。合约本身不保存数据，那么合约的数据保存在哪里呢？合约及其调用类似于数据库的日志，保存了合约定义以及对它进行的一系列操作，只要将这些操作执行一遍才能获取当前的结果，但是如果每次都要去执行就太慢了，因而这部分数据是会持久化到 stateDB 里面的。

8.5.3　状态数据的三级存储机制

① 第一级缓存以 map 的形式存储 stateObject。

② 第二级缓存以 MPT 的形式存储。

③ 第三级是 LevelDB 上的持久化存储。

8.5.4　状态存储设置两层缓存的原因

（1）交易和收据的数据只涉及数据的添加，不会被修改，所以在准备挖矿前，会从有效交易池中取出一批交易进行打包。打包过程中形成交易的 MPT 和收据的 MPT，计算出这两棵树的根哈希后参与挖矿运算。挖矿成功，交易树和收据树的数据就会被存入 LevelDB 数据库中。

① 交易数据

key:"b" ＋ 区块索引 ＋ 区块哈希。value:当前区块所有交易对象的列表进行 RLP 编码。

② 收据数据

key:"r" ＋ 区块索引 ＋ 区块哈希。value:当前区块所有收据对象的列表进行 RLP 编码。

（2）状态需要非常频繁地修改，设置了两级缓存，第一级是 map，第二级是 MPT。

map 中的 key 是以太坊账户地址，值是 stateObject 对象。map 其实就是一个账户信息池。

每增加一笔交易都会修改 stateObject 对象，stateObject 有改动，也就是"账户"信息有变动。以太坊账户的数量巨大，我们只需要在新区块诞生后，对发生变化的账户进行修改，记录到数据库中并同步到全网即可。

每发生一笔交易，导致 stateObject 变化，就会将 map 中发生变化的 stateObject 标记为 dirty，意思是该条账户的信息需要更新。此时所有状态数据的改动还仅存储在 map 里。

当挖矿打包交易时，用所有被标记为 dirty 的 stateObject 形成 MPT，计算出状态的根哈希并使其参与挖矿运算。

当挖矿成功时，MPT 中每个节点的数据都会被保存进 LevelDB 数据库中。

key：RLP 编码的哈希值。value：节点数据的 RLP 编码。

总之，之所以要设置 map 这层缓存，目的就是为了记录下区块诞生期间所有发生变动的账户信息。如果不能及时将发生变动的账户信息上链同步，那么接下来再发生交易，就不能在准确的数据基础上发生变化，数据就会出现错误。所以交易量很大时，即便会出现交易阻塞，交易也可以延迟打包上链，但是状态必须及时上链同步。

8.5.5 状态信息三层存储的完整流程

1. 流程分析

状态信息三层存储的完整流程如图 8.8 所示。

2. 总结

① 状态 MPT 中每个节点的 key 都是共享前缀，value 是其子节点的 RLP 编码的哈希。如果是叶子节点，则 value 是 stateObject 的 RLP 编码。

② 当状态树的节点存进 LevelDB 的时候，value 是节点的 RLP 编码，key 是节点 RLP 编码的哈希值。之所以要将状态树的节点数据存入数据库是为了记录状态的变化过程。可以通过数据库中存入的这些节点数据，还原出 MPT。

③ 状态变化会引起账户信息的变化，所以会修改账户信息。账户信息保存进 LevelDB 中时 key 是 address，value 是 stateObject 的 RLP 编码。

3. 数据库查询还原 MPT 树状结构

① 只需要保存一个 root(hash)，即可从数据库中取出 key-value 数据，还原出完整的树结构，如图 8.9 所示。

② 也可以只展开某个节点数据。如果需要访问< a711355, 45 >这个数据，只需展开 h00、h10、h20、h30 这 4 个 Hash 值对应的节点就可以了，如图 8.10 所示。

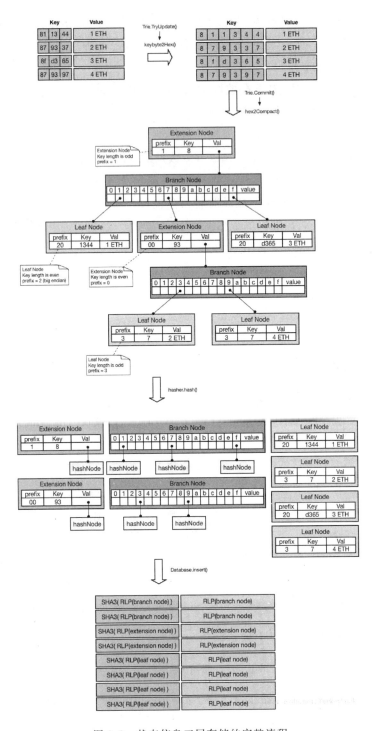

图 8.8 状态信息三层存储的完整流程

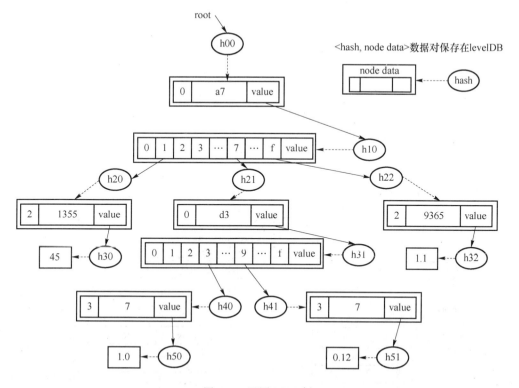

图 8.9　还原 MPT 树

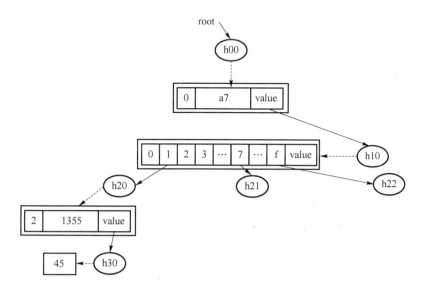

图 8.10　还原 MPT 树中指定的分支

8.6 交易的存储

8.6.1 交易存储的图示

交易存储的过程如图 8.11 所示。

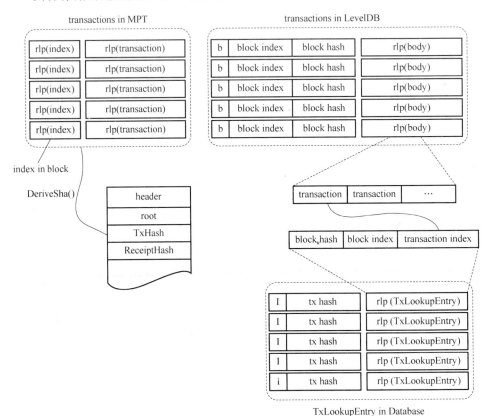

图 8.11 交易存储的过程

8.6.2 交易信息在 LevelDB 中的存储

① 以交易在区块中索引的 RLP 编码作为 key,存储交易数据的 RLP 编码。

② 事实上交易在 LevelDB 中并不是单独存储的,而是存储在区块的 body 中。在往 LevelDB 中存储不同类型的键值对时,会在关键字中添加不同的前缀予以区分。

③ key 以 "b" 为前缀的信息均为交易信息。
☆ 以 "b + block index + block hash" 作为关键字就可以唯一确定某个区块的 body 所在的位置。
☆ 另外,为了能够快速地查询某笔交易的数据,在数据库中还存储了每笔交易的"交易查询索引",称为 TxLookupEntry。
☆ TxLookupEntry 中包含了 block index 和 block hash,用于定位区块 body,同时还包含了该笔交易在区块 body 中的索引位置。

8.7 收据的存储

8.7.1 收据存储的图示

收据存储的过程如图 8.12 所示。

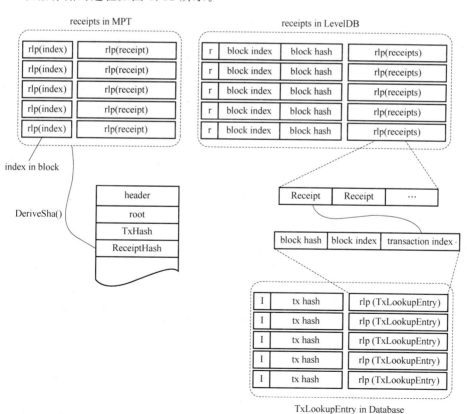

图 8.12 收据存储的过程

8.7.2 收据信息在 LevelDB 中的存储

① 以收据在区块中索引的 RLP 编码作为 key，存储收据的 RLP 编码。

② 收据的存储和交易虽然类似，但是收据是单独存储到 LevelDB 中的，以"r"为前缀。

③ 由于收据和交易是一一对应的，因此也可以通过"交易查询索引"TxLookupEntry 快速定位收据所在的位置，加速收据的查找。

8.8 参考资料

➢ https://www.jianshu.com/p/8fd649d41263

➢ https://ethfans.org/wikis/%E4%BB%A5%E5%A4%AA%E5%9D%8A%E7%99%BD%E7%9A%AE%E4%B9%A6

➢ https://github.com/ethereum/yellowpaper

➢ https://medium.com/@preethikasireddy/how-does-ethereum-work-anyway-22d1df506369

第 9 章
以太坊开发前准备

在前面几章中,我们了解了以太坊中的核心概念,在本章我们将继续学习以太坊,在基本概念的基础上进行实战操作,学习如何使用以太坊钱包,以及如何选择测试网络和搭建自己的私链。

本章重点为大家介绍如下内容:
- Mist 钱包的使用;
- 如何在以太坊测试链中获取测试以太币;
- 如何使用 MetaMask 钱包;
- 如何搭建以太坊私链。

9.1 使用 Mist 钱包

9.1.1 Mist 钱包介绍

Mist 是以太坊官网提供的钱包客户端,支持 Windows、Mac OS、Linux 系统。用户可以根据自己的操作系统选择所需版本。下面以 Mac OS 操作系统为例,演示钱包的使用。即使以前从来没有接触过密码学货币的读者,根据下面的步骤也可以使用该钱包,非常容易。在 Windows 上安装 Mist 与在 Mac OS 上安装大同小异。Mist 不支持 Windows XP 系统。

9.1.2 下载钱包

到 GitHub 官网(https://github.com/ethereum/mist/releases)上下载最新版

的 Mist 客户端 Ethereum-Wallet，见图 9.1。

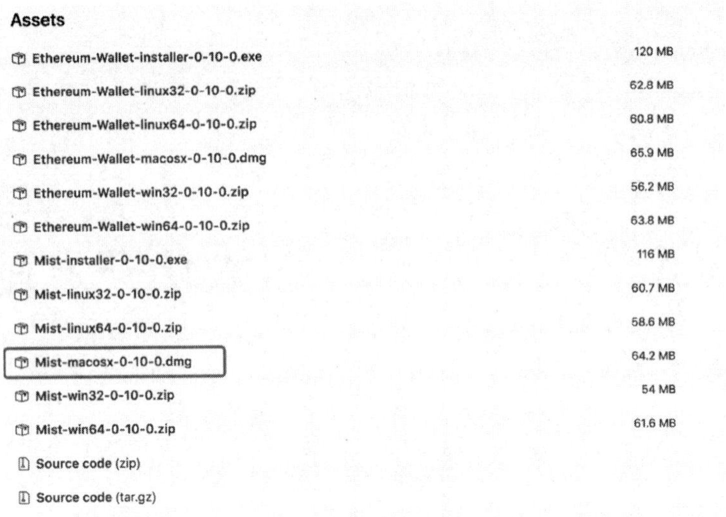

图 9.1　下载 Mist 钱包

9.1.3　安装并进入钱包

解压安装包，打开文件，双击可执行文件 Mist-macosx-0-10-0.dmg，如图 9.2 所示。

图 9.2　Mist 安装文件

9.1.4　转账

在 FROM 栏选择从哪个账户发币（如果用户设置了多个账户），在 TO 栏输入收款人账户地址，在 AMOUNT 栏输入要发送的以太币数额，在 SELECT FEE 下面拖动滑条确定想支付多少交易费用，位置越靠右，表示用户愿意支付的交易费用越多，交易处理越快。然后单击"SEND"（发送）即可，如图 9.3 所示。

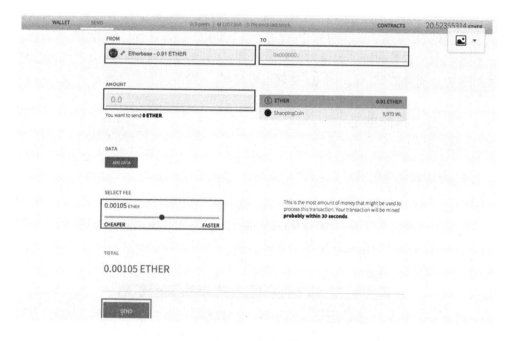

图 9.3 转账页面

9.1.5 备份钱包

单击菜单栏,然后单击"账户",再单击"备份"下的"账户",如图 9.4 所示。

图 9.4 钱包备份功能

钱包会自动打开 Ethereum 文件,如图 9.5 所示。

图 9.5 keystore 文件

私钥就在 keystore 中,备份 keystore 文件即可。如果账户里有大额以太币,建议离线存储,将 keystore 文件移走,保存在 U 盘中。打算进行转账时,将 keystore 文件移回到原位置即可。如果用户换了计算机,只需要将 keystore 复制到新计算机钱包相应文件即可。datachain 文件也可复制,不用再次下载区块。

9.1.6　数据存储路径

1. 数据存储路径及目录说明

Mac OS 系统下目录:/Users/steven/Library/Ethereum。
Windows 系统下目录:C:\Users\username\%appdata%\Roaming\Ethereum。
数据存储路径如图 9.6 所示。

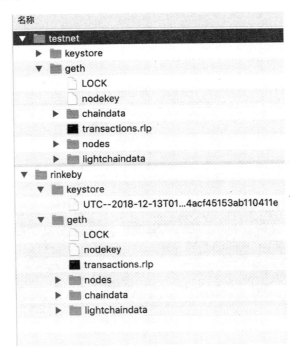

图 9.6　数据存储路径

☆ geth 中保存的是区块链的相关数据。
☆ keystore 中保存的是该链条中的用户信息。
☆ chaindata:区块链最后的本地存储的数据都是 ldb 文件。
☆ lightchaindata 是一个轻客户端的模式,该模式无须下载较大的以太坊区块链。

☆ 钥匙文件的文件名格式为 UTC。账号列出时是按字母顺序排列的,但是由于时间戳格式,实际上它是按创建顺序排列的。如果把密钥丢了,钥匙文件可以在以太坊节点数据目录的 keystore 子目录下找到,接下来我们进入一个 keystore 目录文件看看它的信息。

2. 钥匙文件

☆ 每个账户都由一对钥匙定义(一个私钥和一个公钥)。账户以地址为索引,地址由公钥衍生而来,取公钥的最后 20 字节。每对私钥/地址都编码在一个钥匙文件里。

☆ 钥匙文件是 JSON 文本文件,钥匙文件中只存储了以太坊账户私钥的密文(在 ciphertext 中)。

☆ 在打开后的钥匙文件中不能直接看到账户的私钥。因为存储在本地的账户私钥是处于加密状态的,而加密所使用的密钥就是账户创建时用户输入的口令。

☆ 警告:要记住密码并备份钥匙文件。为了从账号发送交易,包括发送以太币,用户必须同时有钥匙文件和密码。这里没有逃亡路径,如果钥匙文件丢失或忘记密码,就会丢失所有的以太币。没有密码不可能进入账号,没有忘记密码的找回选项,所以一定不要忘记密码。

```
{
    "address": "dfc8e62e61d87de6cc8e4ccbaebadcf927726a03",
    "crypto": {
        "cipher": "aes-128-ctr",
        "ciphertext": "ee584898cdc9a8f41fdb5d7887a9c67b318f134cc37531a885d6e0400966b8d4",
        "cipherparams": {
            "iv": "f279e1005a2f888a3cfd68c5c7fdd1df"      //初始化向量(Initialization Vector,IV)
        },
        "kdf": "scrypt",
        "kdfparams": {
            "dklen": 32,
            "n": 262144,
            "p": 1,
            "r": 8,
            "salt": "09d418ba7a6d44c01127b5d9f3149dd167636cbbd377c0
```

```
975d52e067d8fce2e8"
            },
            "mac": "23d87e0e6bca75b571d7c7679279a471f96f365d02e30ddf764
aacd518b067d7"
        },
        "id": "0cd87c97-e79c-4c20-b642-dc39571d5a9b",
        "version": 3
    }
```

☆ 选择好以太坊网络及 Sync Mode（同步模式），则 Mist 客户端会连接到远程以太坊节点上，会显示当前最新以太坊区块的高度和出块时间，如图 9.7 所示。

图 9.7　Mist 界面

9.2　主网络与测试网络

9.2.1　以太坊的主网络

前面说到一条区块链由一个创世区块开始，也就是说，一个创世区块可以创造和代表一条区块链。如果我们给钱包客户端设定不同的创世区块，它就将工作在不同的区块链上。工作在同一条区块链上的全部节点，我们称之为一个网络。

绝大多数人在使用的网络被称为主网络（mainnet），用户在其上交易、构建智能合约，矿工在其上挖矿。由于使用的人数众多，主网络的鲁棒性很强，能够对抗攻击，区块链也不易被篡改，因此主网络是具有功能的，其上的以太币是有价值的。

通常一种区块链只有一个主网络，比如比特币、莱特币、以太坊，都只有一个主网络。主网络之外可以有若干个测试网络。主网络中的以太币是有价值的，在主网络上直接进行钱包软件或者智能合约的开发是非常危险的，稍有不慎就会损失以太币，甚至影响整个主网络的运行。同时，因为主网络使用人数多，矿工更是不计其数,如果开发一个挖矿软件,用一台开发软件的笔记本式计算机几乎不可能挖出一个区块,这就导致测试几乎不可行。

于是,出于测试和学习的目的,便会有一小部分节点使用与主网络不同的创世区块,开启一条全新的区块链,并在上面挖矿和测试,这就是测试网络(testnet)。

9.2.2 以太坊的测试网络

以太坊可以搭建私有的测试网络,不过由于以太坊是一个去中心化的平台,需要较多节点共同运作才能得到理想的测试效果,因此并不推荐用户自行搭建测试网络。

以太坊公开的测试网络共有 4 个,目前仍在运行的有 3 个。每个网络都有自己的创世区块和名字,按开始运行时间的早晚,依次如下。

1. Morden(已退役)

Morden 是以太坊官方提供的测试网络,自 2015 年 7 月开始运行。到 2016 年 11 月,由于难度炸弹已经严重影响出块速度,Morden 不得不退役,人们需要重新开启一条新的区块链。Morden 的共识机制为 PoW。

2. Ropsten(区块链浏览器)

Ropsten 也是以太坊官方提供的测试网络,是为了解决 Morden 难度炸弹问题而重新启动的一条区块链,目前仍在运行,其共识机制为 PoW。测试网络上的以太币并无实际价值,因此 Ropsten 的挖矿难度很低,目前在 755 M 左右,只有主网络的 0.07%。这样低的难度一方面使一台普通笔记本式计算机的 CPU 也可以挖出区块,获得测试网络上的以太币,另一方面方便开发人员测试软件,但是却不能阻止攻击。

PoW 共识机制要求网络有足够强大的算力保证没有人可以随意生成区块,这种共识机制只有在具有实际价值的主网络中才会有效。测试网络上的以太币没有价值,也就不会有强大的算力投入来维护测试网络的安全,这就导致了测试网络的挖矿难度很低,即使几块普通的显卡,也足以进行一次 51% 攻击,或者用垃圾交易阻塞区块链,攻击的成本极其低廉。

2017 年 2 月,Ropsten 便遭到了一次利用测试网络的低难度进行的攻击,攻击者发送了千万级的垃圾交易,并逐渐把区块 gas 上限从正常的 4 700 000 提高到了 90 000 000 000,在一段时间内,影响了测试网络的运行。攻击者发动这些攻击,并不能获得利益,仅是为了测试、炫耀,或者单纯觉得好玩。

3. Kovan（区块链浏览器）

为了解决测试网络中 PoW 共识机制的问题，以太坊钱包 Parity 的开发团队发起了一个新的测试网络 Kovan。Kovan 使用了权威证明（Proof of Authority，PoA）的共识机制。

PoW 是用工作量来获得生成区块的权利的，必须完成一定次数的计算后，发现一个满足条件的谜题答案，才能够生成有效的区块。

PoA 是由若干个权威节点来生成区块的，其他节点无权生成，这样也就不再需要挖矿。由于测试网络上的以太币无价值，权威节点仅是用来防止区块被随意生成，造成测试网络拥堵的，这完全是义务劳动，不存在作恶的动机，因此这种机制在测试网络上是可行的。

Kovan 与主网络使用不同的共识机制，影响的仅是谁有权来生成区块，以及验证区块是否有效的方式，权威节点可以根据开发人员的申请生成以太币，并不影响开发者测试智能合约和其他功能。

Kovan 目前仍在运行，但仅有 Parity 钱包客户端可以使用这个测试网络。

4. Rinkeby（区块链浏览器）

Rinkeby 也是以太坊官方提供的测试网络，使用 PoA 共识机制。与 Kovan 不同，以太坊团队提供了 Rinkeby 的 PoA 共识机制说明文档，理论上任何以太坊钱包都可以根据这个说明文档，支持 Rinkeby 测试网络，目前 Rinkeby 已经开始运行。

9.3 使用 MetaMask

1. MetaMask 介绍

MetaMask 是一款在谷歌浏览器 Chrome 上使用的插件类型的以太坊钱包，该钱包不需要下载，只需要在谷歌浏览器上添加对应的扩展程序即可，非常轻量级，使用起来也非常方便。

2. 安装 MetaMask

打开 Chrome 浏览器的扩展程序，搜索扩展程序：MetaMask。搜索到结果后单击安装。MetaMask 插件安装到浏览器后，在浏览器右上角可以看到一个小狐狸的图标，如图 9.8 所示。

图 9.8　MetaMask 安装成功

3．MetaMask 使用方法

单击 MetaMask 的小狐狸图标，安装后首次使用时会展示隐私提示，如图 9.9 所示。

图 9.9　提示信息

这里提示用户，为了用户的隐私起见，在使用完 MetaMask 之后最好退出登录。同时也提示用户，在默认情况下 MetaMask 会登录到一个测试网络，如果要使用真实的以太网络，需要用户手动连接到以太坊的主网络，这些内容本书后面部分会提到。

单击"Accept"按钮之后，会显示 MetaMask 的服务条款，基本上看看就好，有兴趣的用户可以详细阅读。

如图 9.10 所示，MetaMask 会默认为用户创建 12 个英文助记词，这些助记词一定要保存好，建议复制并保存到安全的地方，这是确认钱包账户所有者的凭证，在其他钱包导入这个新创建的账户的时候或者修改的时候有可能需要用到这些助记词。也可以直接单击"SAVE SEED WORDS AS FILE"，MetaMask 会自动给用户生成一份文件并保存在本地。单击"I'VE COPIED IT SOMEWHERE SAFE"按钮就进入了钱包主界面。

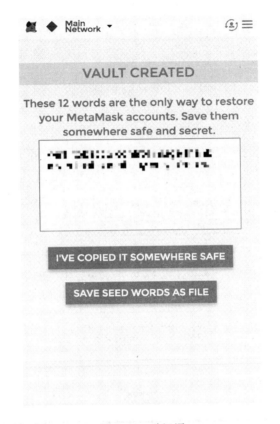

图 9.10　助记词

4．网络选择

单击钱包首页左上角的"Main Network",可以选择钱包使用的网络,如图 9.11 所示。

5．MetaMask 账户管理

账户管理就是对地址的管理,除了默认的地址之外,还可以创建新的账户或者导入已有的账户。单击钱包右上角人头形状的那个图标,如图 9.12 所示。

一共有 3 项菜单,第 1 项"Account1"是已存在的账户,第 2 项"Create Account"是创建新账户,第 3 项"Import Account"是导入已有的账户。

6．创建新账户

单击第二行的"Create Account",钱包自动创建新账户,可以看到多了一个账户,如图 9.13 所示。

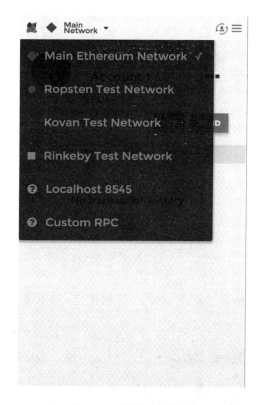

图 9.11　网络选择菜单

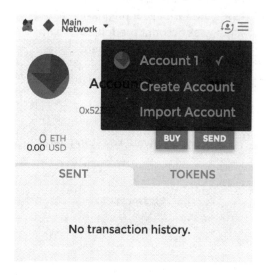

图 9.12　账户菜单

单击不同的账户会自动切换到对应的钱包账户。

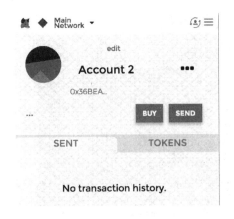

图 9.13　创建新的账户

7. 导入账户

单击"Import Account"就可以导入其他账户，如其他钱包的 Eth 地址，如图 9.14 所示。

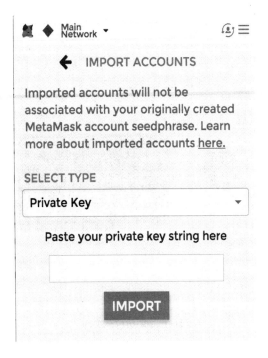

图 9.14　导入其他账户

可以选择通过"私钥"方式（默认方式）导入，在第二个输入框中输入私钥，在前面有提到过保存私钥的方式，单击"IMPORT"即可。

8．选择测试网络，获得测试以太币

真实的以太币很贵，使用真实的以太币开发如果出现了错误会造成很大的损失，所以以太坊也提供了测试网络，在测试网络上可以免费获取测试用的以太币。单击"Main Network"弹出网络选择列表，可以看到有 3 个测试网络，这里我们选择"Ropsten Test Network"，如图 9.15 所示。

图 9.15　选择 Ropsten 测试网络

现在我们的账户里是没有以太币的，如图 9.16 所示。

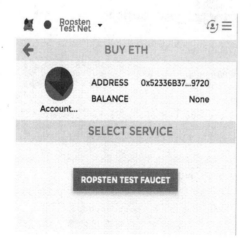

图 9.16　钱包账户

单击"ROPSTEN TEST FAUCET"进入水龙头网站，如图9.17所示。

图 9.17　水龙头网站

图 9.17 下边的第一个框表示的是 faucet 转给 user 账户里 1 Ether，第二个框表示的是 user 转给 fauet 一定的以太币。我们可以单击"request 1 ether from faucet"并多单击几次，之后回到 MetaMask。

稍等一会，就可以看到账户里已经有一定量的以太币了，如图9.18所示。

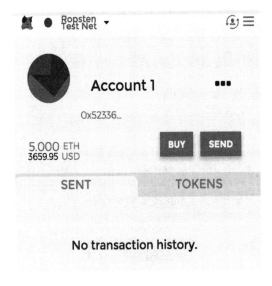

图 9.18　查看账户余额

9.4 搭建以太坊私链

9.4.1 安装客户端

1. 安装 Homebrew

如果没有安装 Homebrew，则首先需要安装 Homebrew，参看：https://brew.sh/index_zh-cn。

Homebrew 是一款 Mac OS 平台下的软件包管理工具，拥有安装、卸载、更新、查看、搜索等很多实用的功能。简单的一条指令就可以实现包管理，而不用用户关心各种依赖和文件路径的情况，十分方便快捷。

2. 安装 Geth 客户端

☆ brew tap ethereum/ethereum　//设置安装使用的仓库
☆ brew install ethereum　//安装 ethereum，安装目录为/usr/local/Cellar/ethereum/1.8.14
☆ geth-help　//测试是否安装成功

```
brew tap ethereum/ethereum
brew install ethereum
```

3. 安装 Geth 的作用

☆ Geth：go-ethereum。官方的 Go 语言客户端。Geth 没有界面，是一个命令行程序。
☆ Geth 类似于比特币的 Bitcoin Core 客户端，可以用于挖矿、组建私有链、管理账号、部署智能合约（但是不能编译智能合约）。
☆ 用户可以通过安装 Geth 接入以太坊网络并成为一个完整节点。Geth 作为一个 HTTP-RPC 服务器，对外暴露 JSON-RPC 接口，供用户和以太坊网络交互。

9.4.2 新建创世区块的配置文件

1. 新建私链目录

```
mkdir eth-private
cd eth-private
```

2. 配置私链网络的初始状态,新建 genesis.json

```
{
    "config": {
        "chainId": 22,
        "homesteadBlock": 0,
        "eip155Block": 0,
        "eip158Block": 0
    },
    "alloc"      : {},
    "coinbase"   : "0x0000000000000000000000000000000000000000",
    "difficulty" : "0x20000",
    "extraData"  : "",
    "gasLimit"   : "0x2fefd8",
    "nonce"      : "0x0000000000000042",
    "mixhash"    : "0x0000000000000000000000000000000000000000000000000000000000000000",
    "parentHash" : "0x0000000000000000000000000000000000000000000000000000000000000000",
    "timestamp"  : "0x00"
}
```

chainId 制订了独立的区块链网络的 ID,不同网络的节点无法互相连接。配置文件还对当前挖矿难度 difficulty、区块 gas 消耗限制 gasLimit 进行了配置。创世区块配置文件参数说明如表 9.1 所示。

表 9.1 创世区块配置文件参数说明

参数名	描述
chainId	指定了独立的区块链网络 ID。网络 ID 在连接到其他节点的时候会用到,以太坊公网的网络 ID 是 1,为了不与公有链网络冲突,运行私有链节点的时候要指定自己的网络 ID。不同网络 ID 的节点无法相互连接
homesteadBlock	当设置为 0 时,表示使用 Homestead 发布该链
nonce	nonce 就是一个 64 位随机数,用于挖矿,注意它和 mixhash 的设置需要满足以太坊的黄皮书"4.3.4 Block Header Validity (44)"章节所描述的条件

续表

参数名	描 述
mixhash	与 nonce 配合用于挖矿,由上一个区块的一部分生成的 Hash。注意它和 nonce 的设置需要满足以太坊的黄皮书"4.3.4 Block Header Validity(44)"章节所描述的条件
difficulty	设置当前区块的难度,该数值越大挖矿就越难
alloc	用来预置账号以及账号的以太币数量
coinbase	挖矿的矿工账号
timestamp	设置创世区块的时间戳
parentHash	上一个区块的 Hash 值,创世区块就为 0
extraData	附加信息
gasLimit	该值设置对 gas 的消耗总量限制,用来限制区块能包含的交易信息总和

9.4.3 配置初始状态

① 执行以下命令或将以下命令写成文件,命名为 init.sh,然后运行 init.sh 即可。

```
sudo geth --identity "StevenNode" --datadir stevennode/ --rpc --rpcport "8545" --port "30303" --nodiscover init ./genesis.json
```

☆ 私链标识符为"StevenNode"。
☆ 私链数据的路径为"stevennode/"。
☆ rpc 端口号为 8545。
☆ P2P 网络端口号为 30303。
☆ init:用创世区块配置文件中的参数并进行初始化。(启动并初始化一个新的创世区块。)

② 初始化后私链目录下会新增"stevennode"目录,其中有两个子目录 geth 和 keystore。

☆ geth 中保存的是区块链的数据,在 geth 目录下可以看到 chaindata、lightchaindata、nodes 等目录。
☆ keystore 中保存的是该链的账户信息。

9.4.4 启动私链客户端

执行以下命令或将以下命令写成文件,命名为 start.sh,然后运行 start.sh 即可。

```
geth --identity "StevenNode" --datadir stevennode/ --rpc --rpcport "8545" --port "30303" --rpcapi "admin,eth,miner,net,personal,web3" --nodiscover --networkid 100 console 2 >> file_log
    geth --datadir stevennode/ console 2 >> file_log
```

9.4.5 以太坊常用对象及其用法

1. eth 对象

- ☆ eth.accounts，如 user1 = eth.accounts[0]。
- ☆ eth.getBalance(user1)。
- ☆ eth.blockNumber。
- ☆ eth.sendTransaction({from：user1，to：user2，value：web3.toWei(3，"ether")})。
- ☆ eth.gasPrice。

2. personal 对象

- ☆ personal.newAccount('password')。
- ☆ personal.unlockAccount(user1,'password')。

3. miner 对象

- ☆ miner.start()。
- ☆ miner.stop()。
- ☆ setEtherbase(user3)。

9.4.6 调用以太坊对象的方法来查看数据

1. 启动成功以后可以查看账户信息

```
> eth.accounts
["0xd15463b5ca866e1102b7bcb7ea72dda4203dbc74"]
```

2. 如果没有账户则需要创建账户

```
> personal.newAccount('123456')
"0x49d2b94b9da2b7f224b5b6b00aa77692dcad31fc"
```

通过 personal.newAccount 传入密码参数即可创建一个新账户并返回新的账户地址；在 keystore 里可以看到有新建好的账户密钥文件。要保存好账户密钥文件，不要泄露给其他人。

3. 在以太坊客户端，可以把某个账户赋值给一个变量

```
> user1 = eth.accounts[0]
"0xd15463b5ca866e1102b7bcb7ea72dda4203dbc74"
```

4. 查看当前账户的余额

```
> eth.getBalance(user1)
0
```

5. 查看当前区块总数

```
> eth.blockNumber
0
```

默认是 0 个区块，因为还没有启动挖矿。

6. 启动挖矿

```
> miner.start()
```

7. 停止挖矿

```
> miner.stop()
true
```

已经停止成功，另外日志也停止输出。
再查看一下当前的区块高度：

```
> eth.blockNumber
288
```

8. 转账交易

现在账户 2 中没有余额，我们从账户 1 中转发几个以太币到账户 2 中：

```
> eth.sendTransaction({from: user1, to: user2, value: web3.toWei(3, "ether")})
account is locked
    at web3.js:3119:20
    at web3.js:6023:15
```

```
at web3.js:4995:36
at <anonymous>:1:1
```

9. 解锁账户

由于默认账户是锁定的,所以首先要解锁账户,然后再转账,先查看下当前账户,再解锁:

```
> eth.accounts
["0x73e8655a84a37685d98891b7a9333a7423e12cb3",
"0xa9d6dfff13c1050f19a8ffc2811c68842797d01c",
"0xe30cecc37776895389b94033ac65eb3b98294659"]
> personal.unlockAccount('0x73e8655a84a37685d98891b7a9333a7423e12cb3','11111111')
true
```

上面已经提示解锁成功,然后继续转账:

```
> eth.sendTransaction({from:user1, to:user2, value:web3.toWei(3,"ether")})
Error: insufficient funds for gas * price + value
    at web3.js:3143:20
    at web3.js:6347:15
    at web3.js:5081:36
    at <anonymous>:1:1
```

如果资金不足,则会提示以上信息。如果资金足够,则显示交易 Hash。

```
> eth.sendTransaction({from: user1,to: user2,value: web3.toWei(3,"ether")})
"0x8f164a1296b618bdd64fcc007f6d39ce022b57e257beefeb76288cdef220ad80"
> eth.getBalance(user2)
0
```

上面已经提示转账成功了,但是 user2 的账户余额依然是 0,这是因为没有矿工来挖矿处理,无法把交易打包到区块中,也就是说交易未确认。我们重新启动挖矿:

```
> miner.start()
true
```

然后再次查看余额的时候 user2 已经有 3 个以太币了,这样一个转账的交易就完成了。

```
> eth.getBalance(user2)
3000000000000000000
```

9.5 参考资料

- https://github.com/ethereum/mist
- http://book.8btc.com/books/6/ethereum/_book/
- https://www.jianshu.com/p/b154398014b0
- https://etherscan.io/address/0x86fa049857e0209aa7d9e616f7eb3b3b78ecfdb0
- https://www.jianshu.com/p/b5b2c05e9090
- https://www.jianshu.com/p/89aa70bdbb4d

第 10 章
以太坊开发智能合约

在第 9 章中,我们学习了如何使用以太坊钱包,以及如何在测试网络中获取测试币和搭建自己的私链,如何实现挖矿转账等功能。在以太坊中,智能合约是一个很重要的概念,也是以太坊区别于比特币的重要一点。在本章中我们将学习与智能合约相关的知识以及发布调用合约。本章将带领大家完成自己的 ERC20 代币的合约。之后我们给大家介绍如何使用 web3.js 和本地以太坊节点通信,并在此基础上实现一个具有界面交互的 DApp。最后我们给大家介绍 Truffle,它是一个以太坊的开发框架,提供了编译、部署、测试等功能,使用它可以方便快速地在以太坊上开发智能合约。

本章重点为大家介绍如下内容:
- 智能合约;
- DApp;
- 使用 remix-ide 开发智能合约;
- Solidity 基本语法;
- 发布 ERC20 标准代币;
- web3.js 的定义;
- Truffle 概述。

10.1 智 能 合 约

10.1.1 智能合约的基本定义

1. 智能合约(smart contract)的发展历史

20世纪80年代,研究人员致力于让计算机帮助人类从事更多工作。同时期公钥密码学得到革命性发展,于是人们提出了让计算机代替人类进行商业市场管理的想法。

1993年左右,从事数字合约和数字货币研究的计算机科学家尼克·萨博(Nick Szabo)首次提出"智能合约"这一说法。

尼克·萨博致力于将合约法律法规及相关商业实践转移到互联网上,目的是使得陌生人通过互联网可以实现以前只能线下才能进行的商业活动,实现真正的完全电子商务。尼克·萨博希望借助密码学以及其他数字化安全机制,实现逻辑清楚、检验容易、责任明确、追责简单的合约。这将极大地改进传统的合约制定和履行方式,降低相关成本,将所有的合约条款以及操作置于计算机协议的掌控之下。

1994年,尼克·萨博对智能合约做了描述:"智能合约是一个由计算机处理的、可执行合约条款的交易协议。其总体目标是能够满足普通的合约条件,例如支付、抵押、保密,甚至强制执行,以及要让恶意或意外事件发生的可能性最小化,并让对中介的需求最小化。"

智能合约所要达到的相关经济目标包括:降低合约欺诈所造成的损失,降低仲裁和强制执行所产生的成本,等等。20世纪90年代缺乏可靠地执行智能合约的环境,技术不成熟,智能合约只被当作一种理论设计。2008年比特币出现之后,借由比特币背后的区块链技术,智能合约得以飞速发展。

2. 智能合约的定义

在计算机科学领域,智能合约是指一种计算机协议,这类协议一旦被制定和部署,就能实现自我执行和自我验证,不再需要人为干预。智能合约的标准定义:智能合约是一种旨在以信息化方式传播、验证或执行合同的计算机协议。智能合约允许在没有第三方的情况下进行可信交易。这些交易可追踪且不可逆转。

从技术角度看,智能合约是一种计算机程序,这种程序可以自主地执行全部或部分与合约相关的操作,并产生相应的可以被验证的证据来说明执行合约操作的有效性,简单说就是以计算机程序的方式来缔结和运行各种合约。

以太坊上的智能合约就是一段可以被以太坊虚拟机执行的代码,这些代码以二进制形式存储在区块链上,并由以太坊虚拟机理解,因此被称为以太坊虚拟机字节码(位码,bytecode)。这些字节码由唯一的地址进行标识。智能合约包含一组可执行函数和状态变量。在对智能合约功能进行交易处理时执行这些函数。在执行这些函数时,智能合约中的状态变量根据函数中实现的逻辑而变化。这些变化由于经过了以太坊网络的一致共识,一旦确认就无法被篡改和伪造。智能合约的工作原理类似于计算机程序的 if…then 语句。

以太坊通过图灵完备的高级语言(Solidity、Serpent、Viper、LLL 等)来开发智能合约。Serpent 这门智能合约的编程语言不建议再使用。Viper 是 Vitalik 最推崇的一门智能合约编程语言。目前以太坊平台上开发智能合约主流的编程语言还是 Solidity。

10.1.2 智能合约的特点及优势

1. 智能合约的特点

在部署智能合约之前,与合约相关的所有条款的逻辑流程就已经被制定好了。智能合约要具有一个用户接口,让用户与制定好的合约进行交互,这些交互行为都要严格遵守之前制定的逻辑。得益于密码学技术,这些交互行为能够被严格地验证,以确保合约能够按照之前制定的规则顺利执行,从而防止违约行为。

智能合约是运行在以太坊虚拟机(EVM)中的应用,可以接收来自外部的交易请求和事件,通过触发运行提前编写好的代码逻辑,生成新的交易和事件,可以进一步调用其他智能合约。

智能合约如果设计得复杂且合理的话,几乎可以应用于任何需要记录信息状态的场合。智能合约一旦部署成功就不会再受人工干预,因此无法随时修正合约设计中出现的漏洞。在编写智能合约时,必须提前做好计划,并事先决定合同的哪些部分可以更换,哪些不应该更换。智能合约面临的风险就是安全漏洞,曾经就出现过 The DAO 事件。

2. 智能合约的优势

① 高效地实时更新。
② 准确执行。
③ 较低的人为干预风险。

④ 去中心化权威。
⑤ 较低的运行成本。

3. 智能合约与传统合约的对比

① 自动化维度。智能合约自动判断触发条件,传统合约人工判断触发条件。
② 主客观维度。智能合约适合客观性的请求,传统合约适合主观性的请求。
③ 成本维度。智能合约低成本,传统合约高成本。
④ 执行时间维度。智能合约适合事前预防,传统合约适合事后执行。
⑤ 违约惩罚维度。智能合约依赖于抵押资产,传统合约依赖于刑罚。
⑥ 适用范围维度。智能合约适用于全球范围,传统合约受限于具体辖区。

10.1.3 智能合约与区块链的关系

① 尼克·萨博关于智能合约的理论迟迟没有实现,一个重要的原因是缺乏能够支持可编程合约的数字系统和技术。区块链技术的出现解决了该问题,区块链不仅支持可编程合约,而且具有去中心化、不可篡改、过程透明、可追溯等优点,天然适合于智能合约。可以说智能合约是区块链技术的特性之一。

② 智能合约为什么用传统的技术难以实现,而需要区块链技术呢?

☆ 传统技术无法实现区块链的特性:一是区块链无法删除、篡改,只能新增,能保证历史可追溯性;二是区块链去中心化,避免了中心化因素的影响。基于区块链技术的智能合约不仅可以发挥智能合约在成本效率方面的优势,而且可以避免恶意行为对合约正常执行的干扰。

☆ 智能合约以数字化的形式写入区块链中,由区块链技术的特性保障存储、读取、执行整个过程透明公开、可跟踪、不可篡改。同时,由区块链共识算法构建出的一套状态机系统,使智能合约能够高效地运行。

10.1.4 基于区块链的智能合约构建及执行步骤

1. 多方用户共同参与制订一份智能合约

用户先注册成为区块链的用户,并获取到公钥和私钥,公钥生成用户在区块链上的账户地址,私钥是操作该账户唯一的钥匙。

所有参与合约的用户根据需要共同商定一份承诺,承诺中包含双方的权利和义务;这些权利和义务以电子化的形式,通过编程形成机器语言。参与者分别用各自的私钥进行签名,以确保合约的有效性。

签名后的智能合约将会根据其中的承诺内容,传入区块链网络中。

2. 合约通过 P2P 网络扩散并存入区块链

合约通过 P2P 的方式在区块链全网中扩散,每个节点都会收到一份合约;区块链中的验证节点会将收到的合约先保存到有效交易池中,等待打包。

验证节点会把最近一段时间内保存的所有合约,一起打包成一个合约集合 set,并算出这个合约集合的哈希值,最后将这个合约集合的 Hash 值组装成一个区块结构。

挖矿成功的节点将挖矿结果迅速扩散到全网。收到信息的节点会对最新的区块信息进行验证。验证的内容主要是合约参与者的私钥签名是否与账户匹配,每条合约都会被验证。验证通过的合约交易才会最终被写入链上。

3. 区块链构建的智能合约自动执行

智能合约会定期检查自动机状态,逐条遍历每个合约内包含的状态机、事务以及触发条件。智能合约将条件满足的事务推送到待验证的队列中,等待共识;未满足触发条件的事务将继续存放在区块链上。

进入最新轮验证的事务会扩散到每一个验证节点,与普通区块链交易或事务一样,验证节点首先进行签名验证,确保事务的有效性;验证通过的事务会进入待共识集合,等大多数验证节点达成共识后,事务会被成功执行并通知用户。

事务执行成功后,智能合约自带的状态机会判断所属合约的状态,当合约包括的所有事务都顺序执行完成后,状态机会将合约的状态标记为完成,并从最新的区块中移除该合约;反之将合约的状态标记为进行中,该合约继续保存在最新的区块中等待下一轮处理,直到处理完毕。整个事务和状态的处理都由区块链底层内置的智能合约系统自动完成,完全透明、不可篡改。

10.1.5 智能合约应用场景

智能合约应用场景如下:
① 房屋租赁;
② 代币系统;
③ 储蓄钱包;
④ 差价合约;
⑤ 农作物保险;
⑥ 金融借贷;
⑦ 设立遗嘱;

⑧ 证券登记清算；
⑨ 博彩发行。

10.2 DApp

10.2.1 DApp 的概念

DApp(Decentralized App,去中心化应用程序)是运行在分布式网络上,参与者的信息被安全保护(也可能是匿名的),通过网络节点进行去中心化操作的应用。以太坊社区把基于智能合约的应用称为去中心化的应用程序。

1. 去中心化应用程序并不等于智能合约

去中心化应用程序适用于所有应用场景。去中心化应用程序不局限在金融方面；去中心化应用程序需要有前端代码和用任何语言编写的用户界面,可以调用作为程序后端的智能合约。它的前端最好的选择是托管在去中心化存储网络中,例如 IPFS。换句话说,DApp 的目标是让用户的智能合约有一个友好的界面,外加一些额外的东西,例如 IPFS(可以存储和读取数据的去中心化网络)。

2. DApp = 前端 + 智能合约(+其他支持类设备)

去中心化应用程序必须是完全开源的,必须自主运行,并且没有实体控制其大部分 Token。去中心化应用的数据和操作记录必须以加密的方式存储在公有区块链上。去中心化应用程序必须使用 Token,这对于用户使用应用程序来说是必需的。持币证明了用户真正为 DApp 的发展做出了贡献,相当于贡献量证明。并且应用程序应该结合 Token 设置激励机制,以奖励用户有价值的贡献。

10.2.2 DApp 的应用领域

1. 游戏领域

① 传统游戏领域存在代币模式,这种模式已经被玩家所接受,并且更容易实现 Token 化,玩家更容易接受。
② 传统游戏领域中的数字资产不可流通,交易只能发生在系统与玩家之间,降低了游戏的可玩性。

③ 游戏领域相较于金融领域不太敏感,易于推广。

④ 代表性案例:加密猫(CryptoKitties)。

2. 社交、内容分发平台

① 中心化社交与内容分发平台存在痛点。一是用户数据隐私保护力度不够,二是平台用户收益低。

② 代表性案例:Steemit(用区块链技术搭建的社交网络,优质内容付费)。

3. 数字货币钱包

① 保存并管理用户私钥。

② 查询指定地址区块链上的数据,如余额等。

③ 具有转账功能,内置加密算法,可以对交易进行签名。

④ 代表性案例:Coinbase 钱包。用户可以在这个平台上购买、使用和存储加密货币。Coinbase 可作为网络应用程序使用,也有移动版本。

10.3 使用 remix-ide 开发智能合约

10.3.1 remix-ide 简介

目前以太坊上支持多种语言编写智能合约,其中 Solidity 因简单易用、高可读性受到推荐。Solidity 类似于 JavaScript,是以太坊官方推荐的语言,也是最流行的智能合约语言。编译 Solidity 代码最简单的方式是使用在线编译器 remix-ide。

remix-ide 是一个浏览器版的 Solidity 开发 IDE,用户可以使用在线版的(网址:https://remix.ethereum.org/),也可以下载下来(下载网址:https://github.com/ethereum/remix-ide)安装到本地。Visual Studio 支持 Solidity 编写。Ethereum Studio 和 MIX IDE 也在不断完善中。

10.3.2 安装 remix-ide

```
npm install remix-ide -g
```

使用 npm 来安装,安装好了执行:

```
remix-ide
```

然后会启动一个 8080 端口，打开浏览器，输入 http://localhost:8080 就可以打开 remix 编辑器了。如图 10.1 所示，remix 编辑器默认会有一个投票的合约。

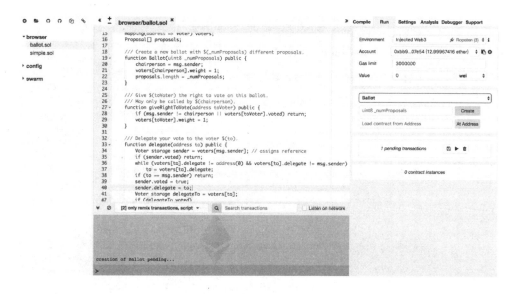

图 10.1　remix 编辑器

10.3.3　创建合约

我们再新建一个更简单点的 solidity 文件来说明一下。单击图 10.2 左上角的加号新建一个 solidity 文件。

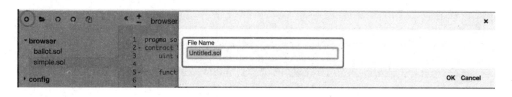

图 10.2　新建 solidity 文件

单击"Start to compile"按钮编译合约，或者勾选"Auto compile"自动编译，这样在写合约的过程中，编译器会自动编译合约。合约编译成功后，会在右侧最下方显示当前合约的名称，背景为绿色，如图 10.3 所示。

图 10.3　自动编译合约

10.3.4　选择运行环境

如图 10.4 所示，切换到"Run"选项卡，可以看到：Environment、Account、Gas limit、Value。

① Environment 是合约的运行环境，默认是 Injected Web3。

☆ Injected Web3 表示浏览器内置的 Web3，选择此项则在部署时会触发 MetaMask 钱包的当前账户来进行 gas 的支付。

☆ 测试时一般都选择 JavaScript VM。选择 JavaScript VM 会模拟创建 5 个虚拟账户，每个账户都有 100 Ether 的虚拟币，如图 10.5 所示。

② Account 是当前调用合约的账户地址。

③ Gas limit 是调用合约所准备的 gas。

④ Value 是账户转账的金额。

图 10.4　选择运行环境

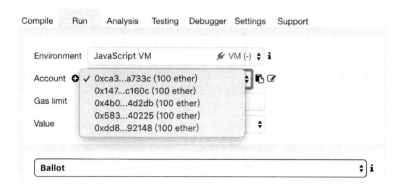

图 10.5　选择 JavaScript VM 后的账户

10.3.5　部署智能合约

部署合约时,以太坊虚拟机负责将用户编写的智能合约代码编译成位码。这些位码存在区块链上,在需要时通过 web3.js 调用,并可以用来构建 Web 应用。

web3.js 是和以太坊节点建立联系的媒介,其本质是通过 JSON-RPC 协议与本地的以太坊节点进行通信。

JSON-RPC(remote procedure call protocol)是一个由 JSON 格式编写的、轻量级的远程方法调用协议,其定义了一些数据结构、规则、方法和接口。

JSON 是一个轻量级的数据存储和交换语言,其本质是 JavaScript 的一个子集,常作为 Web 应用的数据存储格式。

在以太坊上部署和运行智能合约需要的步骤如下。

① 启动一个以太坊节点。

② 使用智能合约语言编写智能合约。

③ 使用 solc 编译器将写好的合约代码转换成以太坊虚拟机位码。

④ 将编译好的合约代码部署到网络。

⑤ 部署合约需要消耗 gas。

⑥ 合约发起者使用自己的外部账户对合约进行签名,通过矿工确认后,将合约代码存于以太坊的区块链上。此时用户可以获得合约地址,以及调用合约所需 ABI。

⑦ 使用 web3 调用合约,调用时需要消耗 gas。

以太坊创建和调用合约如图 10.6 所示。

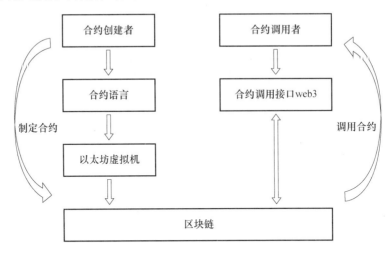

图 10.6 以太坊创建和调用合约的示意图

如果运行环境选择的是 JavaScript VM,单击"Deploy"部署按钮后,账户余额会减少,在右侧最下方会显示被部署的合约。一旦部署成功,会生成合约账户的地址,如图 10.7 所示。合约中定义的方法和状态变量也会显示在下方,此时通过在输入框中输入内容就可以调用合约了。当然这种调用方式只是开发者测试时才采用的方式,真实应用中则必须先写前端交互页面才可以让用户调用。

第 10 章 | 以太坊开发智能合约

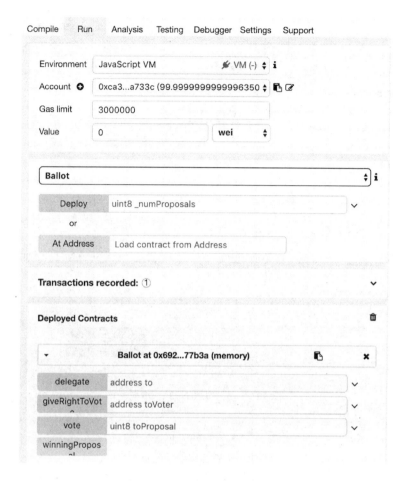

图 10.7 智能合约部署成功后

如果运行环境选择的是 Injected Web3，单击"Deploy"部署按钮后，会弹出 MetaMask 钱包的通知框，并可在 MetaMask 小狐狸图标的右下角看到有个数字"1"，如图 10.8 所示。

10.3.6 执行合约

待执行合约的对话框上有两个按钮，一个是"REJECT（拒绝）"，另一个是"CONFIRM（确认）"。单击"CONFIRM"确认后就将扣除账户的 gas 手续费，然后增加一条历史记录。历史记录的状态先显示为 PENDING，交易记录打包上链后则显示为 CONFIRMED，表示交易已确认，如图 10.9 所示。

231

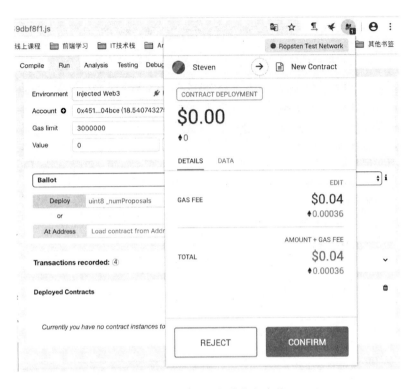

图 10.8　部署后的待执行合约

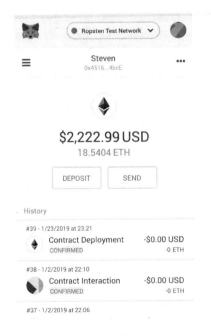

图 10.9　交易记录

10.4　Solidity 基本语法

10.4.1　Solidity 的定义

Solidity 是受 JavaScript 启发的编程语言，可以被用来在以太坊区块链上创建智能合约。还有其他编程语言（LLL、Serpent、Viper 等）也可以创建智能合约。Solidity 更被开发者喜爱的主要原因是它是静态类型语言，提供许多高级特性，例如继承、函数库、用户定义的复杂类型和字节码优化。Solidity 被设计成以编译的方式生成以太坊虚拟机代码，使用它很容易创建用于投票、众筹、封闭拍卖、多重签名钱包等的合约。目前开发 Solidity 的最好方式是使用基于浏览器的编译器。

10.4.2　Solidity 的数据类型

Solidity 是一种静态类型语言。静态类型语言指在编译时变量的数据类型即可确定的语言，要求在使用变量之前必须声明数据类型；动态类型语言是在运行时确定数据类型的语言，变量使用之前不需要类型声明，通常变量的类型是被赋值的那个值的类型。

Solidity 脚本语言包含以下两大类数据类型。

基本数据类型：布尔型（bool）、整型（uint）、地址（address）、枚举（enum）、字符串型（string）。

引用数据类型：数组（[]）、结构体（struct）、映射（mapping）。

10.4.3　Solidity 的基本构成

完整的 Solidity 文件中通常包含以下几种结构成分。
① 版本声明。
② contract 声明合约。
③ 文件导入语句。
④ 注释。
⑤ 状态变量。状态变量是在合约存储器中永久存储的值。
⑥ 结构体类型。结构是用户定义的一组变量。
⑦ 函数。函数是合约中可执行单位的代码；编译器会自动为 public 的状态变

量创建同名的 getter 函数，供外部直接读取。

⑧ 数学运算符及表达式。

⑨ 访问修饰符。

⑩ 函数修饰符。函数修饰符可以在声明的方式中补充函数的语义。

⑪ 事件。事件是为 EVM 日志记录工具的监听接口。

⑫ 枚举类型。枚举是用来创建一个特定值的集合的类型。

10.4.4　Solidity 合约文件的存储位置

remix-ide 编写的智能合约保存在什么路径下呢？其实这些智能合约存储在 localStorage 中。

什么是 localStorage 呢？Web 客户端的存储主要包含两个对象：localStorage、sessionStorage。这两个对象实际上是持久化关联数组，是名和值都是字符串的名值对（也叫作键值对）映射表。localStorage 存储的数据是永久性的，除非 Web 应用刻意删除存储的数据，或者用户通过设置浏览器配置来删除，否则数据将一直保存在用户的计算机上，永不过期；sessionStorage 是会话级 Web 存储，而并非持久性本地存储。这些数据只能在同一个会话页面中访问，当会话结束后数据也就随之销毁。

如何查看 localStorage 中的数据？在浏览器页面中右击，然后单击"检查"选项，如图 10.10 所示。

图 10.10　浏览器右击快捷菜单选项

依次选择"Application"选项→"Storage"→"Local Storage"→"http://127.0.0.1:8080"，如图 10.11 所示。Key 就是智能合约的文件名，Value 就是合约中的具体内容。

保存在 localStorage 中的智能合约如图 10.12 所示。

第 10 章 | 以太坊开发智能合约

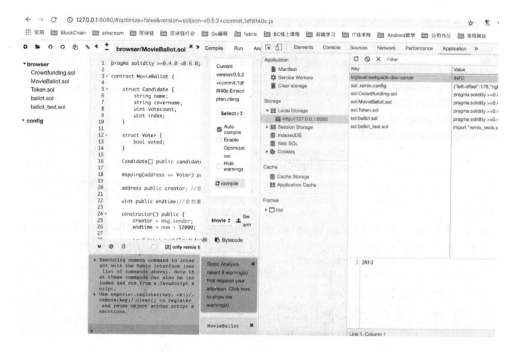

图 10.11　localStorage 所在位置

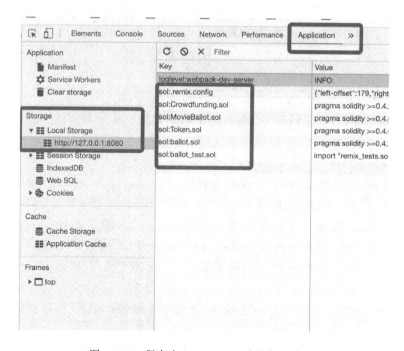

图 10.12　保存在 localStorage 中的智能合约

10.5 发布 ERC20 标准代币

10.5.1 ERC20 介绍

ERC20 是以太坊网络上发行代币（Token）的一个标准协议接口，关于协议的 GitHub 的具体描述参见 https://github.com/ethereum/EIPs/blob/master/EIPS/eip-20-token-standard.md。

一个标准的协议促使了代币可以在不同的领域中得到应用，如钱包和去中心化交易所。目前有很多实现该标准协议的 Token Examples，我们将使用 https://github.com/ConsenSys/Tokens 提供的例子进行演示操作。一个 ERC20 代币的合约一般包含以下几部分：

① ERC20 代币协议的抽象定义；
② ERC20 标准代币协议的实现；
③ 自定义代币的具体实现。

10.5.2 ERC20 Token 协议的实现

1. ERC20 协议的抽象定义（Token.sol）

ERC20 协议的抽象定义至少包含 1 个状态变量、5 个函数、2 个事件。

① Token 总量：

```
uint256 public totalSupply;
```

② 获取账户 _owner 拥有 Token 的数量：

```
function balanceOf(address _owner) view returns (uint256 balance);
```

③ 从消息发送者账户中往 _to 账户转数量为 _value 的 Token：

```
function transfer(address _to, uint256 _value) returns (bool success);
```

④ 从账户 _from 中往账户 _to 转数量为 _value 的 Token，与 approve 方法配合使用：

```
 function transferFrom(address _from, address _to, uint256 _value)
returns (bool success);
```

⑤ 消息发送账户设置账户 _spender 能从发送账户中转出数量为 _value 的 Token：

```
function approve(address _spender, uint256 _value) returns (bool success);
```

⑥ 获取账户_spender 可以从账户_owner 中转出 Token 的限额：
```
function allowance(address _owner, address _spender) view returns (uint256 remaining);
```

⑦ 发生转账时必须要触发的事件：
```
event Transfer(address indexed _from, address indexed _to, uint256 _value);
```

⑧ 当函数 approve(address _spender, uint256 _value)成功执行时必须触发的事件：
```
event Approval(address indexed _owner, address indexed _spender, uint256 _value);
```

2. ERC20 协议的标准实现(StandardToken.sol)

ERC20 协议的标准实现一般包括 2 个状态变量、5 个函数。

① 每个账户地址对应的余额：
```
mapping (address => uint256) balances;
```

② 账户地址与余额的映射：
```
mapping (address => mapping (address => uint256)) allowed;
```

③ 获取账户_owner 拥有 Token 的数量：
```
function balanceOf(address _owner) public view returns (uint256 balance){}
```

④ 从消息发送者账户中往_to 账户转数量为_value 的 Token：
```
function transfer(address _to, uint256 _value) public returns (bool success){}
```

⑤ 从账户_from 中往账户_to 转数量为_value 的 Token，与 approve 方法配合使用：
```
function transferFrom(address _from, address _to, uint256 _value) public returns (bool success){}
```

⑥ 消息发送账户设置账户_spender 能从发送账户中转出数量为_value 的 Token：
```
function approve(address _spender, uint256 _value) public returns (bool success){}
```

⑦ 获取账户_spender 可以从账户_owner 中转出 Token 的限额：
```
function allowance(address _owner, address _spender) public view returns (uint256 remaining){}
```

3. 自定义代币的具体实现（DAToken.sol）

```
string public name; //名称：Steven Electronic
uint8 public decimals; //最多的小数位数，这就像比较 1 Wei 和 1 Ether 一样
string public symbol;   //Token 简称：SEC (Steven's Encrypted Coin)
string public version = 'T0.1';   //版本
constructor( uint256 _initialAmount, string _tokenName, uint8 _decimalUnits, string _tokenSymbol) public {}
function approveAndCall( address _spender, uint256 _value, bytes _extraData) public returns (bool success) {}
```

10.5.3　Token 合约的发布

我们将使用 MetaMask 和 Remix（https://ethereum.github.io/browser-solidity）并选择在 Ropsten 测试网络上进行 Token 合约的发布。

1. 切换 MetaMask 至 Ropsten 网络

首先选择 Ropsten 测试网络，如图 10.13 所示。

图 10.13　选择 Ropsten 测试网络

2. 将所有相关代码复制到 Remix

复制代码到 Remix，如图 10.14 所示。

在右侧上方方框标记处，Environment 选择"Injected Web3"，下方的 Account 列表将会列出 MetaMask 中的账户信息。然后在右侧下方方框中依次填入初始化

DAToken 需要的参数：初始 Token 数量（1000000）、Token 的名称描述（Davie Token）、decimal 数(8)、Token 简称(DAC)。

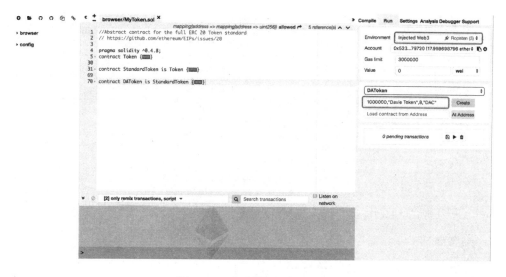

图 10.14　复制代码到 Remix

3. 发布合约

单击合约 DAToken 处的"Create"按钮，将弹出如图 10.15 所示的画面。

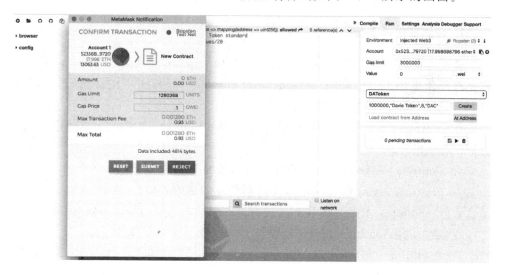

图 10.15　部署合约

单击"SUBMIT"将该交易请求发布至 Ropsten 网络中，交易成功打包后，可以查询到本次操作的交易 id 为 0x1aabf45bed257dd7521215f21744d0ad64b4275436b c2c8148fb44c2489efb84，合约地址为 0xaa86b7bc852907e5649c958411465e878c954b67，交易截图如图 10.16 所示。

图 10.16　区块链浏览器

4. 合约源代码上传

接下来我们看下如何在 https://ropsten.etherscan.io 处上传合约的源代码。首先打开合约 0xaa86b7bc852907e5649c958411465e878c954b67 的详情页，并切换至 Contract Code 标签中，如图 10.17 所示。

在 Contract Code 标签页中单击"Verify And Publish"链接，然后填入图 10.18 方框中各项内容。

☆ Contract Address 为上面创建的合约地址。

☆ Contract Name 为在 Remix 中选择创建的合约名称。

☆ Compiler 版本需与在 Remix 进行合约创建时选择的编译器版本一致。

☆ 是否优化 Optimization 也需要与 Remix 发布合约时保持一致。

☆ 在"Enter the Solidity Contract Code below"中填入之前在 Remix 中的 Solidity 合约代码。

☆ 在"Constructor Arguments ABI-encoded"中填入构造函数参数（100000000，"My Test Token"，8，"MTT"）的 ABI 编码，这个会自动填好。

第 10 章 | 以太坊开发智能合约

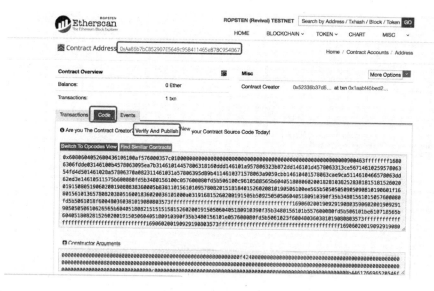

图 10.17　合约代码

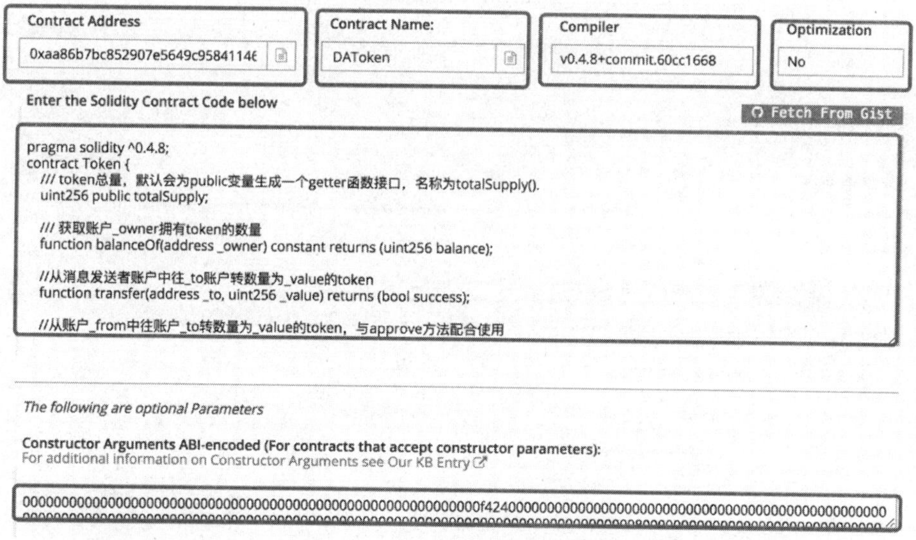

图 10.18　输入合约相关信息

填好上述数据后,单击"Verify And Publish",如果验证通过了就会出现如图 10.19 所示的页面。

最后我们切换到合约的详情页,单击"Contract Source"标签,就能看到上传的合约源代码了,如图 10.20 所示。

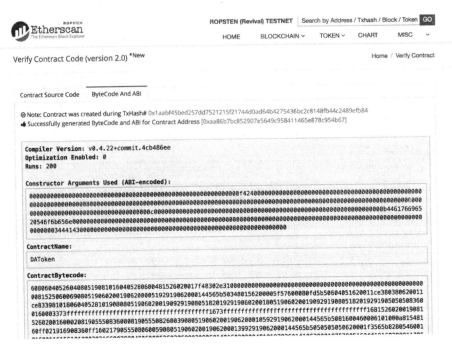

图 10.19 验证通过

图 10.20 合约代码

如果遇到错误"Unable to Verify Contract at this point time",意思是"此时无法验证契约",解决方案是在提交合约的源代码时确认选择的编译器版本与在 Remix 中选择的是否一致。

5. 添加发布的 Token 到钱包

主页面单击"ADD TOKEN",如图 10.21 所示。

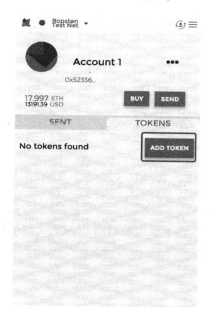

图 10.21　添加 Token

我们可以在 MetaMask 中添加上面生成的 Token 至 MetaMask 钱包中。接下来就可以在 Ropsten 测试网络上进行 Token 的转账以及相关的测试操作了,如果测试没问题就按照同样的流程把合约部署至以太坊主网络中并发行真实的 Token。

10.6　web3.js 的定义

10.6.1　web3.js 简介

web3.js 是以太坊基金发布的,是通过 RPC 和以太坊节点进行通信的 JavaScript 库。web3.js 可以与任何暴露了 RPC 接口的以太坊节点连接。

以太坊网络是由节点组成的,每一个节点都包含了区块链的一份复制。当用户想要调用一份智能合约的一个方法时,需要从一个节点中查找并告诉它智能合约的地址、用户想调用的方法,以及用户想传入的那个方法的参数。以太坊节点只能识别 JSON-RPC 语言。

10.6.2 web3.js 环境搭建

下载 web3.js,然后根据项目工作流程或个人工作习惯,可以用一些常用工具把 web3.js 添加进来。

(1) 用 npm 或者 cnpm:

```
npm install web3 --save
cnpm install web3 --save
```

(2) 用 yarn:

```
yarn add web3
```

(3) 用 bower:

```
bower install web3
```

(4) 直接从 GitHub 官网下载压缩后的 .js 文件,然后包含到项目文件中:

```
< script language = "javascript" type = "text/javascript" src = "web3.min.js"></script>
```

10.7 Truffle 概述

Truffle 是目前最流行的以太坊开发框架,采用 JavaScript 编写,支持智能合约的编译、部署和测试。

Truffle 是一个基于 JavaScript 开发的智能合约框架。Truffle 有一套自动的项目构建机制,集成了开发、测试和部署的各个流程细节,不用开发人员关注。由于 Truffle 本身是基本 JavaScript 的,故 Truffle 对 JavaScript 的要求比较低,只需用户知道基本语法、模块、Promise 的概念就可以了,但用户需要知道 Solidity,因为 Truffle 就是为快速提升 Solidity 开发智能合约的速度而出现的框架。

Truffle 是一个世界级的开发环境、测试框架,也是以太坊的资源管理通道,致力于让以太坊上的开发变得简单。说具体些,Truffle 到底为我们带来了什么呢?

首先 Truffle 对客户端做了深度集成。开发、测试、部署一行命令就可以搞定,无须用户再记那么多的环境地址以及命令,也无须繁重的配置更改。

Truffle 提供了一套类似 maven 或 gradle 这样的项目构建机制,能自动生成相关目录，默认是基于 Web 的。Truffle 的当前这个打包机制是自定义的，比较简陋，不与当前流行打包方案兼容。

　　Truffle 提供了合约抽象接口，直接通过"var meta = MetaCoin.deployed();"拿到合约对象，之后可以在 JavaScript 中直接操作对应的合约函数。其原理是使用了基于 web3.js 封装的 Ether Pudding 工具包。Truffle 简化了开发流程。

　　Truffle 提供了控制台，使用框架构建后，可以直接在命令行调用输出结果，极大地方便了开发调试。Truffle 提供了监控合约，配置了变化的自动发布，部署了流程，不用在每个修改后都重走整个流程。

10.8　参 考 资 料

- http://remix.ethereum.org/#optimize=false&version=soljson-v0.4.21+commit.dfe3193c.js
- https://etherscan.io/address/0x86fa049857e0209aa7d9e616f7eb3b3b78ecfdb0#code
- https://solidity.readthedocs.io/en/develop/introduction-to-smart-contracts.html
- https://github.com/ethereum/wiki/wiki/JavaScript-API
- https://github.com/ethereum/solidity
- https://www.jianshu.com/p/26b74cbc617a
- https://www.jianshu.com/p/9c1d8e6442d7
- https://www.jianshu.com/p/2c3c9ff4ed24
- https://www.jianshu.com/p/99f225dcc9c1
- https://www.jianshu.com/p/32f7896f4b2a
- https://www.jianshu.com/p/a9ad7187f6ef
- https://www.jianshu.com/p/a9ad7187f6ef
- https://www.jianshu.com/p/d5418ba970dd
- https://www.jianshu.com/p/99f9aad81f64
- https://www.jianshu.com/p/ccea28be0dff